外资型贸易模式的国民收益

——要素流入的结构效应和收入效应

陈钧浩　著

中国财经出版传媒集团
中国财政经济出版社

图书在版编目（CIP）数据

外资型贸易模式的国民收益：要素流入的结构效应和收入效应／陈钧浩著．—北京：中国财政经济出版社，2018.10

ISBN 978-7-5095-8566-5

Ⅰ.①外… Ⅱ.①陈… Ⅲ.①贸易经济-研究-中国 Ⅳ.①F72

中国版本图书馆 CIP 数据核字（2018）第 229590 号

责任编辑：周桂元　刘　畅　　　　责任校对：杨瑞琦
封面设计：孙俪铭　　　　　　　　责任印制：张　健

中国财政经济出版社 出版

URL：http：//www.cfeph.cn

E-mail：cfeph@cfeph.cn

社址：北京市海淀区阜成路甲 28 号　邮政编码：100142

营销中心电话：010-88191537　北京财经书店电话：64033436　84041336

北京财经印刷厂印刷　各地新华书店经销

787×1092 毫米　16 开　14.5 印张　237 000 字

2018 年 12 月第 1 版　2018 年 12 月北京第 1 次印刷

定价：58.00 元

ISBN 978-7-5095-8566-5

（图书出现印装问题，本社负责调换）

本社质量投诉电话：010-88190744

打击盗版举报热线：010-88191661　QQ：2242791300

序　言

自近代国际贸易迅速发展以来，贸易形成的原因、贸易结构及贸易利益在各国之间的分配成为贸易理论研究的不变主题。经济学理论的发展是现实经济发展的表现，是对经济现象的内在逻辑的揭示，也是对现实需要的回应，国际贸易理论的发展也是这样。从比较优势论、要素禀赋论、战略性贸易政策理论，到新贸易理论、新新贸易理论，每一次发展中的“新”并非只是经济学大师的智慧成果，更重要的是贸易实践本身的不断深化与创新。这些创新的背后是相关国家发展的历史阶段和特定条件，也是市场与企业对更高效益追求的结果。

中国对外开放以对比较优势论的认识为突破口。然而，中国的贸易发展却并不能简单用发挥比较优势来解释。一方面，比较优势论是贸易有益性的一般理论，而不是贸易结构或模式的特殊理论，更不是贸易收入分配的具体理论；另一方面，中国对外贸易迅猛发展的决定性时代条件是经济全球化的深化。全球化的深化使各国之间的经济联系不再只限于贸易扩大及其自由化，更重要的是资本国际流动的扩大与自由化。正是国际直接投资的扩大极大地改变了传统的贸易成因、结构与模式，从而从根本上改变了贸易收益的国际分配。这是因为，国际直接投资的本质是生产要素的跨境流动，贸易不再只是一国自身要素禀赋的结果，而是国际要素合作的产物，从而出口量本身也不再是东道国收益的表现，而是母国与东道国共同收益的表现。

微观意义上的这一变化从根本上改变了中国对外贸易发展的条件与影响，是研究中国对外贸易乃至整个对外开放的逻辑起点。

陈钧浩博士的这本著作是准确把握经济全球化本质特征，从中国成功实践出发的研究成果，至少在以下几个方面具有创新意义。

1. 提出了“外资型贸易模式”的新概念及其相应的分析框架

由引进外资形成的贸易发展是中国贸易发展的最显著特征。这一概念的提出既阐明了贸易成因的关键问题，也为贸易收益分配的研究提供了依据。这一概念的提出使要素流动的贸易特征得到了确切的界定，也使中国贸易发展的典型模式得到了解释。

2. 建立了贸易效应的综合分析体系

既然中国的贸易发展基于要素流动，那么传统意义上对贸易效应的各种分析都需要重新进行。本书以宽阔的视野从多个角度研究了外资型贸易模式下的宏观、中观到微观各个层面上的效应，形成了一个较为完整的分析体系。对于贸易的收入效应这样的重大主题，这种宽视野是完全必要的。

3. 构建了正和效应与差异效应的研究框架

在贸易收益分配问题的研究中往往存在着一种倾向，零和被作为不言的前提，一国之所得必然是另一国之所失。本书的正和效应论证有效地摆脱了零和假定的困境。贸易收益分配研究中的另一种倾向则是只注重证明一国之所得，而忽略与另一国所得之差异，正是这一倾向使我们不能警觉发展在取得巨大成就同时存在的不足。本书的两类效应研究框架是我们在进行理论与战略研究上都必须重视的。

4. 在坚实理论推导基础上对中国进行了实证研究

近年来我国经济学界的一个显著现象是注重计量分析，这是学术上进步与赶上世界水平的表现。但与此同时，许多研究却忽略了计量研究所必须依赖的经济学逻辑。本书的整个研究成功地摆脱了这种倾向，计量研究被严格地置于经济学逻辑的推演之上，这不仅使理论本身得到了更有力的证明，也使实践的理论价值得到了揭示。

今天，中国正在以世界历史上无与伦比的成就推进着发展，这一发展的内在机理是不能靠建立在过去的历史基础上的理论来解释的。中国的实践为我们经济学研究的创新提供了深刻的启迪和巨大的空间，这是今天我们经济学研究的最好视角和主题。

张幼文

2018 年 7 月于上海社会科学院世界经济研究所

内容摘要

传统贸易理论基于生产要素不能跨国流动的假设前提对国际贸易模式和利益加以讨论。经济全球化时代，显然这一假设前提已不再适用。以生产要素跨国流动和国际合作为基础的国际贸易大量存在正是对这一认识的最好回答。生产要素跨国流动以跨国公司主导的外商直接投资（FDI）为载体，本书将基于外商直接投资形成的进出口现象以及结构称为外资型贸易模式。这种贸易模式形成的机理是什么？东道国在这种贸易模式中的贸易收益状况如何？如何从理论上给予合理的解释？基于以上问题，本书以外资型贸易模式的国民收益为主题开展研究。

要素跨国流动是形成外资型贸易模式的基础条件。而要素一旦能够跨国流动将改变传统贸易理论的假设前提，由此带来对贸易模式形成和贸易收益获得的影响。从贸易模式形成看，要素流动将改变贸易商品生产要素的来源——其要素来源不再局限于一国；从贸易收益形成看，要素流动将改变国界分明的贸易收益形成方式。

要素跨国流动的基本动力是市场经济条件下由要素稀缺性决定的要素价格和收益差别。因此，不同的要素具有不同的流动性和收益获得能力。这决定了外资型贸易模式的要素国际合作基本格局，构成了外资型贸易模式形成的基本动力，也决定着外资型贸易模式的贸易收益或贸易的国民收入。

外资型贸易模式的国民收益包括直接国民收益和间接国民收益。直接国民收益是指在出口贸易生产过程形成的增值中东道国获得的部分。间接国民收益是指要素流入形成外资型贸易模式的过程中带来的对本国国民收入的积极影响。

外资型贸易模式本质上是跨国公司主导的全球商品生产链展开的结果。跨国公司主导的要素流入形成的外资型贸易模式具有明显的结构特征，主要表现在出口商品结构、出口产业结构、国际分工结构和出口区域结构等方面。外资型贸易模式的企业主体——外资企业决定着所在产业的高级性和出口结构的高级化，东道国合作要素的低端性决定了外资型贸易模式出口生产在国际分工结构中的低端性，对贸易运输等交易成本的考虑导致了外资型贸易模式具有明显的区域结构。外资型贸易模式的结构特征产生了与东道国比较优势和要素禀赋结构的矛盾，也形成了对东道国经济结构的影响，进而构成了间接国民收益的一部分。

要素流入的收入效应探讨可以更客观地看到东道国在外资型贸易模式中获得的直接国民收益。本书把要素流入的收入效应区分为正和效应、零和效应和差异效应。正和效应，是指在动态中要素流入形成外资型贸易模式，使出口贸易扩大，参与合作的东道国要素收入和外国要素收入均获得增加。零和效应，是指在静态中要素流入形成外资型贸易模式，出口贸易带来的生产增值构成是给定的，以要素收入衡量的东道国收入和外国收入存在此消彼长的关系。差异效应，是指无论是在静态还是动态中，外资型贸易模式获得的以生产增值衡量的贸易收入中，以东道国要素收入衡量的本国收入与以外国流入要素收入衡量的外国收入存在着差异，本国收入相对低，外国收入相对高。实证结果表明，中国在外资型贸易模式中的收入相对低。

进一步计量分析外资流入给产出、出口和就业带来的影响，研究结果显示外资型贸易模式对国民收益具有积极影响。

本书的基本结论是中国在外资型贸易模式中获得的直接国民收益相比流入要素的收益是相对低的，但外资型贸易模式带来的产出和出口的扩大所带来的国民收入绝对数量是增加的，而且对间接国民收益的影响总体上是积极的。

目　录

第一章 导论

第一节 选题背景与研究意义

一、选题背景和问题提出

当今世界经济正在全球化的大潮中不断向前发展。理论界一般把经济全球化的主要特征概括为贸易自由化、金融国际化和生产一体化。半个多世纪以来，起源于国际贸易的世界经济不断地向具有更广泛深刻国际经济联系的全球化经济发展。而金融国际化和生产一体化既深刻改变着世界经济的运行方式，又深刻影响着国际贸易的发展。

（一）跨国直接投资的大发展

世界经济发展已逐渐从贸易性质的世界市场发展到以国际直接投资日益增加的世界生产及其经济运行，从而形成了从相互独立的国民经济发展到相互融合的全球化经济。20 世纪 70 年代以来，国际直接投资的规模不断扩大。1970—2010 年，国际直接投资流出量从 141.5 亿美元上升到 13233.4 亿美元，增长了 90 多倍。在增长速度上，除少数年份之外，1971—2011 年，国际直接投资的增长速度已经超过国际贸易的增长速度。2008 年金融危机爆发之前，国际直接投资的年增速高达 14.5%。尽管受到金融危机影响，但

1970—2010 年国际直接投资的年均增速仍达到 12.1%，而同期国际贸易的增长速度仅为 8.8%。自 20 世纪 70 年代以来，国际直接投资之所以能够取得大发展，主要原因包括以下几个方面：（1）第三次科技革命的影响。以原子能、电子计算机和空间技术的发展为主要标志的第三次科技革命是迄今为止规模最大、影响最深远的科技革命。它使得生产资料、生产工具、生产方式和劳动对象均发生重大的变革，进而使国际分工方式的重大变化成为可能；（2）市场经济的普遍化。发展中国家在开放与转型经济的改革中普遍建立了开放型市场体系。全球性市场体系的建立，有效促进了世界贸易和国际分工的发展。多层次、多形式的国际分工将经济发展水平不同的国家联结在一起，促进了全球化经济的发展；（3）市场力量的推进。发达国家跨国公司以及出口企业、金融交易商等市场力量的不断发展壮大，促进了各国政府对跨国直接投资管制的不断消除，推进了贸易和投资自由化，从而促进了国际投资的大发展。

（二）国际贸易和国际分工的多样性

国际贸易和国际分工是构成世界经济联系的两个相辅相成的基本方面。国际贸易的内容影响着国际分工的发展，国际分工发展改变着国际贸易的内容。第二次世界大战以后，国际贸易以超越物质生产的速度迅速增长。与此同时，随着国际直接投资的大发展，国际分工发生了深刻的变化。国际贸易的商品结构变化反映着国际贸易多样性发展，初级产品比重不断下降，制成品比重持续上升；各大类商品中的种类不断增多；商品越来越多样化、高级化、优质化、综合化和整体化；技术贸易发展不断扩大。与国际直接投资迅猛发展直接相关，国际分工也发生了深刻的变化。国际分工不但从第二次世界大战前的工业国与农业国的分工关系转变为资本密集型产业与劳动密集型产业的分工关系，而且由于跨国公司主导的国际直接投资大大深化和拓展了垂直型国际分工的内涵，已从原来的产业间垂直型国际分工进一步深化为产业内乃至产品内垂直型国际分工，形成了国际性的产业链和价值链，呈现出这两个链条的网络化发展。国际分工的纵深化发展，进一步拓展了国际贸易的多样化发展。从国际贸易的内容看，中间产品贸易、服务贸易等新的贸易内容迅猛发展。从国际贸易的方式看，与一般贸易相对的加工贸易方式广泛存在于发达国家与发展中国家之间。由于国际贸易和国际分工的内容和方式不断革新，贸易与投资一体化已成为推进世界经济联系的重要纽带和渠道。

（三）世界贸易的不平衡性

自21世纪以来，出现了持续的世界经济失衡，主要的表现形式是贸易的不平衡。具体表现为以美国为代表的多数发达经济体持续贸易逆差和以中国为代表的新兴经济体持续贸易顺差。自20世纪90年代以来，中国持续出现贸易顺差，2012年中国国际贸易顺差额达到2303亿美元，国际贸易顺差最高值出现在2008年，为2981亿美元。金砖国家中的巴西和俄罗斯也同样表现出了持续的贸易顺差，2012年这两国贸易顺差分别为92亿美元和1938亿美元。与此形成对照，美国从20世纪70年代以来则出现了持续的贸易逆差，2012年的逆差额为7898亿美元，国际贸易逆差最高值出现在2006年，为8921亿美元。英国从20世纪80年代以来出现持续贸易逆差，进入21世纪以来，法国、加拿大和日本等发达国家先后出现了持续的贸易逆差。[①] 新兴经济体的贸易顺差与新兴经济体国家的要素结构和产业结构密切相关，也与国际分工深化为表现的经济全球化相关。新兴经济体的共同特点是资源丰裕和劳动力丰裕，它们依托出口导向战略形成了以资源品和制造品为主的出口结构。经济全球化一方面为新兴经济体的出口战略打开了市场，市场扩大增加了需求，进一步又刺激了新兴经济体的出口；另一方面使新兴经济体加入到了全球产品生产大循环中，承接了发达国家的低端产业转移，深度融入到全球产业链和价值链中，形成了导致新兴经济体贸易顺差扩大的三种效应，即贸易互补效应、进口替代效应和顺差转移效应。[②] 贸易互补效应，是指外商直接投资企业生产的产品大量返销投资母国市场。进口替代效应，是指外商直接投资企业生产的产品取代了从投资母国的进口产品。顺差转移效应，是指国际产业转移使得新兴经济体承接了产业转出国的贸易顺差。

从根本上讲，上述三个方面是逻辑演进的过程，跨国直接投资的大发展改变了国际分工和国际贸易方式，国际分工和国际贸易方式的改变不仅促进了国际贸易的大发展，而且是导致世界贸易不平衡的重要原因。一个不争的事实是，中国自改革开放特别是20世纪90年代以来，对外贸易交易额迅速增长，外贸顺差迅速增长。短时间内不断扩大的外贸顺差和由此积累的巨额外汇储备招致一些发达国家的不安与指责。统计数据表明，中国的对外贸易发展主要源自外商投资企业。2000年以来，中国的出口贸易中外资企业的比

---

① 数据来源于UNCTAD数据库。

② 夏先良．中美贸易平衡问题研究［M］．社会科学文献出版社，2011.

重一直高于50%，而外资企业的净出口额占中国净出口额的比重更是持续提高，2012年已达到65%左右。显然，主导中国国际贸易发展和外贸顺差的是外资型贸易模式。所谓外资型贸易模式，是指基于外商直接投资的贸易现象及其结构。这种由于外商直接投资而引起的国际贸易，背后的深层次原因是什么？这种由外商直接投资引起的贸易模式带来了怎样的影响？中国在外资型贸易模式下的国民收益的真实情况如何？基于上述考虑本书试图提出并初步回答以下问题：

（1）在经济全球化下，外商直接投资对国际贸易和国际分工产生怎样的影响？影响的机理是什么？

（2）外商直接投资引起的出口贸易具有怎样的结构特征，形成这种结构特征的机理是什么？对由外资型贸易模式主导的国家带来怎样的影响？

（3）外商直接投资引起的出口贸易中贸易收入的决定因素有哪些？如何测度外资型贸易模式下的贸易收入？

（4）外资型贸易模式的东道国国民收益状况怎样？外资型贸易模式是否促进了东道国国民收益的改善？体现了什么样的特征？

二、选题意义

以往的国际贸易理论建立在生产要素不能跨国流动假设的基础上。然而现实世界中的国际贸易却并不是理论假设那般的单纯世界。现实世界中存在着日趋扩大的以跨国直接投资为载体的生产要素的跨国流动，且它在很大程度上影响着国际贸易的现实展开。特别是贸易投资一体化的兴起，使得国际贸易与跨国直接投资之间形成了千丝万缕的联系。

国际贸易理论的两大主题是贸易模式与贸易利益。基于生产要素不能跨国流动假设下形成了确定性的关于贸易模式与贸易利益的理论分析。但面对生产要素跨国大量流动下的现实，理论难免存在着缺少解释力的情况。本书研究的意义表现在如下四个方面：

（1）对由外商直接投资所形成的贸易进行系统的梳理，提出外资型贸易模式的概念，形成从生产成因或要素来源的视角分析贸易模式的理论思路；

（2）探讨生产要素跨国流动下贸易收益的分析方法，以现实为导向拓展贸易收入的实证分析；

（3）有利于正确认识中国利用外资发展外贸融入经济全球化中的国民收益状况，形成理性思考；

(4) 考虑到中国大量存在的以外资企业主导的进出口贸易以及由此形成的参与经济全球化的方式，本书的研究有利于清醒认识中国经济发展过程中利用外资发展出口贸易的利弊得失，从而形成提升开放收益的新的开放观。

第二节　研究思路与研究方法

一、研究思路与技术路线

传统国际贸易理论基于生产要素不能跨国流动的假设，但现实世界中以跨国直接投资为载体的生产要素流动已经相当频繁。本书将外商直接投资为载体的要素跨国流动引起的贸易定义为外资型贸易模式。外资型贸易模式是本书重要的概念创新，在此先作简单阐述和界定，详细分析将在相关章节展开。本书所谓的外资型贸易模式泛指基于外商直接投资的贸易现象及其结构。因此，当一个国家相当部分的进出口贸易是由外商投资企业带来的，那么就可称这个国家的贸易模式是外资型贸易模式。

从生产要素跨国流动的现实出发，本书修正生产要素不能跨国流动这一假设，尝试对生产要素跨国流动对国际贸易带来的影响进行理论探讨，改变传统贸易理论从贸易结果探讨贸易模式和贸易利益的研究思路，转而从生产的源头探讨贸易模式的形成和收益的评估。由于生产要素跨国流动改变了贸易商品的形成方式，从而贸易收益的归属也产生了变化。本书以外资型贸易模式的国民收益探讨为归依，秉承传统国际贸易理论两大主线——贸易模式与贸易利益——的研究思路，从两个效应——要素流入的结构效应和收入效应进行研究剖析。

生产要素跨国流动既改变了一国现有的要素禀赋结构，又改变了国际分工的结构，进而改变了国际贸易模式。本书沿着这一思路，对外商直接投资所引起的贸易模式改变展开理论分析。着重探讨外资型贸易模式下出口贸易的出口结构特征、分工结构特征、产业结构特征和区域结构特征。并探讨这些结构特征对东道国产业结构、出口结构、参与国际分工结构、区域的产出和出口结构等结构方面的影响，揭示在传统贸易理论框架内分工价值链结构与商品出口结构之间的矛盾。

国际贸易收益的分析必须始终紧扣国别属性。国际贸易收益的浅层次表现是贸易交换所得和福利改进，而其源头则是生产价值，浅层次的贸易收益仅是生产价值的实现。在经济全球化日益加深的当今世界，生产要素跨国流动（包括自然人的流动）使得生产、交换、消费日益具有“全球化”和“世界性”的特征，限于国别的贸易交换所得和有商品消费引起的福利改进的分析显得不切实际。因此，从国别生产要素合作的视角探讨和分析各自的所得不仅应该成为对现实贸易收益分析的起点，而且应该成为贸易理论顺应现实世界客观演进的研究基点。

生产要素跨国流动带来的要素合作，成为当今经济全球化的重要内容，由此也带来国际贸易内容和方式的变革。分析这一类型贸易模式下的国民收益必须从要素合作的角度展开，剖析参与合作要素的各自收益，并基于要素国别属性的区分，厘清东道国的国民收益。国民统计中的增加值构成分析可以厘清参与生产的各类要素的收益情况。本书将借用国民统计中的收入法分析外资企业生产出口增加值的构成，区分增加值构成中东道国收入和流入生产要素的收入，在此基础上进一步研究：(1) 要素流入及由此形成的出口对东道国获得的收入的影响；(2) 这类出口贸易收益的国别收入差异。

基于上述研究思路，本书的研究技术路线如图 1-1 所示。

二、研究方法

本书运用国际贸易理论、全球化经济理论、要素流动理论等基本理论及增加值分析方法，综合运用规范分析和实证分析、定性分析和定量分析相结合的方法。本书的定性分析以理论演绎为主，定量分析采用统计数据描述分析、数量模型分析、计量回归分析等。

第三节　研究内容和章节安排

一、研究的主要内容

本书研究的主题是要素跨国流入所形成的外资型贸易模式的国民收益，因此主要内容按逻辑展开如下：(1) 评述已有贸易理论关于贸易模式形成和贸易收益评估的解释及其不足之处；(2) 研究要素跨国流动下贸易模式的变

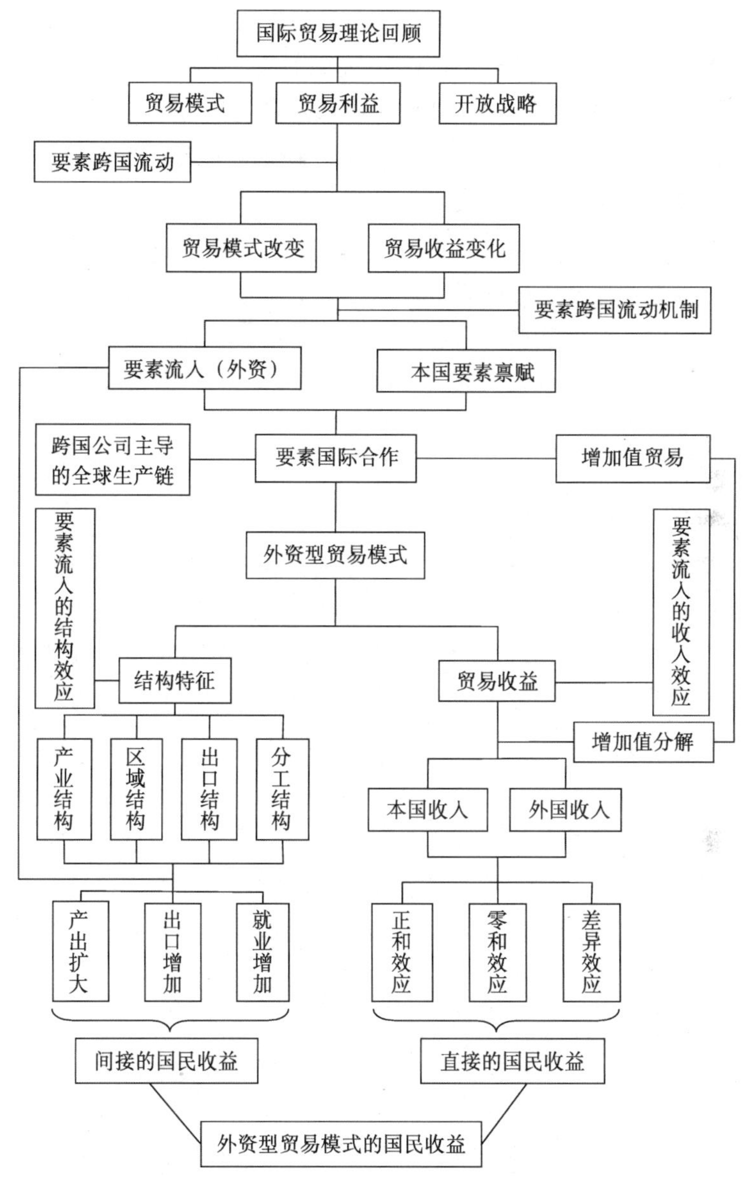

图 1－1　研究技术路线示意图

资料来源：作者自制。

形，初步构建 2×2×2⁺①理论模型，进而探讨贸易模式的影响因素，重点研

① 本书“2×2×2⁺”中的“+”指原模型的改进版。

究要素跨国流动对贸易模式的影响，研究提出以要素收益为基础的要素跨国流动形成的贸易收益的评估方法；（3）研究生产要素跨国流动的现状、特征与机制，拓展生产要素跨国流动理论，探讨外资型贸易模式的形成，构建外资型贸易模式的理论解释和分析框架；（4）研究要素流入的结构效应，探讨外资型贸易模式的结构特征及其对国民收益带来的影响，并实证分析中国外资型贸易模式的结构特征及其影响；（5）研究要素流入的收入效应，从要素收益的视角，基于要素合作的思想，运用贸易增加值分解方法探讨外资型贸易模式的国民收入，实证研究中国外资型贸易模式下的国民收入，对比分析外资型贸易模式下中国收入与外国合作要素收入的影响因素及两者的差异。

二、本书的章节安排

本书的章节安排如下。

第一章为导论，主要介绍选题背景并提出问题，阐述研究意义，阐明研究的思路和研究方法，概括可能的创新之处。

第二章为文献评述，以国际贸易理论的两大主题——贸易模式和贸易利益——为主线，沿着理论发展的路径展开梳理和评述，指出已有国际贸易理论的不足。该部分简要回顾开放战略下国际贸易模式、结构和收益的相关研究。

第三章为要素流动、贸易模式与贸易收益的理论分析。该部分以生产要素跨国流动为起点，构建一个生产要素跨国流动下 $2 \times 2 \times 2^{+}$ 的贸易模式分析的理论模型，并探讨影响贸易模式的影响因素，分析要素跨国流动下贸易收益形成机制的改变。

第四章为生产要素跨国流动与外资型贸易模式。在对生产要素跨国流动现状概括分析的基础上，形成生产要素跨国流动机制、要素收益原理的理论分析。

第五章为要素流入的结构效应——外资型贸易模式的结构特征。在剖析外资型贸易模式下出口结构内涵的基础上，实证探讨中国外资型贸易模式出口结构带来的对中国在国际分工价值链结构中的地位、产业结构、区域产出与出口结构的影响。

第六章为要素流入的收入效应——外资型贸易模式的本国收入。研究中国外资型贸易模式主体——外资企业出口的收入效应，运用增加值分析法对出口增加值进行计算分解；基于要素合作的视角，研究外资流入和外资企业出口对中国收入和外国要素收入增加的影响（正和效应），以及从国别角度分析中国收入和外国要素收入（差异效应）。

第七章回应研究主题，完整提出中国外资型贸易模式中的国民收益构成和内涵，包括直接的国民收益和间接的国民收益，并总结了全书的主要结论，提出研究的若干启示。

第四节　本研究的创新之处

本书从生产要素跨国流动出发，尝试修正已有国际贸易理论生产要素不能跨国流动的假设前提，初步提出了生产要素跨国流动下的 $2\times2\times2^{+}$ 的贸易模式分析的理论模型，并从新的视角对中国外资型贸易模式下的国民收益做出新的解释和分析。本书的创新点概括如下。

一是新的研究视角和概念。已有的国际贸易理论基于生产要素不能跨国流动的前提，国际分工理论的发展虽然注意到了要素流动的影响，但未能完全改变国际贸易理论与国际分工理论出现相互分离的现实和趋势。本书从要素跨国流动视角，展开对生产要素跨国流动形成的贸易及其国民收益的研究。本书的理论创新意义在于，传统贸易理论主要是从贸易的结果即商品的不同分类来定义贸易模式，而本书从贸易的生产成因进行定义；传统贸易理论主要是从贸易商品生产的属地差异（即商品生产国）着手进行分析，而本书从贸易商品生产的投入要素的属权差异（即要素提供国）着手进行分析；传统贸易理论从产品（包括中间产品）的角度分析贸易模式，本书从要素的角度分析贸易模式。由此本书将要素流入引起的进出口贸易及其结构定义为外资型贸易模式，构建了包括要素流动、要素国际合作、要素收益、贸易增加值构成、要素流入的结构效应、收入效应、正和收入效应、差异收入效应等研究外资型贸易模式国民收益的概念体系。

二是新的分析框架和工具。本书以要素跨国流入为起点，基于要素跨国流动改变国际分工，形成要素合作型国际专业化，从而改变国际贸易的形成条件，提出外资型贸易模式的概念。构建了以要素国别属性和要素收益分析为基础，包括要素流入的结构效应和收入效应两大支柱，直接国民收益和间接国民收益两个方面的外资型贸易模式的国民收益分析框架。从要素流入对出口结构、国际分工结构、产业结构和区域结构的影响探讨外资型贸易模式的国民收益结构效应。基于要素国际合作中的要素国别属性，运用国民收入统计方法测算贸易增加值，以要素收益为理论基础分解其构成，并全面考察中国的相关收入，探讨要素流入形成的外资型贸易模式带来的产出效应、出口效应、税收效应、就业数量和就业报酬等方面的正和效应，以及中方和外方的差异效应和零和效应。

三是新的实证研究和观点。本书深化了贸易增加值的理解，在由UNTCAD提出的本国出口中新增价值概念的基础上，进一步拓展这部分新增价值的构成分析，并区分了外资型贸易模式下贸易收入中的本国部分和外国部分。实证分析了中国外资型贸易模式的结构效应和收入效应。本书研究认为，外资型贸易模式下的国民收益可以从直接和间接两个方面进行考察，包含在要素流入的结构效应和收入效应之中。结构效应包括要素流入对中国的出口结构、国际分工结构、产业结构和区域结构等经济结构带来了不同于生产要素不能跨国流动下开展国际贸易的影响，要素流入带来本国产出、出口、就业等的扩大，以及对本国经济结构改善、要素使用效率提高等方面的积极影响。收入效应包括正和收入效应和差异收入效应。正和收入效应来自要素流入形成的要素国际合作，差异收入效应来自不同质量要素参与要素合作获得收益的差别。

第二章 国际贸易模式与利益：文献评述

国际贸易模式与国际贸易利益是国际贸易理论的两大主题。不同假设前提下的国际贸易理论得出的贸易模式存在一定的差别，贸易利益则存在着更大的差异。在不同理论的视野中不仅对贸易利益获得基础的认识存在差异，而且对贸易利益构成的认识也存在重要差异。本章将按国际贸易理论发展的脉络系统回顾国际贸易理论关于贸易模式、贸易利益的研究，评述这些理论的假设前提，指出其存在的局限性，为本书研究提供理论创新的基础。

第一节 国际贸易模式理论发展评述

一、贸易模式及相关概念

贸易模式是贸易理论分析中的核心问题。国际贸易理论有两大主题。其中一个主题是定性分析，关注的是贸易模式，也就是哪个国家出口哪种商品的问题。另一个主题则更倾向于定量分析，它寻求对国际贸易条件——在世界贸易中出口和进口的相对价格——的解释，并考察它们如何受到要素供给、科技或政府政策（如关税）等因素变化的影响[①]。托马斯·A. 普格尔和彼得·H. 林德特[②]（2001）在考察国际贸易是如何运作时指出要回答四个关键的问题，“（1）各国间为什么要进行贸易？更确切地说，是什么决定了一国出口何种产品，又进口何种产品？（2）贸易会如何影响各国的生产消费？(3) 贸易会如何影响各国的福利？（4）贸易如何影响经济福利或收入在一国之内不同集团之间的分配?”问题（1）中的第二个问题就是迪克西特和诺曼所讲的贸易模式。

现代汉语词典对“模式”一词的解释是，某事物的标准形式或使人可以照着做的标准样式。贸易模式的英文表述为 trade pattern，牛津词典对 pattern 的解释是“The regular way in which sth happens or is done”，翻译为中文即为模式或方式。因此，贸易模式有时又称为贸易方式。由此可见，“模式”其实就是解决某一类问题的方法论。把解决某类问题的方法总结归纳到理论高度，那就是模式。

然后，模式只是一种标准的样式，现实世界中存在着许许多多的模式。贸易模式也不例外。一般意义上的贸易模式，说白了就是人们进行物品交易或交换的模式，在交换能够达成的情况下，取决于参与交换的人各自能够提供什么。就国际贸易模式而言，就如迪克西特和诺曼所讲的，即哪个国家出口哪种商品。由于哪个国家出口哪种商品取决于许多因素，因此在不同的条件下，贸易模式各不相同。国际贸易理论所分析得出的贸易模式的结论，往往基于不同的理论假设，是一些有待检验的假说，是一些对现实世界的抽象性描述的推论。

现实世界中，贸易模式的呈现并不像理论抽象后的那样简单，而是所有现实因素（包括理论关注到的和没有关注到的）共同作用的结果。因此，现实的贸易模式往往是多样性的共存，而不是单一不变的。

此外，现实世界中贸易商品的分类方法有许多。最为普遍和基础的方法便是区分商品的要素密集类型。当然，要对商品的要素密集类型进行区分，首先必须明确投入商品的生产要素。因此，基于以两要素为分析基础的要素禀赋理论，就可以分为资本密集型和劳动密集型两种。然而，现实世界中投

---

① 阿维纳什·迪克西特，维克多·诺曼．国际贸易理论：对偶和一般均衡方法［M］．李辉文，韩燕译．中国人民大学出版社，2011.

② 托马斯·A. 普格尔，彼得·H. 林德特．国际经济学［M］．李克宁等译．经济科学出版社，2001.

入商品生产的要素是多种的，要素的分类也是多种的，如果仅仅把要素归为两大类，有时就不能很好地反映商品之间的差异，因此也出现了更多关于商品要素密集类型的分类。例如，土地密集型、资源密集型、技术密集型、知识密集型等等。这时，对现实世界中国际贸易模式的实证检验就出现了不断宽泛的情况。因而，反映到对现实国际贸易的分析时，往往会分析贸易商品的结构，来验证对不同贸易模式推断的理论。

由于在现实世界中贸易模式可以演化出许多不同的侧面，而且在对理论的实证检验时需要面对更真实的具有比理论前提复杂得多的现实世界，因此，国际贸易模式从不同的研究视角出发，可能会转化为许多不同的说法，得出不同贸易模式的结论。比如当运用一定的贸易理论研究一国出口何种产品时，有贸易商品模式；研究一国进出口贸易商品组成时有贸易商品结构模式；研究一国对外贸易的地区分布和国别分布时，有贸易地理方向模式。可以说已有的各种贸易理论都在揭示其对应的贸易模式。

贸易模式的背后实际上隐藏着生产和分工。已有的贸易理论从贸易的结果（即商品）来分析贸易模式，因此研究哪个国家出口哪类商品，就意味着哪个国家要生产哪类商品。在国际贸易中，哪些国家生产并出口哪类商品，就形成了相应的国际分工。而这种国际贸易模式或国际分工是怎样形成的，便是国际贸易理论分析的关键和起点。因此，与国际贸易模式相比国际分工更为基础和关键。然而，西方传统的国际分工理论是直接通过国际贸易理论来表达的（刘红，2003）①。而对国际贸易模式的传统解释是建立在各种各样的跨国差异的基础之上的。②

二、古典贸易理论下的贸易模式

学术界一般把英国古典经济学家亚当·斯密提出的绝对优势论和英国古典经济学家大卫·李嘉图提出的比较优势论称为古典贸易理论。

亚当·斯密在其1776年发表的巨著《国民财富的性质和原因的研究》中，从劳动分工的角度提出了各国利用各自绝对优势开展国际贸易的原则。由于斯密的思想论述是从劳动分工的角度出发的，因此这种绝对优势综合表现为劳动生产率的差异。就某一种商品生产而言，如果一国劳动生产率高于

---

① 刘红．国际分工理论与日本贸易模式的选择［J］．日本研究，2003（2）：1－7．

② 埃尔赫南·赫尔普曼，保罗·R. 克鲁格曼．市场结构和对外贸易：报酬递增、不完全竞争和国际经济［M］．尹翔硕，尹翔康译，上海人民出版社，2009．

（或成本低于）外国，该国就应该生产并出口，反之就不应该生产而应通过贸易进口来获得商品。依照这个原则，各国就形成了专业化生产的国际分工，也就确定了贸易模式，即一国出口劳动生产率高于贸易伙伴国的商品，进口劳动生产率低于贸易伙伴国的商品。后来的学者总结出了这一理论论断成立的七个假设条件：（1）全世界只有两个国家，生产两种产品，生产过程中唯一形成成本的就是劳动；（2）两国在两种产品生产中的劳动生产率的不同；（3）生产要素在两个国家之间不流动，但在一个国家范围内可以自由流动；（4）两个国家的资源都得到充分的利用；（5）当资源从一个部门转移到另一个部门时，机会成本不变；（6）不存在交易成本和运输成本，而且产品在各国之间可以自由流动；（7）生产和交换在完全竞争的条件下进行。

大卫·李嘉图在其1817年出版的著作《政治经济学及赋税原理》中提出了比较优势论。他继承了斯密的自由贸易思想，进一步以严密的逻辑讨论了国际分工从而开展国际贸易的基础不限于绝对优势的利用，只要贸易参与国之间各类产品的劳动生产率（或生产成本）存在相对差异，就可以形成国际分工和国际贸易。其思想精髓概括起来就是“两优取其重，两劣取其轻”。依照这个原则，各国就可以形成专业化生产的国际分工，也就确定了贸易模式，即各国出口本国劳动生产率相对高的商品，而进口本国劳动生产率相对低的商品。后来的学者总结出了这一理论论断成立的假设条件：（1）假定世界上只有两个国家和两种商品，只有劳动一种投入要素；（2）两国在生产中使用不同的技术，技术的不同导致劳动生产率的不同，进而导致成本的不同；（3）两国资源都得到了充分利用，均不存在未被利用的资源和要素；（4）在两个国家中，商品与要素市场都是完全竞争的；（5）在一国内要素可以自由流动，但是在国际间不流动；（6）生产规模报酬不变；（7）不考虑交易费用和运输费用，没有关税或影响国际贸易自由进行的其他壁垒；（8）两国的贸易是平衡的，即总的进口额等于总的出口额。

可见，古典贸易理论对贸易模式的解释，起始于对国际分工的探讨。国际分工决定国际贸易的模式，而国际分工的原因在于各国通过贸易联系对各自优势的发现和利用。因此，归结起来，古典贸易理论认为贸易模式取决于参与贸易各国存在劳动生产率或生产技术的差异。这两个理论是国际贸易理论中具有奠基意义或里程碑意义的理论。然而，由于古典贸易理论把国家间差异抽象概括为以劳动为单一要素的差异——劳动生产率的差异，又把劳动生产率差异单一地归结为生产技术水平的差异，同时设定诸多的前提假设条件，而现实中劳动生产率差异或生产技术水平的差异形成取决于诸多因素，特别是各种要素的差异。因此，它对现实中具体贸易模式的解释力有较大的局限性。

三、新古典贸易理论下的贸易模式

赫克歇尔（1919）在《对外贸易对收入分配的影响》和俄林（1933）在《区际贸易和国际贸易》中创立了要素禀赋理论（以下简称“H－O 理论”）。H－O 理论用相互依赖的多种生产要素理论代替了古典贸易理论的单一生产要素理论，把国家间劳动生产率的差异从商品生产的成本差异归结到要素禀赋结构的差异。因此，H－O 理论是对古典贸易理论的继承和发展。其主要思想是，各国比较优势的关系是由各国所拥有的生产要素的相对丰裕程度决定的。强调在充分竞争的市场经济条件下，商品价格的决定因素对贸易模式的影响。而认为商品价格的主要决定因素是生产投入的要素价格，要素价格决定于市场中要素供给的多寡，即要素禀赋结构。用俄林的话说，“贸易的首要条件是某些商品在某一地区生产要比在别的地区便宜。在每一个地区，出口品中包含着该地区拥有的比其他地区较便宜的、相对大量的生产要素，而进口别的地区能较便宜地生产的商品。简言之，进口那些含有较大比例生产要素最贵的商品，而出口那些含有较大比例生产要素便宜的商品。”① 要素禀赋理论同样建立在一系列的假设前提之上，这些假设包括：（1）各国的商品市场、要素市场完全竞争；（2）要素在国内自由流动，但国际间不能自由流动；（3）各国的生产要素完全同质；（4）各国的要素供给固定且处于充分就业状态；（5）两国生产同种商品的技术相同；（6）贸易是自由的，不存在任何运输成本；（7）商品可根据要素密集程度进行分类，且商品的要素密集型不变；（8）商品生产的规模报酬不变。此外，俄林还把李嘉图的个量分析扩大为总量分析，比较两国生产要素总供给的差异，从一国经济结构中的资本、劳动、土地等基本因素解释贸易分工基础和贸易格局。

由此可知，H－O 理论将贸易模式的决定因素归结于要素禀赋的差异，即一国出口密集使用本国丰裕要素生产的商品，而进口密集使用本国稀缺要素生产的商品。

迪克西特和诺曼认为，要素禀赋理论基于要素禀赋差异的分析是“对比

① 伯特尔·俄林．区际贸易与国际贸易［M］．逯宇铎等译．华夏出版社，2008.

较优势最富有启发意义的解释”，“因为它得出了可检验命题的最卓越的形式”。[①] 因此，要素禀赋理论提出后逐渐被“公理化”，并获得了广泛深入的讨论，形成了许多新的定理或命题。主要有斯托尔珀—萨缪尔森定理、要素价格均等化定理、雷布钦斯基定理，它们与 H－O 定理共同构成了新古典贸易理论的四个基本定理。

在理论发展和检验的过程中，不得不提到的是“里昂惕夫之谜”。20 世纪 50 年代初，美国经济学家瓦西里·里昂惕夫运用他首创的投入产出分析法，试图验证 H－O 理论，但得出了现实国际贸易中与生产要素禀赋说相反的贸易模式。此后，其他学者也运用同样的方法得出了类似的实证结论。事实上，存在这样的悖论并不奇怪，因为 H－O 理论所得出的贸易模式的推断是建立在一系列假设条件之上的，而现实世界中这些条件并不能充分的满足。然而，就此展开的一系列研究和讨论则是十分有意义的，拓宽了对贸易模式影响因素的理论探讨。其中，涉及需求方面的有需求偏好论等，涉及要素异质性的有劳动高效率论、人力技能论等，涉及生产技术差异的有要素密集倒转论、技术差距论等，涉及要素多样性的有自然资源论、研究与开发论等。当然大部分的理论分析仍然坚持了 H－O 的理论基点，即要素禀赋的差异决定了贸易模式，只是更贴近了现实情况。

四、新贸易理论下的贸易模式

传统贸易理论对贸易模式的推断实际上是基于一定标准对商品进行分类后才能成立。古典贸易理论的商品分类标准是商品的劳动生产率，而新古典贸易理论的商品分类标准是商品生产的要素投入比例。因此，理论只能解释或推断基于这一商品分类下的贸易模式。在这两种贸易理论的商品分类中，贸易交换的明显是不同的商品。两大传统贸易理论进行这样明确的分类是基于两个重要的假设前提：一是商品生产的规模报酬不变；二是市场是完全竞争的。这样的假设前提造成理论分析只能将参与贸易的商品界定为不同种类，因此理论只能解释不同种类商品的贸易，或不同产业所生产的商品的贸易，即理论推论的贸易模式只能是产业间贸易。然而第二次世界大战以来，特别是 20 世纪 60 年代以来，出现的大量产业内贸易，这两大传统贸易理论

① 阿维纳什·迪克西特，维克多·诺曼．国际贸易理论：对偶和一般均衡方法［M］．李辉文，韩燕译．中国人民大学出版社，2011．

就无法给出理论解释。而且根据 H－O 定理，只有要素禀赋不同的国家才可能存在国际贸易，而现实世界中要素禀赋相近或相似的发达国家之间的产业内贸易不断扩大（Grubel 和 Lloyd，1975[①]）。

这引起了一大批贸易理论家的关注。Krugman（1979[②]，1980[③]）、Ethier（1979[④]，1982[⑤]）、Dixit 和 Norman（1980）[⑥]、Lancaster（1980）[⑦] 等先后各自独立形成了一系列新思想，从而形成了新贸易理论。

新贸易理论对贸易模式的分析认为，决定贸易模式的因素除了传统贸易理论确切讲是新古典贸易理论认为的要素禀赋的差异外，规模经济和不完全竞争也是影响贸易模式的重要因素。换言之，即使不存在新古典贸易理论所说的比较优势，规模经济和不完全竞争也可以导致国际贸易的产生。这实际上也可以看成是新贸易理论不同于要素禀赋理论对古典经济学提出的引起国际分工和国际贸易的劳动生产率差异的另一种解释。从理论模型构建的角度看，新贸易理论实际上是对上述两大传统贸易理论假设前提的修改，这种修改也形成了对商品分类的不同视角，即现实中的商品分类并不是传统贸易理论中人们理解的那样粗线条，而是存在更为细微的差别。

Krugman 在其 1979 发表的《规模报酬递增、垄断竞争和国际贸易》中，运用简单的、基于规模报酬递增和垄断竞争假设的数学模型，证明了国际贸易不仅可以发生在要素禀赋相似的国家之间，而且可以发生在各国的同一产业内。Krugman 提出的这一模型有以下假设条件：（1）只有一种稀缺要素——劳动，劳动是同质的，能够生产 i 种商品，实际生产 n 种，n 可以是任意大的一个数，但小于 i；（2）所有消费者有相同的效用函数，各类商品对

① Herbert G. Grubel, Peter John Lloyd. Intra－Industry Trade: The Theory and Measurement of International Trade in Differentiated Products [M]. London: Macmillan, 1975.

② Paul R. Krugman. Increasing Returns, Monopolistic Competition, and International Trade [J]. Journal of International Economics, 1979 (9): 467－479.

③ Paul R. Krugman. Scale Economics, Product Differentiation, and the Pattern of Trade [J]. American Economic Review, 1980, 70 (5): 950－959.

④ Wilfred J. Ethier. The Theorems of International Trade in Time－phased Economies [J]. Journal of International Economics, 1979, 9 (2): 225－238.

⑤ Wilfred J. Ethier. National and International Returns to Scale in the Modern Theory of Internaitonal Trade [J]. American Economic Review, 1982, 72 (3): 389－405.

⑥ Avinash Dixit, Victor Norman. Theory of International Trade: A Dual, General Equilibrium Approach [M]. New York: Cambridge University Press, 1980.

⑦ Kelvin Lancaster. Competition and Product Variety [J]. Journal of Business, 1980, 53 (3): S79－S103.

称地进入效用函数；（3）所有商品的生产具有相同的成本函数，商品的生产函数是唯一要素——劳动的线性函数，具有固定成本，因此平均成本是递减的，体现了内在规模经济；（4）商品市场和要素市场出清；（5）消费者偏好同位且相似；（6）自由贸易且没有运输成本；（7）可竞争市场。由于规模经济的存在（即存在固定成本），一国不可能生产所有种类的产品，一种产品只可能在一国生产，而自由贸易使得两国要素和商品的价格均等化，消费者偏好同位相似，各国消费各种商品的比例取决于劳动数量（要素收入）占两国总量的比例，这样生产地和消费地的分离必定导致贸易发生，并且贸易数量是确定的。但贸易模式却是不确定的，它先验地决定于哪国具有某种商品生产的规模经济。由于商品生产函数设定相同，意味着商品是同一种类的，但一定存在差异，这些商品的贸易就可以理解为产业内的贸易。

Krugman（1981）① 进一步发展了解释产业间贸易和产业内贸易的理论模型，并经过 Helpman（1984）②、Markusen（1984）③ 的进一步拓展。Helpman 和 Krugman（1985）④ 对以往的理论模型进行有机整合，形成了比较完整的解释贸易模式的 H－K 模型理论框架。他们的结论是，比较优势导致了总体上的、部门国际化层次上的专业化，但规模经济引起了单个产品层次上的专业化，即具有产业间专门化的 H－O 的观点和产业内贸易的规模经济观点。

显然，新贸易理论是对 H－O 理论的继承和发展，它在坚持要素禀赋差异是贸易模式的决定因素的同时，进一步说明规模经济也是贸易模式的决定因素。并且认为从一定意义上讲，规模经济决定贸易模式的可能性更大。因为，如果世界贸易发展确实如 H－O 理论四大定理所推测的那样，各国之间的禀赋差异会随着贸易的发展逐渐被消除，从而意味着以此为基础的国际贸易的逐渐消除。但显然现实不是这样的。规模经济和不完全竞争的存在，不可能使得贸易消失。

---

① Paul R. Krugman. Intra－Industry Specialization and the Gains from Trade［J］. Journal of Political Economy，1981，89（5）：959－973.

② Elhanan Helpman. A Simple Theory of International Trade with Multinational Corporations［J］. Journal of Political Economy，1984，92（3）：451－471.

③ James R. Markusen. Multinationals，Multi－plant Economies，and the Gains from Trade［J］. Journal of International Economics，1984，16（3－4）：205－226.

④ Helpman E.，Krugman P. Market Structure and Foreign Trade：Increasing Returns，Imperfect Competition and the International Economy［M］. Cambridge：MIT Press，1985.

五、新新贸易理论下的贸易模式

新贸易理论对规模经济和不完全竞争的分析有一个重要的理论前提，即无论是外部规模经济，还是内部规模经济，产业内企业均具有相同的生产函数和成本函数，而存在内部规模时借助可竞争市场概念，推定每一类商品仅有一家企业生产。然而，这离现实似乎仍然较远。现实中，行业内生产企业的规模大小、组织结构、产品质量、员工技能以及生产率等都存在着差异，这便是企业的异质性（heterogeneity），即同一类产品生产企业存在着规模经济的差异。

20 世纪 90 年代中期以来，学者们在对企业层面的生产和贸易数据的经验研究中发现，出口企业和非出口企业存在着明显的不同。出口企业表现出更大的规模、更高的生产率等特征。Bernard 和 Jensen（1995）[①] 针对美国企业的研究率先发现了上述的现象和规律。之后，Richardson 和 Rindal（1995）[②]，Bernard 等（2003）[③]，Helpman、Melitz 和 Yeaple（2004）[④] 等对美国企业的研究，Bernard 和 Wagner（1997）[⑤] 等对德国企业的研究，Clerides、Lack 和 Ty - bout（1998）[⑥] 对哥伦比亚、墨西哥和摩洛哥企业的研究，Aw、Chung 和 Roberts（2000）[⑦] 对韩国和中国台湾企业的研究以及

① Andrew B. Bernard，J. Bradford Jensen. Exporters，Jobs，and Wages in US Manufacturing：1976 - 1987，Brookings Papers on Economic Activity：Microeconomics，1995：67 - 112.

② J. David Richardson，Karin Rindal. Why Exports Really Matter［M］. Institute for International Economics and the Manufacturing Institute，1995.

③ Andrew B. Bernard et al. Plants and Productivity in International Trade［J］. American Economic Review，2003，93（4）：1268 - 1290.

④ Helpman Elhanan，Marc J. Melitz，Stephen R. Yeaple. Export Versus FDI with Heterogeneous Firms［J］. American Economic Review，2004，94（1）：300 - 316.

⑤ Andrew B. Bernard，Joachim Wagner. Exports and Success in German Manufacturing［J］. Weltwirtschaftliches Archive，1997，133：134 - 157.

⑥ Sofronis K. Clerides，Saul Lach，James R. Tybout. Is Learning by Exporting Important? Micro - Dynamic Evidence from Colombia，Mexico，and Morocco［J］. The Quarterly Journal of Economics，1998，113（3）：903 - 947.

⑦ Bee Yan Aw，Sukkyun Chung，Mark J. Roberts. Productivity and Turnover in the Export Market：Micro Evidence from Taiwan and South Korea［J］. The World Bank Economic Review，2000，14（1）：65 - 90.

Pavcnik (2002)[①] 对智利企业的研究，Eaton、Kortum 和 Kramarz (2004)[②] 对法国企业的研究等都得出相似结论。

新新贸易理论中，Melitz (2003)[③] 构建的模型在国际贸易理论研究中具有里程碑意义，开创了异质性企业贸易模型研究的新篇章。Melitz 所构建的异质性企业动态产业模型以 Hopenhayn (1992)[④] 竞争性动态产业模型为基础。从贸易模式来看，该模型实质上延续了新贸易理论关于规模经济和不完全竞争对贸易模式的影响的论断。不过，新新贸易理论的探讨更贴近现实，进一步从动态角度说明了行业内企业内在规模经济形成的原因。这种探讨表现在以下两个角度：一是强调产业内企业的异质性（通过设立含有不同生产率的成本函数，不变的边际成本和固定成本），并认为企业生产率的差异是造成产业内企业异质性的最主要原因，是企业在市场中所处的状态（包括退出市场、国内销售和出口等）的关键因素；二是强调贸易自由化对企业规模经济的影响。贸易自由化会引起异质企业的产业内竞争和重新配置效应。比如，只有生产率最高的那部分企业才能承担出口固定成本并进行出口，从而扩大生产规模，取得更大的规模效益。出口企业生产规模的扩大引起劳动力要素实际工资的上升，导致生产率最低的那部分企业被迫退出市场，而生产率水平居于中游的企业则只能继续在本国市场销售。总之，自由贸易通过竞争效应促进了高生产率企业规模经济放大、出口增加，并导致整个行业总体生产率水平的提高，增加了整个行业的出口竞争力。

与此同时，Bernard 等 (2003)[⑤] 也建立了一个异质企业贸易模型（即 BEJK 模型）。与 Miltz 模型不同的是，BEJK 模型采用的是 Bertrand 竞争而非垄断竞争的市场结构，主要关注企业的生产率和出口之间的关系。基于出口企业占企业总数的比重比较低、出口企业规模更大并且生产率更高等事实，Bernard 等模拟了全球范围内贸易壁垒削减 5% 的情形。其研究结果是贸易额

---

① Nina Pavcnik. Trade Liberalization, Exit, and Productivity Improvements: Evidence from Chilean Plants [J]. Review of Economic Studies, 2002, 69 (1): 245 - 276.

② Jonathan Eaton, Samuel Kortum, Francis Kramarz. Dissecting Trade: Firms, Industries, and Export Destinations [J]. American Economic Review, 2004, 94 (2): 150 - 154.

③ Marc J. Melitz. The Impact of Trade on Intra - Industry Reallocations and Aggregate Industry Productivity [J]. Econometrica, 2003, 71 (6): 1695 - 1725.

④ Hopenhayn H. Entry, Exit, and Firm Dynamics in Long Run Equilibrium [J]. Econometrica, 1992, 60 (5): 1127 - 1150.

⑤ Andrew B. Bernard, Jonathan Eaton, J. Bradford Jensen, et al. Plants and Productivity in International Trade [J]. American Economic Review, 2003, 93 (4): 1268 - 1290.

上涨了39%，总生产率也因低生产率企业倒闭和高生产率企业扩张出口而上升。

Helpman、Melitz和Yeaple（2004）① 拓展了Melitz模型，考虑了建立海外分公司的决策，即企业以出口或以FDI的形式进行国际化。研究结果表明，选择出口还是FDI是由企业根据其生产率预先决定的。

Melitz和Ottaviano（2008）② 研究了市场规模、生产率和贸易的关系。他们放松使用产品水平差异化的线性需求系统，同时还引入低成本加成变量。他们的模型说明，不同市场的竞争激烈程度是由该市场中企业的数量和平均生产率水平内生决定的，市场规模和贸易会影响竞争的激烈程度和异质企业的市场决策。总生产率水平取决于市场规模和贸易带来的市场一体化的双重作用。市场的一体化程度越高，生产率水平越高，而利润越低。

Bernard、Redding和Sehott（2007）③ 结合Melitz模型和Helpman与Krugman（1985）的垄断竞争模型，建立了一个考虑企业异质性的两要素、两部门和两个国家的世界经济模型，并反映了要素比例对比较优势的影响。他们分析了自由贸易对生产率的影响，发现在考虑贸易成本的情况下，具有比较优势的部门出口生产率最高，行业内重新配置效应最强，并且行业生产率提高最快。具有比较优势的部门使低生产率企业进入国际市场的概率更小，停止运营点生产率也更高，所以促成了更多低生产率企业的退出。该研究还发现，当贸易成本下降时，处于比较优势部门（来源于要素禀赋）的企业更倾向于出口，并且会增加这一部门的企业规模和数量，同时创造了比比较劣势部门更多的工作机会。

新新贸易理论另一具有里程碑意义的理论模型是Antras（2003）④ 的企业内生边界模型。该理论融合了Grossman - Hart - Moore模型关于企业的观点和Helpman - Krugman模型关于贸易的观点，建立了同时决定国际贸易模

---

① Helpman Elhanan, Marc J. Melitz, Stephen R. Yeaple. Export Versus FDI with Heterogeneous Firms [J]. The American Economic Review, 2004, 94 (1): 300 - 316.

② Marc J. Melitz, Gianmarco I. P. Ottaviano. Market Size, Trade, and Productivity [J]. Review of Economic Studies, 2008, 75: 295 - 316.

③ Andrew B. Bernard, Stephen J. Redding, Peter K. Schott. Comparative Advantage and Heterogeneous Firms [J]. Review of Economic Studies, 2007, 74: 31 - 66.

④ Pol Antras. Firms, Contracts, and Trade Structure [J]. Quarterly Journal of Economics, 2003, 118 (4): 1375 - 1418.

式和企业边界的理论模型。Antras 和 Helpman (2004)① 在此基础上建立了一个南（发展中国家）北（发达国家）国际贸易模型，考察异质性企业的出口、外包和垂直 FDI 之间的关系。该理论模型认为，南北国家之间的企业生产率差异、总部密集度、工资水平差异和各国所有权优势等各个因素共同决定着企业组织形式和贸易模式的选择。该理论将企业进行的国际一体化战略归结为企业对内生组织边界的自发选择，也就说拥有异质性要素的企业会根据自身的特点选择不同的要素生产和技术方式，进而选择不同的组织或契约制度。一般而言，具有资本和技术密集型特征的企业往往倾向于采用内部一体化或垂直一体化，相应的贸易模式更多采用母公司与子公司之间或者子公司之间的内部贸易，而对市场有较少的依赖。这就有助于解释为什么发达国家的跨国公司资本和技术垄断越来越集中以及为什么发展中国家的贸易一体化程度远远落后于发达国家等问题。

可见，新新贸易理论是从企业异质性的研究视角出发解释贸易模式的。如果把企业异质性的分析认为是新贸易理论对规模经济分析的动态化，那么新新贸易理论就是对新贸易理论关于规模经济影响贸易模式延续和深化。基于企业异质性的内生边界理论，则对现实世界中存在的从国内企业到跨国企业如何形成，以及企业形成出口能力和跨国生产能力给予了较好的解释。新新贸易理论也仍然继承了传统贸易理论对贸易模式探讨的基本观点。

第二节　国际贸易利益的理论评述

一、贸易利益及相关概念

gain from trade 是近代经济学形容国际贸易益处的专有名词。它有多种译法，包括贸易收益、贸易利得、贸易利益等。因此，就英文的原意而言，贸易利益等同于贸易收益。但在汉语语义上，这两者又是有差别的。《现代汉语词典》对“收益”的解释是：生产上或商业上的收入；对“利益”的解释是：益处，好处。显然，前者是可量化可计算的，即是定量的，而后者是

① Pol Antras, Elhanan Helpman. Global Sourcing [J]. Journal of Political Economy, 2004, 112 (3): 552-580.

模糊不可计算的，即是定性的。或者说，前者要求具体的计量结果，而后者只要理论性说明原因即可。

贸易利益是贸易理论的又一核心问题，是现实中一个国家参与贸易的根本动力，是贸易理论必需回答的问题。贸易利益一般是指通过国际贸易所获得的提高国民经济福利水平、推动经济发展的有利结果。贸易利益可以分为静态利益和动态利益。静态利益，是指贸易参与国在既定的要素供给下或在资源总量不变的条件下所获得的产出和福利的增长情况。它包括以下两个方面：一是通过贸易交换获得，即通过贸易可以获得比本国生产成本低或本国不能生产的产品；二是通过贸易引起的专业化分工获得，即专业化生产带来本国资源使用效率的提高。因此，以往的主要贸易理论研究的贸易利益是自由贸易状态与自给自足状态相比所得到的更多的生产利益和消费利益。动态利益主要是指贸易促进一国经济的长期增长和经济结构的改善。它包括规模收益、技术进步和制度创新等。除此之外，还有的学者将贸易利益分为狭义的贸易利益和广义的贸易利益，潜在的贸易利益与真实的贸易利益等①。

贸易收益实际上是与贸易利益相伴相生的问题。翻译上的通用性，说明两者本质上是指同一个问题，但语义上存在的差别实际上反映出贸易收益比贸易利益更进了一步。如果说后者只要理论性回答的话，那么前者就不仅需要给出定性分析，还需要给出定量分析来回答。两者的差别在于，贸易利益主要回答为什么贸易可以带来好处，以及在怎样的条件下才能带来好处。要素禀赋理论的创立者俄林也认为，“国际贸易的各种效应包含着贸易量增加带来的各种‘利益’。但当对于我们前述分析的各种关系，‘利益’这个词就没有什么意义。……尤其是当需求属性也发生变化时。”② “显然，因为贸易影响经济范畴的特点和数量，所以，谈总利益是主观而没有意义的，更不要说去度量它。结果，在国家之间如何分配贸易利益就是一个设想的问题，它几乎没有任何的理论和实践意义。”③ 而贸易收益需要回答的是不同条件下各个贸易参与国获得收益的情况。当然，在不作上述细致区分的情况下，上述这几个问题都反映在了对 gains of trade 的回答上。以往的贸易理论围绕贸易利益作出了充分的回答，但对贸易收益的回答也类似于贸易利益的回答，

① 隋福民，饶鹏．开放条件下贸易利益内涵的界定及其相关理论评述［J］．国际贸易问题，2007（1）：121－126.

② 伯特尔·俄林．区际贸易与国际贸易［M］．逯宇铎等译．华夏出版社，2008.

③ 伯特尔·俄林．区际贸易与国际贸易［M］．逯宇铎等译．华夏出版社，2008.

更多地是定性的分析，而少有定量分析。

本书认为，对贸易利益的回答侧重于说明国际贸易能够带来的积极意义，而对贸易收益的回答则说明国际贸易发生时形成的收益及各个贸易参与国获得的收益情况。后者包括不同情景条件对贸易收益的定性和定量分析，以及在给定情景条件下获得贸易收益的定量分析。贸易收益的定量分析是静态的，它是在静态贸易利益层面上的进一步讨论。静态的贸易利益从经济分析的角度看，包括生产者剩余和消费者剩余两个方面的增加。而消费者剩余的计量困难性，将带来贸易收益定量分析的困难。好在从贸易角度看，出口和进口是对应的，因此讨论出口和为出口进行的生产能够反映贸易收益的基本情况，并且相对可行。特别是在世界贸易的情况下，只有为出口而进行生产的收益才能反映一国参与贸易的真实收益情况。所以，在世界贸易错综复杂的情况下讨论一国的贸易收益，讨论出口的生产收益更具有现实意义。

二、重商主义理论的贸易利益和收益观

重商主义理论认为，国际贸易是一个零和的游戏，贸易只会导致一方得利，而另一方受损，并且一方所得必然是另一方所失。早期重商主义（即贸易差额论）以贸易差额（即贸易参与国出口产品价值减去进口产品价值）作为衡量一国获得贸易利益情况评价的唯一标准。当一国的贸易差额为正时，该国获得了贸易利益，正的贸易差额越大，该国获得的贸易利益越大；当一国的贸易差额为负时，则该国在贸易中受损，负的贸易差额越大，该国在贸易中的损失越大。晚期重商主义（即货币差额论）直接把贸易差额归结为以金银表征的通用货币，一国在国际贸易中获得的金银货币越多，也就是正的贸易差额越大，该国在国际贸易中获得的贸易利益也就越多。反之则反是。显然重商主义理论把贸易利益归结为商品贸易（交换）的最终结果，把贸易顺差当作了贸易利益的来源，这种贸易利益既非本书所界定的贸易利益，也非现实中贸易收益的真实所得，至多是粗浅地说明了一国商品出口的总体竞争力，或者只是模糊地表达了后来学者所讨论的贸易条件。

三、古典贸易理论下的贸易利益

古典贸易理论的核心思想是国际贸易形成的国际分工会带来好处，或者说国际分工带来的专业化生产提高劳动生产率，促进参与国际贸易国家的生产扩大和消费增加，从而获得利益。因此，从本质上看，古典贸易理论的贸

易利益观是分工经济的利益观。斯密的《国富论》中只提到，两国分工应该按照绝对优势展开，即各国从事相比外国具有更高生产率水平的商品生产，然后进行国际贸易。而李嘉图进一步指出了开展国际分工更大的可能性，他指出即使一国与另一国相比在所有商品生产上均具有较低的生产率，仍可以进行国际分工和国际贸易，获得利益。此时分工可按以下步骤展开：首先各国对国内不同商品的生产率进行比较，获得一个比值，然后将两国的这一比值进行比较，各国可以根据数值大小各自找到本国具有相对优势的商品进行专业化生产。譬如，两国均生产商品 A 和商品 B，本国两种商品的劳动生产率分别为 a_A^h 和 a_B^h，外国两种商品的劳动生产率分别为 a_A^f 和 a_B^f，且有 $a_A^h < a_A^f$ 和 $a_B^h < a_B^f$，说明本国两种商品生产与外国相比均没有优势。但如果有 $\frac{a_A^h}{a_B^h} > \frac{a_A^f}{a_B^f}$，那么本国在生产商品 A 上具有相对优势，此时的国际分工为本国生产商品 A，而外国生产商品 B。这样的分工与生产专业化同样可以给两国带来利益。

古典贸易理论中贸易利益的大小与分工和生产专业化的深度有关。如果实现了完全专业化，国际分工和国际贸易可以实现所有的贸易利益。但贸易利益具体在两国如何分割，现实中两国各自贸易收益获得的情况，依赖于两国的交换条件——贸易条件。而贸易条件的形成，则涉及两国消费者对两种商品的需求情况。如果一国的贸易条件有利，那么它就可以在现实中实现更多的贸易收益。李嘉图没有阐明国际商品交换比率如何确定以及贸易利益怎样分配的问题，也未考虑需求因素对国际贸易的重要影响。约翰·斯图尔特·穆勒在其代表作《政治经济学原理》（1848）中提出了“相互需求学说”（Reciprocal Demand Doctrine），明确提出了国际贸易条件变动的范围和贸易收益分配比例。艾尔弗雷德·马歇尔在其著作《货币、信用与商业》（1923）中进一步提出提供曲线这一分析工具，更精确地指明两国供求均衡时的具体交换比率——贸易条件。实质上，贸易条件的形成体现了市场的力量，这也是古典自由主义经济思想的内核。

四、新古典贸易理论下的贸易利益

新古典贸易理论的奠基性理论是要素禀赋理论。新古典贸易是建立在新古典经济学分析框架基础上的，而新古典经济学起始于边际革命，形成了基于完全竞争和充分就业的一般均衡分析方法，并放弃了劳动价值论，从而不再局限于单一劳动要素下劳动生产率的分析，而是拓展为多要素的生产组合分析。因此，它对商品生产分工的分析不再局限于单一的劳动生产率，而是转到了形成商品的各种投入要素的成本上。假设劳动作为其中一种要素且不存在生产率差异，同时其他生产投入要素也不存在差异，商品的生产成本仅取决于要素的成本，而要素的成本（或价格）仅取决于供求状况。这样，劳动生产率转化为了全要素生产率，商品相对价格（或机会成本）的差异从劳动生产率决定转换为全要素生产率决定，而同质要素假定下，全要素生产率又被分解为静态的要素供求决定，即要素禀赋结构决定的要素相对价格。贸易利益从原来分工带来的生产效率的提高，转换为要素配置效率的提高。虽然名义上仍然有分工，但这种分工仅剩下商品生产分工的外壳，而模糊了劳动分工带来生产效率提高的重要意义。

新古典贸易理论讨论贸易利益的文献相当丰富。自从 1933 年 Ohlion 发表《区际贸易和国际贸易》以来，围绕贸易利益问题的文献层出不穷。主要研究包括以下两个方向：一是贸易开展是否一定能够带来利益；二是贸易对一国内不同要素所有者收益的影响。

Samuelson（1939）[①] 在生产技术不变的假定下，得出一个无法影响世界商品价格的小国家，自由贸易比没有贸易好，即可以获得贸易利益的结论。Kemp（1962）[②] 在此基础上进一步一般化了 Samuelson 的上述结论，并证明在满足一定条件的情况下，无论大国还是小国，自由贸易或受到一定限制的贸易都比没有贸易好。Samuelson（1962）[③] 进一步考虑消费者得益和受损的情况，得出了在允许一次性转移支付的情况下，贸易将肯定带来收益。

Bhagwati（1968）[④] 认为如果贸易限制来自于关税、配额或汇率，而不是带来国内的税收或补贴，那么受限制的贸易要优于没有贸易。如果一国既没有贸易中的垄断力量，也没有国内扭曲，仅仅是次级的可出口的消费品被

---

① Paul A. Samuelson. The Gains from International Trade [J]. The Canadian Journal of Economics and Political Science, 1939, 5 (2): 195 -205.

② Murray C. Kemp. The Gain from International Trade [J]. The Economic Journal, 1962, 72 (288): 803 -819.

③ Paul A. Samuelson. The Gains from International Trade Once Again [J]. The Economic Journal, 1962, 72 (288): 820 -829.

④ Jagdish Bhagwati. The Gains from Trade Once Again [J]. Oxford Economic Papers, New Series, 1968, 20 (2): 137 -148.

消除，那么高关税比低关税差。Kemp 和 Wan（1972）① 通过比较一国自给自足与自由贸易以及两种自由贸易状态的选择，完整地讨论了小国参与自由贸易的利益。

H－O 模型中的贸易利益来自于国际贸易带来的根据贸易参与国要素禀赋结构不同形成的生产国际分工，引起要素配置效率的提高。换言之，各国专门生产密集使用本国丰裕的、价格较低的要素的商品，从而降低了商品生产的成本，并增加了世界总产出量。要素禀赋理论中贸易利益的大小同样也取决于专业化生产的深度，但由于在一般均衡体系下讨论，要素供给无弹性，专业化生产的深度会受到要素结构及其存量水平的限制。

基于新古典经济学的要素禀赋理论对贸易收益的分配仍然延续了古典贸易理论的观点，即贸易条件是决定贸易收益分配的关键。贸易收益分配的比例越接近某一个国家的国内交换比率，该国通过国际贸易获得的收益就越少；反之，越远离某一国家的国内交换比率，该国通过国际贸易获得的收益就越多。

但正如前面所述，完全专业化的生产在现实中通常无法实现，而且贸易条件的测算涉及许多方面，从而几乎不可能完整而清晰地得出。因此，彻底探究贸易收益的分配似乎没有必要意义。俄林在其《区际贸易与国际贸易》中写道："我们并没有分析和考察这些收益是如何分配的。事实上，在没有分配之前作为整体出现的收益，在此有必要对此进行分配。考虑到定量分析的局限性，讨论在何种情况下一地比另一地所获得的收益多是徒劳的。收益问题讨论贸易对谁有益是一个更加现实而有待解决的问题"②。因此，新古典贸易理论对贸易收益的分析实质上仍然没有作出深入讨论。

五、新贸易理论下的贸易利益

传统国际贸易理论对商品的定义较为粗线条，没有明确的产业和企业的界定。新贸易理论将规模经济和不完全竞争作为分析基础，使得理论分析的对象推进到了产业和企业的层面。规模经济特别是内在规模经济的存在，使得相关研究必然涉及产业和企业层面。因此，新贸易理论将产业组织理论融入到国际贸易理论的分析框架之中，给出了产业的定义、边界以及特点。新

① Murray C. Kemp and Henry Y. Wan Jr. The Gains from Free Trade［J］. International Economic Review，1972，13（3）：509－522.

② 伯特尔·俄林．区际贸易与国际贸易［M］．逯宇铎等译．华夏出版社，2008.

贸易理论还注意到日益明显的国际经济特点——由跨国直接投资形成的跨国公司不断涌现，这使得该理论进一步注意到了跨国生产的行为，对以产业为基础的跨国企业经济活动的特点及原理进行了分析，并融入到贸易理论分析框架之中。由此可见，新贸易理论相比传统贸易理论在讨论贸易利益方面有了更加广泛的来源，同时对跨国生产带来的新的贸易情况的理论分析，也使从生产层面讨论贸易收益成为需要并为之提供了可能。

Helpman 和 Krugman（1985）① 指出了传统贸易理论在经验上的四个弱点：一是传统贸易理论完全用国家之间的差异，特别是它们生产要素禀赋的相对差异来解释贸易，但事实上世界贸易的将近一半是在相对要素禀赋比较相似的工业国家之间进行的；二是在实际的贸易中包括大量的要素密集度相似的货物的双向贸易，即产业内贸易，传统贸易理论无法解释；三是当转向公司内贸易和对外直接投资时，传统贸易理论的问题在于它根本是一个不适当的框架。因为传统贸易理论认为在完全竞争、报酬不变的世界中，没有实实在在的公司，因而无从讨论限于公司内部活动范围的问题；四是标准的贸易将贸易与资源再配置联系起来，这种资源再配置能增加国民总收入，但至少会减少某些要素的实际收入。但现实中，如欧洲共同体和《美加汽车贸易协定》② 等一些重要的贸易自由化事件，似乎并没有导致资源再配置的发生，而更可能是使现有资源的生产率提高了。

因此，新贸易理论认为贸易利益的来源不仅仅是传统贸易理论所发现的比较优势的利用，还应该包括规模经济。规模经济引起的报酬递增是导致贸易和形成贸易利益的源泉。即使要素报酬或技术的差异并不形成对专业化和贸易的诱因，大规模生产的优势仍能导致各国实行专业化并相互开展贸易，而大规模生产导致的要素使用效率的提高（或成本的降低）成为贸易利益的来源。此外，从消费的角度看，产品种类的多样性可以改进消费者的效用，而规模经济与不完全竞争条件会导致商品生产种类的多样性，成为贸易利益的来源。

Krugman（1980）③ 指出，消费者出于对产品多样性的偏好，在花费等

---

① Helpman E.，Krugman P. Market Structure and Foreign Trade：Increasing Returns，Imperfect Competition and the International Economy［M］. Cambridge：MIT Press，1985.

② 1965 年，美国和加拿大签订了《美加汽车贸易协定》。该协定是美国与加拿大之间较早签订的一项优惠贸易安排，也可以认为是美加自由贸易协定产生的前奏。转引自本页脚注①中的著作。

③ Paul Krugman. Scale Economies，Product Differentiation，and the Pattern of Trade［J］. American Economic Review，1980，70（5）：950－959.

量货币的情况下希望拥有更多种类的商品。然而对于厂商而言，在一定需求量下生产更多的商品种类必然使得每种产品的产量下降。产量的下降意味着规模经济效应的下降或消失。在此情况下，国际贸易的开展可提高厂商面对的产品需求量水平，在产品种类不变的情况下增加每一种产品的产量，进而实现规模经济。他认为规模经济是贸易收益的核心所在，而推动微观企业实现规模经济的动力是消费者对多样化产品的偏好。

关于生产的规模经济对国际专业化和贸易带来的影响，早在 Ohlin (1933)① 创立要素禀赋理论时就已经注意到了。Ohlin 指出，大规模经济是贸易的一个原因，并进一步分析得出以下结论：就地区内部某些物品的市场不够大到足以容许最有效的生产规模而论，分工和贸易仍将是有利的。他指出，某一地区专门生产某些物品用以交换其他物品，如果要素禀赋到处一样的话，这类贸易的特征将完全是机会问题。但在 Ohlin 看来，生产要素供应的差别决定贸易的进程，而大规模生产的利益，在性质上是次要的原因，它使分工和贸易比原来向前推进了一点，但不会改变它们的主要特点。

在规模经济存在情况下，一国是否一定从自由贸易中获得贸易利益，Graham (1923)② 最早给出了否定的论点。他认为当贸易导致资源从规模报酬递增行业转移到规模报酬递减行业时，以不变价格计算的一国国内生产总值将会下降，即一国得不到贸易利益，反而会受损。

Coen (1951)③ 讨论了两国两商品情况下，一国同时存在规模报酬递增（或成本递减）和规模报酬递减（或成本递增）或规模报酬行业时，参与自由贸易可能导致损失的两种情况：(1) 如果一国的两种商品的相对价格与相对边际成本不相等，参与贸易可能导致损失；(2) 如果一国两种商品的相对价格与相对边际成本相等，但没有贸易时的生产可能性曲线高于贸易时的生产可能性曲线，参与贸易也可能导致损失。但如果两国的商品相对价格与其相对边际成本相等，且生产可能曲线不转换，则任何一国均不会在自由贸易中受损。

---

① 伯特尔·俄林．区际贸易与国际贸易［M］．逯宇铎等译．华夏出版社，2008.

② Graham Frank D. Some Aspects of Protection Further Considered［J］. The Quarterly Journal of Economics, 1923, 37 (2): 199 – 227.

③ E. Coen. Decreasing Costs and the Gains from Trade［J］. The Economica, 1951, 18 (71): 285 – 291.

Kemp和Negishi（1970）[①] 认为自由贸易发生后，一国规模报酬递增行业的产出增加和规模报酬递减行业产出减少，一国能从贸易中总体上得益。自由贸易如果能够使得一国规模报酬递增行业和规模报酬递减行业的易货贸易条件得到改善，那么该国能从贸易中总体上获益。

Ethier（1979）[②] 详细论证了国际规模报酬递增下的世界贸易。他指出，国际规模报酬递增是对亚当·斯密关于劳动分工利益在世界范围内理解的根本，与地理分布无关。

Kemp（1969）[③]、Melvin（1969）[④]、Markusen和Melvin（1981）[⑤] 认为在规模报酬递增的情况下，小国有可能在自由贸易中受损。小国能在自由贸易中获益的条件是贸易使得本国出口商品的价格相对于自给自足下更高。产生这种情况的原因是生产的外部性实质上导致了本国的扭曲。

Krugman（1981）[⑥] 认为产业内贸易反映了规模经济和消费者对商品多样性的偏好。如果两国贸易中产业内贸易占主导地位（意味着规模经济很重要的世界），那么市场扩张的好处将会超过分配效应，使得稀缺要素拥有者和丰裕要素拥有者一样都从自由贸易中获得好处。

与此同时，一些学者开始将中间产品贸易纳入分析。Ethier（1979，1982）认为中间产品的贸易是形成国际规模经济的重要条件。而这实际上也是垂直一体化跨国公司存在的重要条件，这种中间产品的贸易就是公司内贸易。如果中间产品是以递增规模报酬生产的，将会强化垂直一体化公司的出

---

① Murray C. Kemp and Takashi Negishi. Variable Returns to Scale, Commodity Taxes, Factor Market Distortions and Their Implications for Trade Gains [J]. The Swedish Journal of Economics, 1970, 72 (1): 1-11.

② Wilfred Ethier. Internationality Decreasing Costs and World Trade [J]. Journal of International Economics, 1979, 9 (1): 1-24.

③ Horst Herberg, Murray C. Kemp. Some Implications of Variable Returns to Scale [J]. Canadian Journal of Economics, 1969, 2 (3): 403-415.

④ James R. Melvin. Intermediate Goods, The Production Possibility Curve, and Gains from Trade [J]. The Quarterly Journal of Economics, 1969, 83 (1): 141-151.

⑤ James R. Markusen, James R. Melvin. Trade, Factor Prices, and the Gains from Trade with Increasing Returns to Scale [J]. Canadian Journal of Economics, 1981, 14 (3): 450-469.

⑥ Paul R. Krugman. Intraindustry Specialization and the Gains from Trade [J]. Journal of Political Economy, 1981, 89 (5): 959-973.

现（Williamson，1971[①]；Porter 和 Spence，1977[②]；Klein 等，1978[③]）。

新贸易理论在涉及跨国公司分析时，由规模经济带来的贸易利益实际上已经模糊了国家的概念。因此，这时再用传统要素禀赋及其报酬再加上消费者福利分析已很难准确衡量一国的贸易收益。

六、新新贸易理论下的贸易利益

新新贸易理论肇始于一项实证研究。Bernard 和 Jensen（1995）[④] 研究发现既使处于同一行业内，各个企业的出口行为也因为每个企业的特质不同大相径庭。由此引发了学者们对企业异质性的关注，并将企业异质性纳入理论分析的框架之中。

Melitz（2003）[⑤] 首先基于 Hopenhayn（1992）[⑥] 一般均衡框架下的垄断竞争动态产业模型和 Krugman（1980）[⑦] 的垄断竞争贸易模型建立了企业异质性分析框架。他用不同可变成本表述企业的生产率差异，讨论了贸易对一国产业内资源重新配置的影响。该理论的基本思想是，同一行业内的企业具有不同的生产率水平，在竞争环境下，生产率水平高的企业可以承担出口带来的额外成本而成为出口企业，而生产率水平次高的企业可以在国内市场立足，而生产率水平低于一定值（即成本与市场价格相等）时企业将被市场淘汰。贸易开放的结果是，产品市场由于外国出口企业竞争加入，导致产品价格下降，从而使得国内企业进入市场的门槛生产率提高，进而导致行业内的要素资源配置向高生产率企业集中，增强了规模经济。Melitz 模型被称为“企业异质性贸易理论”，由此将以往贸易理论对贸易原因的分析推进到了以

---

① Oliver E. Williamson. The Vertical Integration of Production: Market Failure Considerations [J]. American Economic Review, 1971, 61 (2): 112 - 123.

② Michael E. Porter, A. Michael Spence. Vertical Integration and Differentiated Inputs [J]. Harvard Institute of Economic Research. Discussion Paper No. 576, 1977.

③ Benjamin Klein, Robert G. Crawford, Armen A. Alchian. Vertical Integration, Appropriable Rents, and the Competitive Contracting Process [J]. Journal of Law and Economics, 1978, 21 (2): 297 - 326.

④ Andrew B. Bernard, J. Bradford Jensen. Exporters, Jobs, and Wages in US Manufacturing: 1976 - 1987, Brookings Papers on Economic Activity: Microeconomics, 1995: 67 - 112.

⑤ Marc J. Melitz. The Impact of Trade on Intra - Industry Reallocations and Aggregate Industry Productivity [J]. Econometrica, 2003, 71 (6): 1695 - 1725.

⑥ Hopenhayn H. Entry, Exit, and Firm Dynamics in Long Run Equilibrium [J]. Econometrica, 1992, 60 (5): 1127 - 1150.

⑦ Paul R. Krugman. Scale Economics, Product Differentiation, and the Pattern of Trade [J]. American Economic Review, 1980, 70 (5): 950 - 959.

前不曾涉及的企业生产率的层面。该理论是对企业内部规模经济形成的进一步有益的探讨。

Melitz 和 Ottaviano（2008）[①] 采用了一个线性产品需求函数，并内生化了最初模型没有讨论的市场规模和利润加成（markups），突出强调了贸易开放带来的竞争效应对企业生产率、市场规模、产品价格和利润加成的影响。揭示了贸易利益不仅来源于更多的产品种类和更高的平均生产率，还来源于更低的利润加成和产品价格。

Antras（2003）[②] 基于存在中间产品和不完全合约（Grossman 和 Hart，1986[③]；Hart 和 Moore，1990[④]），分析了生产率差异对企业组织形式和生产地选择的影响，提出了企业内生边界模型，用来解释企业在进入国际市场时选择的方式。由于中间产品的存在，不同的产权结构会带来不同的结果。Antras 认为最终品制造企业选择一体化或外包关键取决于企业是否对以中间投入品享有所有权优势。Antras 用合约投入品密集度（contractual input intensity）来衡量所有权优势。合约投入品密集度定义为，最终品制造企业所提供的中间投入品与加工企业所提供的中间投入品之比，记为 β。该比例关系又反映了“委托代理”风险。由于最终品制造企业所提供的中间品以研发、管理为主，当 $\beta>1$ 时，最终品被定义为研发密集型产品；而加工企业所提供的中间品以零部件组装为主，当 $\beta<1$ 时，最终品被定义为组装密集型产品。据此，当 β 小于某一临界值时，为了避免委托代理风险，最终品制造企业将外包作为一种激励机制，将中间品外包给合作公司进而选择加工贸易；当 β 大于某一临界值时，最终制造企业则会选择一体化投资展开公司内贸易。

Antras 和 Helpman（2004）[⑤] 将强调组织结构差异的企业内生边界模型和强调生产率差异的企业异质性模型相结合，提出了一个新的企业内生边界

---

① Marc J. Melitz, Gianmarco I. P. Ottaviano. Market Size, Trade, and Productivity [J]. Review of Economic Studies, 2008, 75: 295 – 316.

② Pol Antras. Firms, Contracts, and Trade Structure [J]. The Quarterly Journal of Economics, 2003, 118 (4): 1375 – 1418.

③ Sanford J. Grossman, Oliver D. Hart. The Costs and Benefits of Ownership: A Theory of Vertical Integration [J]. Journal of Political Economy, 1986, 94 (4): 691 – 719.

④ Oliver D. Hart, John Moore. Property Rights and the Nature of the Firm [J]. Journal of Political Economy, 1990, 98 (6): 1119 – 1158.

⑤ Pol Antras, Elhanan Helpman. Global Sourcing [J]. Journal of Political Economy, 2004, 112 (3): 552 – 580.

模型，用来解释为什么海外生产通常发生在企业边界之内，而不是通过交易、外包或许可的方式进行。Antras 和 Helpman（2007）① 进一步放松了假定，将合约摩擦（contractual frictions）引入到模型当中，认为企业生产率水平差异会影响企业在组织形式上的战略选择。

新新贸易理论从企业异质性出发阐释了贸易利益的来源。从生产的角度看，贸易带来的竞争通过市场机制淘汰低生产率企业，提高了一国平均生产率水平，从而增加了产出能力；从消费的角度看，垄断竞争与贸易带来的市场扩大又导致产品种类的增加，贸易带来的竞争加剧导致产品价格的下降，两个方面同时增进了消费者福利。企业内生边界理论将企业异质性纳入考虑，讨论了企业跨国经济活动，进一步对跨国公司不同行为方式选择作出了理论解释。而跨国公司所进行的跨国投资的存在，事实上已经模糊了国际贸易中国家的概念，从而模糊了国家层面的贸易收益。

第三节 开放战略下的国际贸易模式、结构和利益的研究

开放是国际贸易开展的基础条件，因此只要存在着国际间的经济贸易往来，就一定会面临开放的问题。贸易理论产生之初，便把开放作为一个自然的前提，其最终的理论取向也自然是自由贸易，即不对开放设置任何障碍。第二次世界大战以前各国虽然在经济和贸易发展实践中已作出开放的选择，但是尚未提到战略的高度。真正把开放作为一种战略则是发展经济学创立之后，即发展中国家如何在第二次世界大战后建立的新的秩序下选择合适的开放战略发展本国的经济。发展经济学开放战略的变迁，影响了人们对国际贸易模式、结构和收益的认识和研究。

一、发展经济学关于贸易模式和结构的认识

发展经济学提出开放战略的目的是实现发展中国家的工业化和现代化。开放战略本身研究如何利用一定的对外经贸联系来实现这一目的。发展经济

① Pol Antras. International Economics I：Intraindustrial Heterogeneity in Trade Models［EB/OL］. Harvard & MIT Lectures，2007.

学对外贸易的理论起点是生产结构所决定的产出能力。发展中国家作为后发国家，其要素水平和产出结构层次较发达国家更低。因此，发展中国家参与国际贸易交换的商品主要是农矿产品，而发达国家则是工业制成品。发展经济学奠基人张培刚认为，“总的来说，农业国处于相对不利的地位，因为国外对它的产品（主要是农矿产品）的需要”，“农产品比工业品总是处于比较不利的地位”。[①] 显然，在发展经济学研究的起点上，发展中国家的对外贸易模式和贸易结构是基于其生产能力结构的产出能力，本质上仍然是由要素禀赋结构所决定的比较优势。这一理论基础成为其分析发展中国家参与国际贸易利益的起点。

二、发展经济学关于贸易利益的研究

迪克西特和诺曼指出，任何一个贸易模型都必须抓住国际市场上价格的决定问题。[②] 发展经济学关于贸易利益的研究是基于发展中国家的贸易条件展开的，而贸易条件讨论背后的理论认识是国际市场价格机制。国际市场价格机制主要包括需求和供给及其相关弹性。张培刚率先通过“需求的收入弹性”、“供给弹性”等分析提出，发展中农业国在与先进工业国的贸易中总是处于劣势。这成为后来的萨米尔·阿明等提出的不平等交换说、劳尔·普雷维什[③]（Raúl Prebisch）等提出的中心—外围说、依附论的思想来源。

普雷维什和辛格研究提出了被学者称为“普雷维什—辛格”的命题，即发展中国家初级产品贸易条件存在长期恶化的趋势。普雷维什在1949年向联合国拉丁美洲和加勒比经济委员会递交的《拉丁美洲的经济发展及其主要问题》中指出，导致产生这一趋势的一个重要原因是，大部分初级产品在国际市场中处于完全竞争事实，使得国际贸易中产生的利益被发达国家占有，发展中国家无法靠出口初级产品积累资金来实现工业化。辛格认为，由于初级产品的收入消费弹性小于制成品，从而收入增加初级产品的消费比例相对下降，国际市场的竞争导致初级产品的价格下降，损害了发展中国家的贸易

---

① 张培刚．农业与工业化［M］．华中工学院出版社，1984.

② 阿维纳什·迪克西特，维克多·诺曼．国际贸易理论：对偶和一般均衡方法［M］．李辉文，韩燕译．中国人民大学出版社，2011.

③ 劳尔·普雷维什（1901—1986），阿根廷著名经济学家，是20世纪拉丁美洲历史上最有影响的经济学家，被公认为是“发展中国家的理论代表”。1949年5月，普雷维什向联合国拉丁美洲和加勒比经济委员会递交了一份题为《拉丁美洲的经济发展及其主要问题》的报告，系统和完整地阐述了他的“中心—外围”理论。

利益。

巴格瓦蒂（1958）[①] 在此基础上将贸易条件和经济增长联系起来，提出了“贫困化增长”命题。他认为，出口导向型发展中国家由于出口初级产品的国际需求价格弹性低，大幅度增加出口会带来贸易条件的恶化，并导致国民福利损失。经济增长带来的产量提高的收益，会被贸易条件的恶化所抵消，即一国经济增长有可能因为贸易条件的恶化导致其国民福利的下降。

伊曼纽尔（Arghirl Emmanud）使用第二次世界大战后发展中国家因贸易条件恶化受损的大量数据证实发展中国家确实存在着贸易条件恶化的趋势[②]。他进一步考虑资本自由跨国流动情况后指出，贸易条件的恶化可能与出口国家的类别有关，即发展中国家即使出口工业制成品也存在着因贸易条件恶化招致的损失。因为资本流动使得全球利润率平均化，而劳动力缺乏流动性，又使得发达国家和发展中国家的工资存在差异。发展中国家的低工资导致出口产品价格降低，从而使得发展中国家的贸易条件恶化。刘易斯（1969）[③] 将二元结构理论扩展成一个国际贸易模式，并通过要素贸易条件的变化分析，推论发展中国家出口产品生产率提高不会导致出口收入增加。

萨米尔·阿明从国际劳动生产率差异与工资率差异的差距，说明发达国家与发展中国家进行贸易交换时的不平等性。他认为，发达国家和发展中国家贸易产品的工资率差异大于生产率差异时，就出现了不平等交换。他进一步指出，两种差异不一致的原因是，发展中国家出口的初级产品国际市场近似于完全竞争市场，而发达国家出口的创新技术产品在国际市场具有垄断地位。

由此可见，发展经济学对发展中国家参与国际贸易的利益的认识立足于国际市场价格机制，主要是围绕贸易条件的分析。虽然在其理论讨论中也考虑到了国际资本流动的影响，但没有充分深入考虑资本跨国流动带来的要素流动的影响及其对贸易利益的影响，因此存在着一定的局限性。

上述发展经济学从贸易条件出发解释的不利于发展中国家的贸易利益为发展中国家开放战略的选择和实施提供了理论基础。发展经济学学者们又结

---

① Bhagwati Jagdish. Immiserizing Growth：A Geometrical Note［J］. Review of Economic Studies，1958，25（3）：201－205.

② 伊曼纽尔．不平等交换：对帝国主义贸易的研究［M］．文贯中等译．中国对外经济贸易出版社，1988.

③ 威廉·阿瑟·刘易斯．热带贸易问题：1883—1965 年［M］．阿尔姆奎斯特和威克塞尔图书出版公司，1969.

合国际资本的流动先后提出了进口替代战略和出口导向战略的开放战略理论，并在发展中国家进行了广泛的实践。

三、国内开放战略下贸易模式、结构和收益的研究

从总体上说，国内学者关于贸易模式、结构和收益的研究基于中国改革开放的提出、实施、演变的大背景。因此，相关的研究既是对开放战略的反映，也是对开放战略的推进。

1. 关于贸易模式

国内关于贸易模式的研究主要基于传统贸易理论中的比较优势理论和要素禀赋理论，探讨我国实施开放战略下应该利用何种优势参与国际贸易。这方面的研究主要存在以下两种观点：一是中国不能单纯按照比较优势参与贸易。例如，洪银兴（1997）① 提出发展中国家依据比较优势理论，单纯以要素禀赋结构来确定一国的贸易结构，会掉进“比较利益的陷阱”。由此引发了一系列关于我国贸易模式与对外贸易战略的争论；二是中国应该按照比较优势原则参与贸易，并最大限度发挥我国的优势。例如，林毅夫等（2003）② 认为，竞争优势的建立离不开比较优势的发挥，发展中国家只有充分依靠和发挥自己的比较优势才能建立自己的竞争优势，最大限度地促进经济发展。

2. 关于贸易方式

贸易方式则是指具体参与贸易所采取的方式，即采用一般贸易还是加工贸易。加工贸易的理论基础涉及比较优势理论、要素禀赋理论、产业内贸易理论、公司内贸易理论（跨国公司理论）等几乎所有传统到现代的贸易理论。而现实中，我国存在着大量的加工贸易，因此中国加工贸易问题自然成为了研究的中心主题。我国加工贸易方式形成，可以认为是继进口替代战略、出口导向战略之后的第三种中国经济发展的战略选择，可以称之为加工贸易战略（张大勇，2005）③。因此，我国的加工贸易方式，一方面，与外资利用相关的。戚自科（1999）④ 认为加工贸易是与外贸、外资相连的载

---

① 洪银兴．从比较优势到竞争优势——兼论国际贸易的比较利益理论的缺陷［J］．经济研究，1997（6）：20－26.

② 林毅夫，李永军．比较优势、竞争优势与发展中国家的经济发展［J］．管理世界，2003（7）：21－28，66.

③ 张大勇．加工贸易对中国工业化的影响研究［D］．华中科技大学，2005.

④ 戚自科．论外商直接投资的加工贸易倾向［J］．现代财经，1999（1）：43－49.

体；另一方面，也与我国比较优势的实际情况相符（孙玉琴等，2013）[①]。因此，总体而言，现实中我国以加工贸易方式为主反映了我国依据本国实际情况实施的贸易开放战略。

3. 关于贸易结构

贸易结构是指对外贸易中进出口商品（包括服务）按照不同方式区分的结构情况，以现实存在作为研究对象。这方面的文献十分丰富，本书仅就贸易结构反映贸易理论中的贸易模式方面的文献进行回顾。

一是贸易结构对比较优势的反映和变化。魏浩、毛日昇和张二震（2005）[②] 在对制成品按技术结构和要素密集度分类的基础上，对 1997—2004 年中国制成品的出口比较优势和贸易结构做了经验分析，结果显示中国工业制成品贸易结构反映出中国的比较优势和竞争力仍以低技术含量的制成品为载体，贸易结构升级速度缓慢。郑展鹏（2010）[③] 分析认为中国人力资本密集型产品、非熟练劳动密集型产品和自然资源密集型产品分别居于出口产品的前三位，但贸易竞争力指数反映出非熟练劳动密集型产品的国际竞争优势较强，资本资源密集型产品处于劣势地位。赵晋平（1998）[④] 对我国改革开放后 20 年（1978—1997 年）间贸易结构发展变化进行了分析梳理，发现中国进出口商品结构中制成品比重显著提高，加工贸易比重显著提高等特点，但与发达国家之间的贸易仍然显现较强的垂直特征。彭磊（2004）[⑤] 提出贸易结构优化的三阶段论，即第一阶段贸易结构遵循自然禀赋的比较优势，第二阶段贸易结构遵循比较优势的高级化，第三阶段贸易结构遵从竞争优势的建立。他通过分析显性比较优势的实证检验认为，我国贸易结构已完成第一阶段的过渡，比较优势开始向高级化纵深发展。余剑和谷克鉴（2005）[⑥] 认为开放经济条件下比较优势战略运用，引致了我国要素禀赋结

---

① 孙玉琴，孙倩和王辉．我国加工贸易的历史考察［J］．国际贸易问题，2013（4）：167－176.

② 魏浩，毛日昇和张二震．中国制成品出口比较优势及贸易结构分析［J］．世界经济，2005（2）：21－33.

③ 郑展鹏．中国对外贸易结构及出口竞争优势的实证研究［J］．国际贸易问题，2010（7）：42－47.

④ 赵晋平．中国对外贸易结构分析及其调整对策［J］．管理世界，1998（4）：88－98，106.

⑤ 彭磊．贸易结构优化三阶段论及我国所处阶段的实证检验［J］．国际经贸探索，2004，20（1）：4－9.

⑥ 余剑，谷克鉴．开放条件下的要素供给优势转化与产业贸易结构变革［J］．国际贸易问题，2005（11）：5－11.

构的转化（包括自身资本要素积累和外部要素流入引起资本丰裕度改变），进而导致了产业和贸易结构的改变。

二是影响贸易结构的因素。龚艳萍和周维（2005）[①] 运用了定量和定性的研究方法，较系统地研究了外国直接投资与我国出口贸易结构的关系，发现 FDI 与制成品出口、产业内贸易、加工贸易等之间存在着正相关关系。齐俊妍（2005）[②] 将金融发展因素引入 H－O 理论框架，认为金融发展可以通过提高资本禀赋和促进技术进步影响一国的比较优势，金融发展的水平越高，贸易结构中依赖外部金融的产品的技术密集型产品所占的比重越大，越有利于优化贸易结构。金哲松（2003）[③] 认为贸易结构与生产结构应呈现高度的相关性，但实证发现我国制成品贸易结构的变化和制造业生产结构的变化不存在趋同的倾向。原因可能是外商直接投资、贸易与产业政策不配套以及企业经济效率低下等造成了两者的偏离。陈建华和马晓逵（2009）[④] 运用 1989—2007 年的统计数据进行了协整检验和格兰杰因果关系研究，发现我国出口结构变化是产业结构变化的格兰杰原因，而进口结构变化不是产业结构变化的格兰杰原因。

4. 关于贸易收益的研究

我国学者对贸易收益的研究是从对外贸效益的探讨开始的。改革开放初期，中国将对外贸易定位为“出口创汇”，即通过出口赚取外汇，利用外汇购买国外先进设备，以实现国内产业结构升级，促进国民经济的发展。但学者发现出口创汇指令完成的同时外贸企业却出现了亏损。就此引起了理论界对于如何理解对外贸易得失问题广泛而深入的讨论。苏似锦（1984）[⑤] 认为，外贸的经济效益分为宏观和微观两种。前者反映外贸给整个国民经济带来的效益，即社会劳动的节约程度；后者反映各进出口企业和部门的经济效益，即经营管理水平。经济效益表现在国内社会价值与国际价值的差额上，

---

① 龚艳萍，周维．我国出口贸易结构与外国直接投资的相关分析［J］．国际贸易问题，2005（9）：5－9.

② 齐俊妍．金融发展与贸易结构——基于 H－O 模型的扩展分析［J］．国际贸易问题，2005（7）：15－19.

③ 金哲松．中国贸易结构与生产结构偏离的原因分析［J］．中央财经大学党报，2003（3）：38－41，49.

④ 陈建华，马晓逵．中国对外贸易结构与产业结构关系的实证研究［J］．北京工商大学学报（社会科学版），2009，24（2）：1－5.

⑤ 苏似锦．试论外贸经济效益的特点与评价原则［J］．国际贸易问题，1984（4）：22－25.

对外贸易对国民经济发展的促进作用是经济效益的重要内容。朱立南（1992）[①] 认为，把微观效益和宏观效益全部归为外贸效益，在避免了简单以外贸盈亏作为外贸效益评价标准的同时，夸大了外贸经济效益，造成外贸效益概念的混乱。王新奎（1989）[②] 根据其所构造的国际价值理论，认为发展中国家的工业化过程必须经历以劳动密集型产品出口为主向资本密集型产品出口为主的逆转过程，在这个过程的前一阶段，发展中国家在国际分工中不可避免地会承担国民价值亏损，而在发生逆转后的阶段才能获得国民价值的盈余。张幼文（1989）[③] 从中国经济的开放效益的视角全面分析外贸效益，他认为应该从微观、中观、宏观三个层次进行分析，即不仅要分析单项商品贸易中的效益，而且要分析贸易结构不同带来的外贸效益差异，还需要分析开放结构即贸易增值结构和外资流向带来的效益差异。张幼文（1991）[④] 提出比较利益的存在只是潜在的，并不等于现实的外贸效益，更不是决定外贸效益的唯一因素，潜在的比较利益转化为现实的外贸效益取决于价格信号是否准确（即资源配置是否有效率）。张幼文（1992）[⑤] 进一步指出通过对外价格扭曲形成的贸易规模扩大会降低贸易效益，同时造成消费扭曲而降低贸易效益。张幼文（1994）[⑥] 提出价值增值是贸易利益的来源，价值增值来源于各国生产力的结构差异和由分工所创造的生产力，而增值之所以意味着利益在于价值与使用价值的统一性，是基于价值的使用价值结构与数量表现为社会效用和社会福利，构成贸易利益的实际内容。

20 世纪 90 年代末期，国内部分学者开始研究贸易收益的测度问题。这些研究大都围绕各类贸易条件实证计算。张烨（2002）[⑦] 对 1980—2000 年我国贸易条件的变动进行了实证计算发现：20 年间我国价格贸易条件指数呈下降趋势；由于出口量的快速增长，我国的收入贸易条件得到明显改善；我国的单要素贸易条件大幅度改善，但双要素贸易条件呈恶化趋势。黄满盈（2006）[⑧] 对 1981—2004 年中国的贸易条件进行实证研究也得到了类似的结

---

① 朱立南．对外贸易经济效益扭曲及其纠正［J］．财贸经济，1992（1）：58－61.
② 王新奎．国际贸易与国际投资中的利益分配［M］．上海三联书店出版，1989.
③ 张幼文．中国经济开放效益的再思考［J］．上海经济研究，1989（4）：47－51.
④ 张幼文．外贸效益的国民经济基础［J］．世界经济研究，1991（8）：61－66.
⑤ 张幼文．贸易量与消费扭曲［J］．上海经济研究，1992（1）：14－18.
⑥ 张幼文．价值增值论［M］．上海人民出版社，1994.
⑦ 张烨．我国贸易条件变动的理论与实证研究［D］．西安交通大学，2002.
⑧ 黄满盈．中国贸易条件实证分析（1981—2004）［D］．对外经济与贸易大学，2006.

果，但她进一步细分了不同商品种类的贸易条件。她认为就价格贸易条件而言，初级产品价格贸易条件的变化趋势不明显，资本或技术密集型制成品价格贸易条件在 1993 年之后一直呈下降趋势，劳动或资源密集型制成品价格贸易条件在 1997 年之后一直呈下降趋势；就收入贸易条件而言，初级产品的收入贸易条件在波动中呈上升趋势，资本或技术密集型制成品、劳动或资源密集型制成品的收入贸易条件在 20 世纪 90 年代之后都呈明显的上升趋势。赵玉敏、郭培兴和王婷（2002）[①] 实证研究了 1993—2000 年中国整体价格贸易条件后认为，制成品价格贸易条件下降是导致中国整体贸易条件下降的主要原因，并发现中国对发达国家贸易条件的变化是由进口价格的变动决定的，而中国对发展中国家贸易条件变化的趋势更多地是由出口价格决定的。由于在中国总体对外贸易中与发达国家的贸易占主导地位，因此与发达国家贸易条件指数的走势就主导了中国总体贸易条件的变化趋势。

针对中国存在大量的外资、加工贸易比重较大和参与国际产业链价值链分工的事实，许多学者展开对中国贸易收益的研究。章江益和张二震（2003）[②] 基于贸易投资一体化的现实条件探讨了外商投资企业进出口贸易利益分割问题，并从进出口贸易获得的利润和工资、税收、土地租金等方面探讨了外商和我国有关主体的获益情况。李翀（2005）[③] 将出口贸易收益的构成分为直接收益和间接收益，直接收益包括工人就业的工资收入、出租土地的租金收入、外资企业的赋税收入等，间接收益指外资企业在中国生产产生的乘数效应。

朱廷珺（2006）[④] 通过建立加工贸易利益分配 U 形价值链模型，解析了 FDI 参与情形下的加工贸易利益分配的机理，并计算了加工贸易增值率，发现加工贸易增值率明显低于国有企业和民营企业。张明和胡兵（2010）[⑤] 对我国加工贸易增值率的影响因素进行了实证分析，发现研发投入和人力资本投入已经替代物质资本投入，成为我国加工贸易增值率提升的主要制约。

---

① 赵玉敏，郭培兴和王婷．总体趋于恶化——中国贸易条件变化趋势分析［J］．国际贸易，2002（7）：18－25.

② 章江益，张二震．贸易投资一体化条件下贸易利益分配问题新探——兼论我国外资企业进出口贸易利益［J］．世界经济研究，2003（9）：48－51.

③ 李翀．从中美经常项目差额看国际贸易利益分配格局［J］．北京师范大学学报，2005（5）：74－80.

④ 朱廷珺．中国加工贸易发展效应研究［M］．人民出版社，2006.

⑤ 张明，胡兵．加工贸易增值率的实证研究［J］．国际贸易问题，2010（4）：25－31.

曹晓蕾（2010）[①] 对全球生产网络体系下贸易利益进行了分析，认为全球生产网络体系下贸易利益的主体有多种特征，并认为用贸易量、贸易条件衡量贸易利益不再合适，而贸易产品的国内增加值衡量各方在全球网络分工中的实际贸易利益最能反映利益分配的现实。林玲，余娟娟（2012）[②] 结合当代要素分工的特征，测算了中国制造业 1994—2008 年总出口及细分行业的出口附加值水平，发现贸易附加值率徘徊在 30.31% ~36.41%，与发达国家存在着明显的差距。

---

① 曹晓蕾. 全球生产网络体系下贸易利益理论研究述评［J］. 世界经济与政治论坛，2010（4）：87-98.

② 林玲，余娟娟. 全球要素分工与中国出口贸易利益研究［J］. 国际经贸探索，2012，28（6）：36-45.

第三章 要素流动、贸易模式与贸易收益的理论分析

本章在传统贸易理论的基础上，突破要素不能跨国流动的假设，提出了一个分析解释贸易模式的 $2\times2\times2^{+}$ 模型，以商品要素投入比例固定（即生产技术给定）为前提初步讨论了要素流动下的贸易模式。在此基础上，进一步梳理总结了贸易模式的影响因素，着重探讨了要素流动对贸易模式的影响。从生产要素跨国流动改变国际分工出发，结合 UNCTAD 提出的贸易增加值概念，揭示了在生产要素跨国流动下贸易收益评估应该基于生产要素收益。本章为本书后面章节提出和分析外资型贸易模式提供了理论铺垫。

第一节 要素跨国流动下的贸易模式变形

现实中贸易展开的过程伴随着市场化的推进，这一进程既有闲置要素的纳入，也有新要素的产生。例如，就劳动力要素而言，市场化的推进一方面提高了劳动力参与市场的程度（闲置要素纳入使用），另一方面因分工专业化提高了人力资本水平（人力资本要素产生）。因此，即使如传统贸易理论假设的不存在生产要素跨国流动，贸易参与国拥有的也不可能是静态的、一成不变的要素禀赋结构。就算是分工比较充分的发达经济体也仍然存在分工

深化的现实。事实上分工尤如生命的演化，存在无穷的可能，这应该就是斯密分工经济思想的真谛所在。从生产的角度看，生产技术条件限制了要素的充分利用，如要素之间的替代性不强，就很容易造成要素利用的不充分。这便带来了一个问题，那就是新古典贸易理论所设想的按要素禀赋结构的完全分工只是一种理论设想。基于此，本节从假定商品生产的要素投入比例不变（即技术不变）出发探讨要素跨国流动对贸易模式带来的影响。

一、基本假设

假设世界上只存在两个国家，即本国 h 和外国 f；存在两种要素 L、K，这两种要素在两国的存在都是同质的；本国 h 为资本丰裕国家，外国 f 为劳动丰裕国家；两国的要素价格分别为：劳动为 w 和 w^*，资本为 r 和 r^*，要素价格反映现有要素的相对存量水平，有 $\frac{w}{r}>\frac{w^*}{r^*}$；两国均可生产两种商品 $i(i=1,2)$，商品 1 为资本密集型，商品 2 为劳动密集型；每种商品每单位产出在两国的要素投入比例和数量完全一致，即两国具有相同的技术。设 a_{li} 为单位商品中的要素含量，$l=L,K$，$i=1,2$。那么，如果以成本定价则为：

$$\alpha_{Ki}r+\alpha_{Li}w=p_i,\ \alpha_{Ki}r^*+\alpha_{Li}w^*=p_i^*,\ i=1,2 \qquad (3-1)$$

显然有：

$$\frac{p_2}{p_1}>\frac{p_2^*}{p_1^*} \qquad (3-2)$$

以反证法证明如下：

将公式（3－2）转化为要素成本表达式为：

$$\frac{\alpha_{K2}r+\alpha_{L2}w}{\alpha_{K1}r+\alpha_{L1}w}>\frac{\alpha_{K2}r^*+\alpha_{L2}w^*}{\alpha_{K1}r^*+\alpha_{L1}w^*}$$

整理成要素价格比为：

$$\frac{\alpha_{K2}+\alpha_{L2}\frac{w}{r}}{\alpha_{K1}+\alpha_{L1}\frac{w}{r}}>\frac{\alpha_{K2}+\alpha_{L2}\frac{w^*}{r^*}}{\alpha_{K1}+\alpha_{L1}\frac{w^*}{r^*}}$$

转化为乘式如下：

$$\left(\alpha_{K2}+\alpha_{L2}\frac{w}{r}\right)\left(\alpha_{K1}+\alpha_{L1}\frac{w^*}{r^*}\right)>\left(\alpha_{K1}+\alpha_{L1}\frac{w}{r}\right)\left(\alpha_{K2}+\alpha_{L2}\frac{w^*}{r^*}\right)$$

展开乘式为：

$$\alpha_{K2}\alpha_{K1}+\alpha_{K1}\alpha_{L2}\frac{w}{r}+\alpha_{K2}\alpha_{L1}\frac{w^*}{r^*}+\alpha_{L2}\alpha_{L1}\frac{w^*}{r^*}\frac{w}{r}>\alpha_{K1}\alpha_{K2}+\alpha_{K2}\alpha_{L1}\frac{w}{r}+\alpha_{K1}\alpha_{L2}\frac{w^*}{r^*}+\alpha_{L1}\alpha_{L2}\frac{w^*}{r^*}\frac{w}{r}$$

化简得到：

$$(\alpha_{K1}\alpha_{L2}-\alpha_{K2}\alpha_{L1})\frac{w}{r}>(\alpha_{K1}\alpha_{L2}-\alpha_{K2}\alpha_{L1})\frac{w^*}{r^*}$$

即$\frac{w}{r}>\frac{w^*}{r^*}$，得证。

上述证明说明，在两国存在要素相对价格差异的情况下，两种商品投入要素比例不一致时，一定会存在商品相对价格差异，而商品相对价格差异则是国际贸易的直接动力。

二、封闭经济情况

正如本节开头所述，现实世界受现时生产技术水平、市场化水平等方面因素的影响，总体上往往存在着要素闲置的情况。本书进一步假设各国要素禀赋结构与商品生产技术不能匹配而存在要素闲置。本书采用艾奇沃斯框图来说明封闭经济情况下两国的资源配置和生产情况。

本国 h 的情况示意图如图 3－1 所示。图中纵轴 O_1K 代表本国 h 拥有的资本要素量，横轴 O_1L 代表本国 h 拥有的劳动要素量。纵轴 O_1K 较横轴 O_1L 长，表示本国 h 是资本相对丰裕的国家。O_1Q_1 代表商品 1 的产量，O_2Q_2 代表商品 2 的产量。O_1Q_1 与 O_1L 的夹角值$\frac{\alpha_{K1}}{\alpha_{L1}}$表示每单位商品 1 所需投入的资本和劳动两种要素的投入比，它反映了商品的要素密集型。同理，O_2Q_2 与 O_2K 的夹角值$\frac{\alpha_{K2}}{\alpha_{L2}}$表示每单位商品 2 所需投入的资本和劳动两种要素的投入比。图中$\frac{\alpha_{K1}}{\alpha_{L1}}>\frac{\alpha_{K2}}{\alpha_{L2}}$，表示商品 1 是资本密集型的，而商品 2 是劳动密集型的。图中的虚线代表了一种资源的配置，决定了两种商品的产量。虚线的水平方向平移代表着不同的资源配置。假如商品的需求有外生因素给定，商品的产量便被确定。显然上述情况下，不管资源如何配置，丰裕要素总是存在闲置。虚线段 Q_1Q_2 代表了闲置的资本要素。

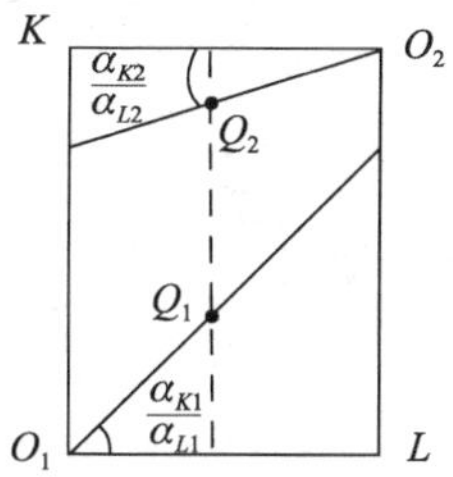

图 3－1　本国 *h* 封闭经济下的配置与产出

资料来源：作者自制。

外国f的示意图如图 3－2。纵轴 $O_1{}^*K$ 较横轴 $O_1{}^*L$ 短，表示外国是劳动相对丰裕的国家。在图 3－2 中，为示区别在字母 O 和 Q 上标了星号，但各个字母、线段、夹角的意义与图 3－1 相同。此时，外国由于要素禀赋与商品生产技术不能匹配，也存在着要素的闲置。但与本国 h 相反，外国f的闲置要素为劳动。图 3－2 中的虚线代表了一种资源配置。虚线的垂直方向平移代表不同的资源配置。如果商品的需求也有外生因素给定，商品的产量便被确定下来。显然不管资源如何配置，也肯定存在着闲置要素。虚线段 $Q_1{}^*Q_2{}^*$ 代表了闲置的劳动要素。

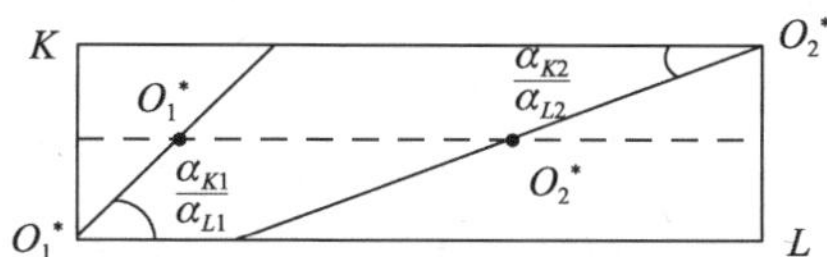

图3－2　外国 *f* 封闭经济下的配置与产出

资料来源：作者自制。

为使商品相对价格仅反映生产成本，再假设此时商品受抑制的需求正好使得商品相对价格反映商品的相对生产成本。

三、要素不流动与自由贸易

把图 3－1 和图 3－2 拼接成一个艾奇沃斯框图，可得图 3－3。图中的 A 点为图 3－1 的 O_2 和图 3－2 的 $O_1{}^*$ 的对接点。事实上，A 点在平行四边形内的不同位置反应着世界要素在本国和外国的配置情况。当 A 点落在对角线 OO^*（未画出）上方时，本国 h 为资本要素相对丰裕国，外国f为劳动要素相对丰裕国；当 A 点落在对角线 OO^*（未画出）下方时，这种要素禀赋结构的相对关系正好相反。

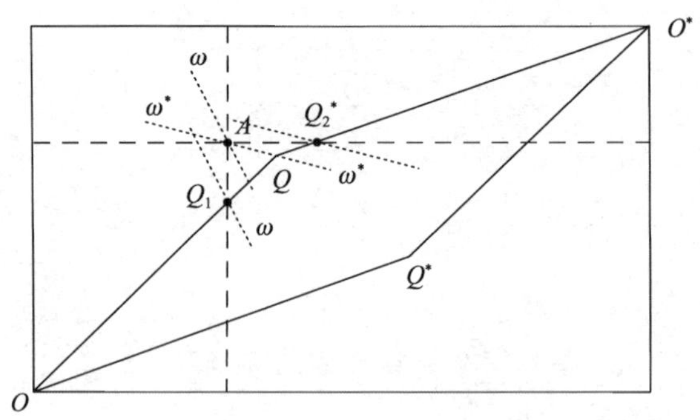

图 3－3 要素不流动下自由贸易的世界配置

资料来源：作者自制。

在图 3－3 中，平行四边形 OQO^*Q^* 为给定的世界要素禀赋下资源充分利用的配置集合。$\omega=\frac{w}{r}$ 和 $\omega^*=\frac{w^*}{r^*}$ 分别代表本国 h 和外国 f 的工资—租金比率。显然有 $\omega>\omega^*$。Q 和 Q^* 代表了世界所有资源充分使用时两种商品的最大产出组合，OQ（或 O^*Q^*）和 O^*Q（或 OQ^*）分别为资本密集型和劳动密集型商品的产量。给定生产技术条件，只有在平行四边形 OQO^*Q^* 内的要素配置情况才能实现资源的充分利用，并且在这个配置集合中，均能获得最大产出组合。

自由贸易后，由于本国 h（或外国 f）从对方那里换取比国内生产更便宜的商品 2（或商品 1），因此资源配置倾向于专业化生产商品 1（或商品 2）。显然两国均专业化生产能提高资源配置效率。本国 h 专业化生产资本密集型商品 1，产量达到 OQ_1，外国 f 专业化生产劳动密集型商品 2，产量达到 $O^*Q_2^*$。此时本国 h 闲置的资本要素量为 AQ_1，外国 f 闲置的劳动要素量为 AQ_2^*。这是两国在现有生产技术下所能达到的最少资源闲置的配置。此时，两国两种商品产出的总和大于封闭经济下的产出总和，可称之为自由贸易带来的闲置资源使用的产出扩大效应。两种商品在两国的产出规模均得到了扩大，可以称之为贸易分工带来的生产的规模效应。

由于两国两种商品的相对价格存在差异，因此自由贸易下，贸易仍然是有利可图的。此时的贸易模式为，本国 h 出口资本密集型商品 1，进口劳动密集型商品 2。两国均从自由贸易所带来的产出扩大效应中获得商品消费数量的增加，即意味着效用水平或福利水平的增加。如果以劳动要素的多少作为反映人们参与市场的程度，那么外国 f 劳动要素闲置的减少，意味着市场化程度的提高。

但这时，两国仍存在着要素闲置，而且两国由要素禀赋比例所决定的要素相对价格不能均等化，意味着资源配置从世界范围看还不能实现最优。

四、要素流动和自由贸易

假设不存在贸易成本和要素流动成本。要素的相对价格差引起要素的流动，而要素流动受制于其流动能力。进而假设仅有一种要素流动，如资本为流动要素。下面分两种情况进行讨论：一是要素流动引起两国要素的绝对价格和相对价格完全均等化；二是要素流动引起流动要素绝对价格均等化。

1. 要素流动引起要素价格完全均等化

假设要素相对价格取决于现存的要素禀赋结构，那么在这个世界中，只有位于对角线 OO^* 上的资源配置才能实现要素价格均等化。

在上述假定下，本国 h 将有 AA' 的资本要素流动到外国 f。假如要素流动引起了偏好的同位相似，即对每种商品的开支份额仅仅是商品价格的函数。

在图 3-4 中，我们选取适当的计量单位，OO^* 可以表示为此时的世界总产出值（总收入）。A' 点分割了两国的产出值，本国 h 的总产出值为 OA'，外国 f 的总产出值为 $A'O^*$。但本国 h 的国民收入值（以要素收入衡量）为 OC，而外国 f 的国民收入值为 O^*C。

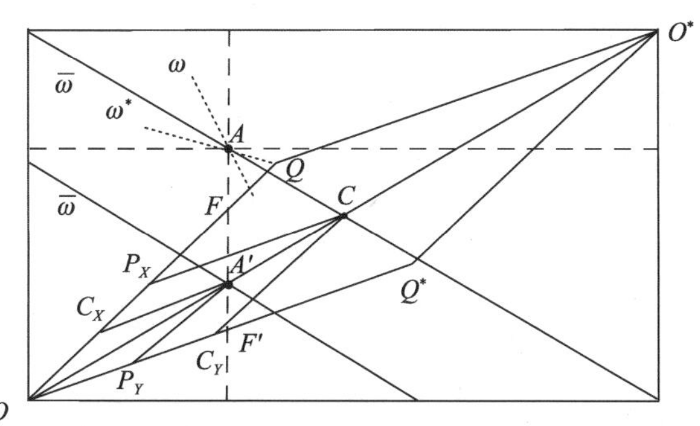

图 3-4 要素流动引起要素价格完全均等化的世界配置与贸易

资料来源：作者自制。

本国 h 生产 OP_X 数量的商品 1 和 OP_Y 数量的商品 2，消费 OC_X 数量的商品 1 和 OC_Y 数量的商品 2。这里与要素不能流动时一样，存在着生产的规模扩大效应。但这时的贸易是不平衡的，本国 h 进口两种商品，用流出要素的收入支付。此时虽然在商品贸易层面是不平衡的，但从包括商品和要素流动的价值层面仍是平衡的。即表现为一方的要素流出和商品流入，而另一方的要素流入和商品流出。

2. 要素流动引起流动要素价格均等化

要素流动实现要素资源充分利用，并引起流动要素价格均等化；但如果要素相对价格不要求反映各国的要素禀赋结构和世界总要素禀赋结构，假设要素流动到只有使得世界总要素充分利用时才能实现流动要素的价格均等，那么平行四边形 OQO^*Q^* 内的配置就能够实现流动要素的价格均等化。

如图 3－5 所示，过点 A 作垂线段与平行四边形 OQO^*Q^* 有两个交点 F 和 F'。FF'上的任何一点都有可能实现资本价格的世界均等，也就是说本国流出的资本要素量取线段 AF 和线段 AF'所表示的量之间的任何数值都是可能的。此时，由于两国仍然存在着要素相对价格的不等，也就仍然存在着商品的相对价格差异，即$\frac{p_2}{p_1}>\frac{p_2^*}{p_1^*}$。

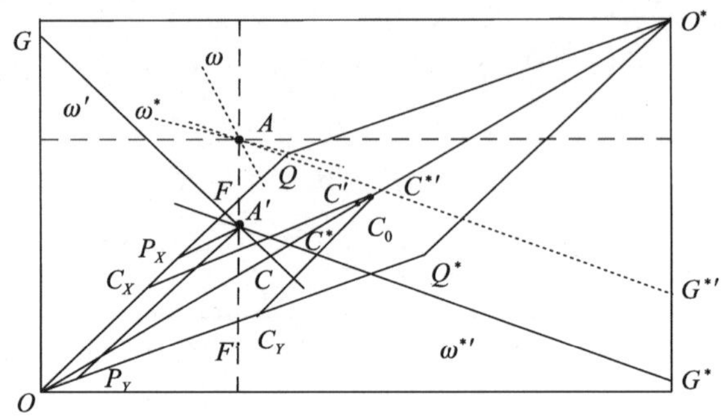

图 3－5　要素流动与贸易模式的改变

资料来源：作者自制。

当本国 h 与外国 f 存在贸易可能时，根据比较优势原理，本国 h 进口商品 2，出口商品 1，可以获得贸易利益。

如果要素流动量为 AF，那么根据比较优势原则，本国 h 专业化生产商品 1，而要素流入的外国 f 同时生产两种商品，根据要素状况，商品 1 的产量为 FQ，商品 2 的产量为 QO^*。这一点不同于仅有自由贸易情况的世界，要素流动进一步增强了产出扩大效应。虽然此时外国 f 生产商品 1，但由于相似偏好，外国 f 仍要从本国 h 进口商品 1，并出口商品 2。

可见，在除了 F 和 F'两个端点所决定的资本要素流出数量（分别为 AF 和 AF'）之外，在位于这两个数量之间的资本要素流出，而本国留存的要素结构下，优化资源配置的结果是两种商品都生产。通过对上述条件的分析，可预测出随着资本要素流出数量的增加，商品 1 从出口逐渐转为进口，商品 2 一直处于进口状态，但数量会发生改变。

上述分析可知，随着要素流动数量的改变，贸易模式将发生改变。要素流入国的要素流动数量有明显的增长，原因来自以下两个方面：一是闲置要素的使用；二是要素流入。这两个方面的原因均使得投入生产的要素增加，因此产出一定增长。要素流出国的要素流动数量可能有增长，增长来自于闲置要素的使用，但由于有流出要素，因此增长是不确定的，也有可能不增长或负增长。但即使有增长，要素流出国要素流动数量的增长也会慢于要素流入国要素流动数量的增长。

如图 3－5，此时以相同的资本要素价格衡量，本国 h 的产出值为 OG，外国 f 的产出值为 O^*G^*。投射到对角线，本国 h 与外国 f 的产出值之比为 $\frac{OC}{O^*C^*}$。但计算消费（取决于国民收入）时，外国 f 运用本国 h 要素所生产的产值必须扣除流入要素的贡献，过 A 点添平行与 $\omega^{*\prime}$ 的辅助线可知，外国 f 运用本国 h 要素所生产的产值（国民收入）为 $O^*G^{*\prime}$，该辅助线与对角线 OO^* 的交点记为 $C^{*\prime}$，则 $C^*C^{*\prime}$ 表示本国要素在外国的收入，作 C' 点使得 CC' 等于 $C^*C^{*\prime}$，那么 $\frac{OC'}{O^*C^{*\prime}}$ 便是本国 h 与外国 f 的国民收入之比。根据两国的国民收入比值关系，我们容易找到一点记为 C_0，使得：

$$\frac{OC_0}{O^*C_0}=\frac{OC'}{O^*C^{*\prime}}。$$

从 C_0 点分别作 OQ 和 OQ^* 的平行线，分别交于 C_X 和 C_Y。则 OC_X 和 OC_Y 分别代表本国 h 两种商品的消费量。本国 h 进口商品 1 和向外国输出资本，进口商品 2。两国均从自由贸易和要素流动中获得了产出效应和贸易收益效应。

如果要素流动数量较大，要素流动数量为 AA''，此时要素的世界配置点为 A''（如图 3－6 所示）。我们仍仿照图 3－5 中的 A' 点——要素流动后——进行世界资源配置的讨论。图 3－6 中其他各点的字母标识与图 3－5 中一致，所代表的意义也是一致的。此时，由于外国 f 强大的要素吸引力（要素价格差异或收益差异），使本国 h 的生产总值趋于萎缩，而外国 f 的生产总值快速增长。但本国 h 的国民收入占世界的比例却比图 3－5 所示的情况还要大，意味着本国 h 收益的增加。此时，本国 h 生产两种商品并进口这两种商品。由于国民收入比例增加，本国 h 的商品消费比例也增加。因此，要素流出国在自由贸易和要素流动下，虽然本国 h 产出减少了，但获得了收益的增加。对外国 f 来说，获得了快速的生产增长，但实际收益却比图 3－5 所示的情况要差。

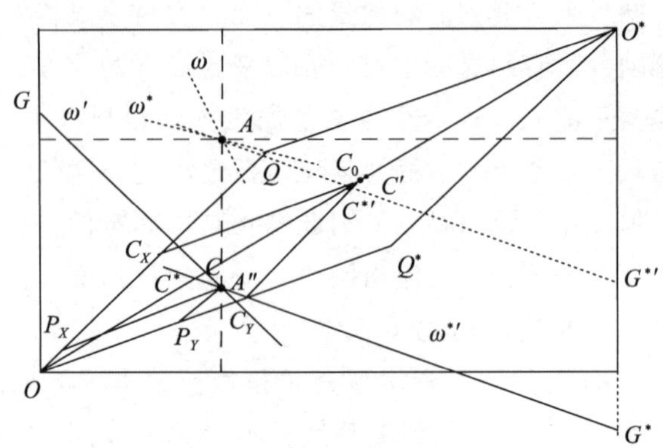

图 3－6　要素流动量较大时的世界生产与贸易

资料来源：作者自制。

综上可知，如果存在着国家间的要素价格差，世界是一个既允许自由贸易又允许要素流动的世界，那么贸易模式既取决于要素禀赋的结构，也取决于要素流动的数量。

参照以上思路，我们找到下面两种特殊情况。

图 3－7 展示了当要素流动数量达到某一特定值时，本国 h 商品 1 的生产和需求正好相等。因此，这时的贸易模式为本国 h 从外国 f 进口商品 2。

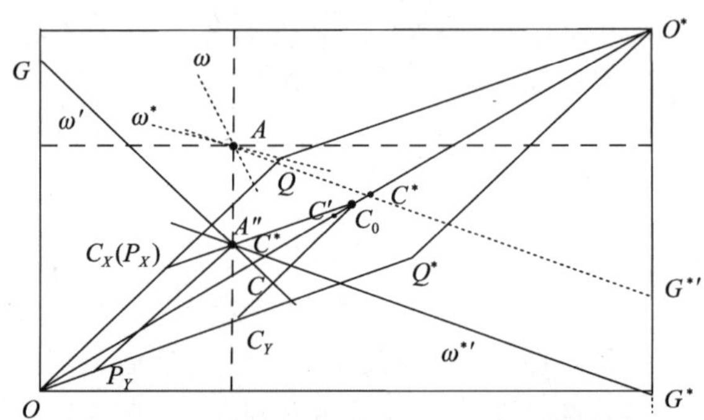

图 3－7　特殊要素流动数量下的贸易模式一

资料来源：作者自制。

图 3－8 展示了当要素流动数量达到某一特定值时，两国要素结构相同时的情况。这种情况与图 3－4 所示的情况是相似的，但在图 3－4 所示的情况中我们假定要素相对价格仅决定于要素比例结构，因此在这一点两国的要素绝对价格和相对价格均相同。而在这里，我们假定要素相对价格不仅仅取决于要素比例结构，因此仍保留了两国要素相对价格的差异。

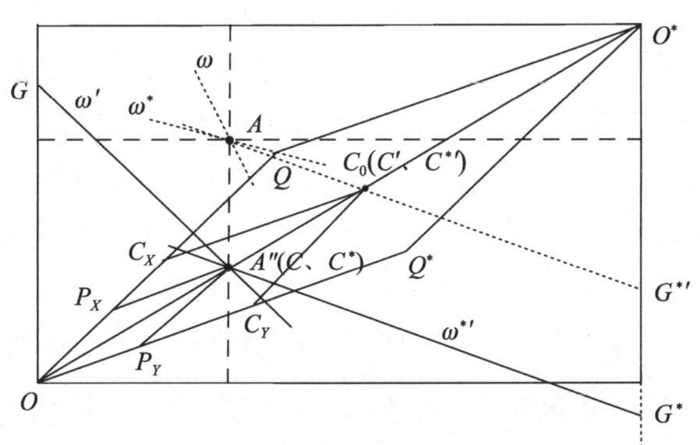

图 3－8　特殊要素流动数量下的贸易模式二

资料来源：作者自制。

五、小结

要素禀赋结构差异决定要素价格差异，如果两国生产两种商品的要素投入结构是一致的，且要素之间不能相互替代，那么存在以下结论：（1）封闭经济条件下，两国要素资源受制于生产技术，不能充分利用所有要素，存在着资源的闲置。这一点还可以理解为生产技术限制了市场的扩大。因为现实世界中的要素边界在哪里是很难说清楚的，市场扩大的其中一项功能就是把要素资源组织到社会生产中去。反过来说，现实世界中要素并非像理论假设中所认为的存在着一个给定的边界，因此，实际上存在着众多的人们无法准确知道的闲置资源，而闲置资源的发现利用得益于市场的扩大与生产技术的改进。从这个意义上说，我们的理论性讨论似乎更符合现实世界；（2）封闭经济条件下，各国的要素相对价格存在着差异，在相同技术条件下（相同要素投入比例下），自然存在着商品相对生产价格的差异。此时，如果允许自由贸易，对两国来说都是有利的。这种利益，在规模报酬不变的情况下，来自于两国专业化生产引起的对要素利用率的提高，从而产出的扩大。而且两国通过自由贸易均“感受”到贸易带来的收益。我们可以把这两种效应分别称为产出扩大效应和贸易收益效应。实际上，在这种情况下的贸易收益效应以产出扩大效应为基础。此时的贸易模式取决于要素禀赋结构，也就是H－O理论所指定的情况；（3）如果在实施自由贸易的同时，允许要素跨国流动，并假定自由贸易和要素流动同时发生时，有偏好同位相似，那么我们可以进一步讨论要素流动对贸易模式的影响。如图中平行四边形 OQO^*Q^* 内的任何一点代表着世界现有要素能够充分利用的要素配置集。我们可通过讨论一种要素流动的情况加以说明。例如，资本要素可流动，而劳动要素不可流动。就图中给定的两国要素禀赋情况，本国可流出的要素量为从 AF 和 AF' 所代表数量之间。图3－5、图3－6、图3－7、图3－8分别代表了要素流动量从小到大的四种不同的情况。如前所述，图3－7所示的情况与图3－4基本相同，唯一的区别在于图3－4实现了要素价格的完全均等化，而图3－7实现的只是资本要素价格的世界均等化，但仍然存在着两国要素相对价格的差异。因此，我们可以概括为三种情况，即图3－5、图3－7和图3－6所示三种要素流动量下对应着三种不同的贸易模式。图3－5说明在较小的要素流动下，贸易模式为出口商品1，进口商品2。图3－7说明，当要素流动达到一定数量时，贸易模式转为只有进口商品2，此时商品1生产正好满足本国消费需求。图3－6说明，当要素流动数量较大时，贸易模式转为本国进口两种商品。

上述分析表明，在存在要素流动的情况下，贸易模式不仅取决于要素禀赋结构，也取决于要素流动的情况。我们称由于要素流动所带来的贸易模式的变化为要素流动的贸易结构效应。形成要素流动后的要素合作型国际专业化，使得要素流动与要素禀赋结构及数量共同成为影响贸易结构的重要因素。

由此可以得出以下推论：

（1）现实中的贸易结构不是一般均衡形成的结果，而是这个过程中的一个时间剖面或时间点上各类因素综合影响的结果。上述理论只是一个抽象简化下的逻辑过程，并不反映现实全貌。

（2）要素不能跨国流动的假定前提已与真实世界中要素频繁而大量跨国流动现实明显不符。现实世界经济发展是一个非均衡的动态发展。不但要素总量在改变，而且结构也在不断变化。要素跨国流动改变了各国的要素存量水平和结构比例。

（3）要素跨国流动深刻地改变着国际分工的格局和形式。进而深刻影响着世界贸易方式结构和商品贸易结构。

（4）要素跨国流动与市场效率提高所引起的企业边界的改变，要素跨国流动形成的生产要素集聚增进了规模经济效应，共同作用形成多种形式的贸易方式结构和商品贸易结构。

（5）越来越统一的世界商品市场，使得商品的世界价格日趋均等。要素跨国流动下的世界生产布局和贸易明显不同于要素不能跨国流动下的世界生产布局和贸易。

第二节　贸易模式影响因素分析

古典贸易理论认为，劳动生产率是决定贸易模式的主要因素，实际上把其他影响因素反映到了劳动生产率上，或者说反映到同质化劳动为分析对象的生产成本上。新古典贸易理论认为，要素禀赋结构差异是决定贸易模式的主要因素，实际上把其他影响因素反映到了同质化要素的相对数量差异上，或者称为要素获得的成本差异上。新贸易理论认为，需要进一步从市场结构的角度分析贸易模式的影响因素；规模经济和不完全竞争是影响贸易模式的重要因素。新新贸易理论则认为，需要进一步从企业生产率和行业生产率的角度分析贸易模式的影响因素；以企业生产率为基础的行业生产率差异是影响贸易模式的重要因素，以生产成本反映的企业生产率以及行业生产率带来了贸易中商品的价格优势，而企业寻求低生产成本形成的价格优势，自然会形成投入成本的选择，进而形成生产地点的选择。

由此可知，贸易理论关于贸易模式影响因素的讨论，实质上是围绕生产成本为基础的商品价格差异的讨论展开的。因此，影响生产成本的各类因素均影响贸易模式。

一、完全竞争、要素不能跨国流动假定下的贸易模式

学者们解读古典贸易理论和新古典贸易理论时，一致认同的一个关键假定是贸易参与国各自国内的要素市场和商品市场是完全竞争的。而这种假定背后已经暗含着要素同质、同类产品同质的假定，也可以说还暗含着企业同质假定。但在完全竞争下，连企业这种生产组织形式也是多余的，因此不必要涉及企业问题讨论。该假定存在边际报酬递减规律。

在上述假定下，利润被挤压为零，商品的价格完全由投入要素的价格决定。假定两国具有相同的消费规模和生产规模，单从生产和贸易角度看，完全的商品生产分工将会被采取，贸易模式和贸易规模也就被确定下来。如果依据古典贸易理论中的单一劳动要素论，那么各国显然生产和出口本国劳动生产率绝对或相对高（生产成本绝对或相对低）的那些商品。如果不存在贸易成本，将会形成两国一致的商品相对价格体系。如果依据新古典贸易理论中的劳动和资本两要素论，那么各国显然生产和出口本国丰裕要素为主从而生产成本相对低的商品。如果不存在贸易成本，也将会形成两国一致的商品相对价格体系以及要素相对价格体系，这便是在合适要素禀赋和商品要素投入比例下的商品和要素价格国际均等化。推广到多要素多商品的情景中，只要要素种类不多于商品种类，上述情况仍然成立。

然而，如果两国的消费规模不同，也就是需求规模不同，实质上说明了生产的总量规模不同，就有可能造成分工的不完全，而这种情况在现实中是普遍的。这就需要进一步分析不同国家规模下的贸易模式。

在单要素的古典贸易理论体系中，如果两国规模不同，商品生产的分工就不会是完全的。规模较大的国家必定会因为需求较大而生产所有种类的商品，规模较小的国家会专注于生产自身具有比较优势的几种商品。如果两国消费需求存在差异，非贸易品会引起生产选择的变化。同样，贸易成本的存在也会带来类似的影响。因此，国家规模的差异、需求差异以及贸易成本都会影响到贸易商品结构。当然，贸易模式的基本特征是确定的，即一国出口本国劳动生产率较高从而生产成本相对较低的商品，进口本国生产成本较高的商品。

在两要素两商品的新古典贸易理论体系中，如果两国规模不同，除了一些特殊的要素禀赋比例结构外，商品生产的分工就不会是完全的，而是两国均生产两种商品。由于此时存在要素市场和商品市场两个市场的价格体系，问题就会变得复杂。但总体来说，此时要素比例决定了要素的相对价格，两国各自生产较多运用本国相对丰裕的商品并出口，这决定了贸易模式的基本形态。然而，在多要素多商品情况下，上述情形并不能得到保证。在有许多要素存在的情况下，各国要素相对价格的差异并非像两要素情况下一样唯一地由要素禀赋构成的差异决定（Helpman，1984）[①]。要素禀赋情况并不能唯一决定商品的生产成本和价格，贸易模式就不能简单地从要素禀赋情况加以判断。而当贸易商品种类超过生产要素种类时，即使能够实现一体化均衡，即实现两国要素价格和商品价格均等化，生产模式和贸易模式也不是唯一确定的（Melvin，1968）[②]。但无论何种情况，以下的观点看来是普遍适用的，以出口国的生产技术来计算要素含量，其出口品中含有的本国丰裕要素比进口品多（Helpman 和 Krugman，1985）[③]。

由此可知，在完全竞争和要素不能跨国流动的假设下，当贸易参与国的规模相同时，理论上可以推测有完全的国际分工，从而贸易模式和相应的贸易商品结构可以被准确推断。当贸易参与国规模不同时，就不可能形成完全的国际分工，虽然贸易模式从商品生产率或要素密集型看仍然可以得到推断，但若存在超过两种商品和两种要素的情况时，贸易模式和贸易商品结构就不是唯一确定的。然而在总量意义上，仍然可以推断本国出口品中含有的本国丰裕要素多于进口品中的含量。这实际上从贸易的角度说明了国际分工展开的基础和条件。值得注意的是，上述的国际分工是以完整的贸易商品为界限的。因此，在完全竞争和要素不能跨国流动的假设下，贸易模式的主要影响因素是商品的劳动生产率或要素禀赋差异。

二、完全竞争、要素跨国流动假定下的贸易模式

新古典贸易理论的形成，特别是 H－O 理论的提出，使贸易理论的前提基本被锁定在了完全竞争和要素不能跨国流动这两大假定之下。蒙代尔（Mundell）1957 年发表的《国际贸易与要素流动》[④] 打破了这一假定。他认为，商品流动至少在一定程度上替代了要素的流动，如果没有贸易障碍将导致商品价格均等化，进而使得要素即使不能流动，也存在着要素价格均等化的趋势。反过来也成立，即要素的充分流动导致要素价格均等化，即使商品

① Elhanan Helpman. A Simple Theory of International Trade with Multinational Corporations［J］. Journal of Political Economy，1984，92（3）：451－471.

② James R. Melvin. Production and Trade with Two Factors and Three Goods［J］. American Economic Review，1968，58（5）：1249－1268.

③ 埃尔赫南·赫尔普曼，保罗·R. 克鲁格曼．市场结构和对外贸易：报酬递增、不完全竞争和国际经济［M］．尹翔硕，尹翔康译．上海人民出版社，2009.

④ Robert A. Mundell. International Trade and Factor Mobility［J］. American Economic Review，1957，47（3）：321－335.

流动不发生，也可使得商品价格趋向于均等化。他指出，这指代了现实世界中的两种极端情况。事实上，这一命题在 Ohlin 于 1935 年发表的《区际贸易和国际贸易》、Iversen 于 1935 年发表的 “Aspects of the Theory of International Capital Movements” 和 Meade 于 1955 年发表的《贸易和福利》中均有涉及。

蒙代尔通过假设存在贸易壁垒讨论要素流动及其影响。《国际贸易与要素流动》一文的分析基于两国两要素两商品的情况，并作出以下假设：（1）生产函数为一次齐次且两国完全相同；（2）在生产函数的任何一点和任何要素价格下，一种商品对某一要素的投入需求均大于其他商品，即商品的要素密集型不发生逆转；（3）要素禀赋无法导致专业化。在要素不能跨国流动的完全竞争贸易均衡下，两国间会达到商品价格和要素价格均等，这时即使允许要素流动也不会发生要素流动，因为价格已经均等化了，要素流动没有现实动力。但一国引入外生的商品贸易阻碍（比如关税）将会引起进口商品相对价格的上升，从而导致国内要素资源配置的调整，进而造成要素相对价格的改变。根据 SS（Stolper - Samuelson）定理，某一商品相对价格的上升，将导致该商品生产中密集使用的要素的相对价格或报酬上升，并使另一种生产要素的相对价格或报酬下降。如果这时要素流动是自由的，要素追求高报酬的基本性质就将决定报酬上升的这类要素将从出口国流入。如果出口国是一个规模较大的国家，进口国设置关税后引起的要素流动就不会改变出口国的要素报酬，要素流入的过程就将在进口国要素相对报酬回复之前的均等状态时停止。此时，由于本国两类生产要素的相对价格回复到要素不能流动情况下达到均衡时的水平，因此，两种商品相对价格也回复到原来的水平，即要素自由流动世界均衡与要素不能流动世界均衡具有相同的要素价格和商品价格均等化结果。这时即使放开贸易限制，也不再有贸易动力。从而得出基本结论，要素流动可以替代商品流动，或者说要素流动与商品贸易之间存在着相互替代的关系。

Mundell 的基本推导过程可以用图 3 - 9 和图 3 - 10 加以说明。假设有 *A* 和 *B* 两个国家，有劳动和资本两种要素，生产棉花和钢铁两种产品。棉花为劳动密集型产品，钢铁为资本密集型产品，*A* 国为劳动要素相对丰裕国，*B* 国为资本要素相对丰裕国。因为 *A* 国相对于 *B* 国很小，*A* 国的生产条件和要素禀赋不会对 *B* 国的商品价格和要素价格产生影响。由图 3 - 9 可知，在不存在要素跨国流动且贸易没有任何障碍的情况下，达到均衡时必定有要素价格和商品价格均等。*TT* 线代表 *A* 国的生产转换线，本国的生产点和消费点

分别为 P 点和 S 点，本国出口 PR 数量的棉花，进口 RS 数量的钢铁。此时，本国以棉花或钢铁表示的总收入为 OY。

假设允许资本要素自由流动，但劳动要素仍不能自由流动。由于此时两国资本的边际报酬相同，即资本价格相同，资本仍不会流动，均衡仍然维持。进一步假设 A 国对钢铁进口收取关税以阻止进口，这将导致 A 国钢铁相对价格的上升，生产点和消费点将转向 Q 点，即自给自足时最有效率的点。在这个过程中，部分要素从棉花生产转向钢铁生产，在要素价格不变时，劳动将会出现超额供给，而资本将会有超额需求，结果是劳动的价格下降，而资本的价格上升，从而导致资本要素的流入。资本流入使得 A 国的生产可能性曲线向外扩张，直到形成新的均衡。

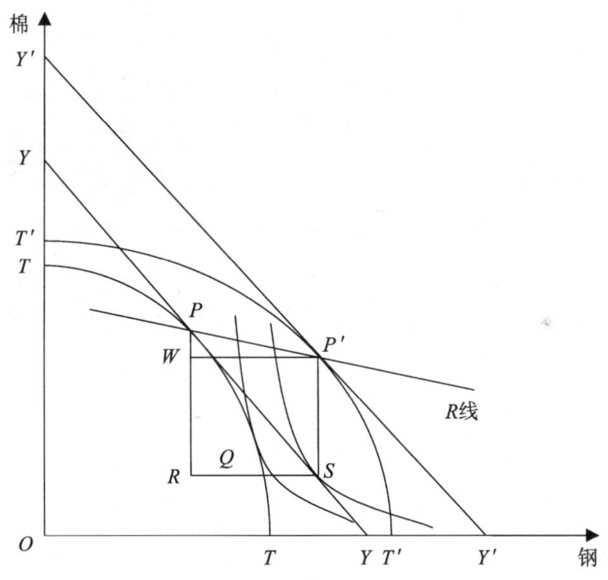

图 3-9 要素流入前后生产和消费均衡比较

资料来源：Robert A. Mundell. International Trade and Factor Mobility [J]. American Economic Review，1957，47（3）：321-335. Figure 1。

图 3-10 显示了新生产均衡的形成过程。A 国原有要素禀赋为 OL 数量的劳动和 OK 数量的资本。OO' 为生产契约线，O 为起点代表钢铁生产，O' 为起点代表棉花生产，最初的生产均衡点 P 与图 3-9 中的 P 对应，钢铁生产与棉花生产中要素的投入量分别可由向量 OP 和 $O'P$ 代表。对钢铁征收关税导致生产均衡点移动到 Q，与图 3-9 中的自给自足均衡点 Q 对应。资本

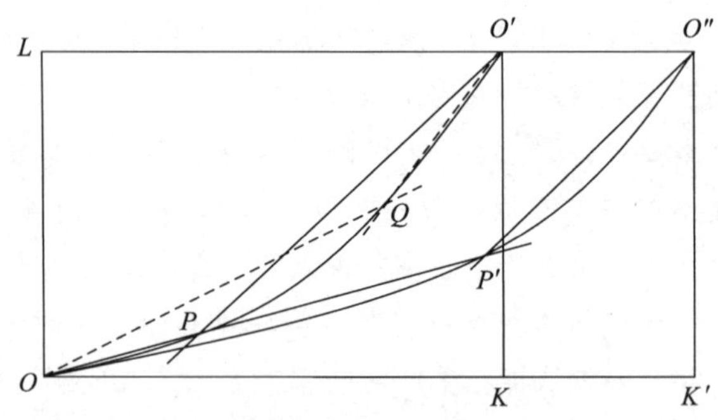

图 3-10　要素流入国新生产均衡的形成

资料来源：Robert A. Mundell. International Trade and Factor Mobility [J]. American Economic Review，1957，47（3）：321-335. Figure 2。

要素的流入使得禀赋盒向右扩展，此时 O''为起点代表棉花生产。由于资本要素的充分流动必将导致劳动和资本的价格（边际报酬）在两国均等。又由于前述假设生产函数为线性齐次且两国完全相同，A 国的改变不影响 B 国的价格。因此，要素流动形成的要素价格均等与之前自由贸易均衡时相同。这样，A 国要素的总报酬不变，A 国在生产两种产品的要素投入比例也不变。图 3-10 中，与 OP 线的延长线相交于 P'的 $O''P'$与 $O'P$ 平行反映了这一事实。由于要素价格回复到了设置关税之前的水平，商品价格也将回复到原来的水平。因此，A 国的消费点仍将回复到图 3-9 中的 S 点。但由于有要素流入，需要支付流入要素的报酬，生产点肯定要大于 S 点。因此，图 3-9 中的新生产点将在 S 点的上方或右上方。确切的位置可通过画出 Rybczynski 线与外移的生产可能性曲线 $T'T'$相交得到，也可以通过作平行于 YY 线的 $Y'Y'$并与 $T'T'$相切得到。显然，P'将位于 S 点的正上方，在该点 A 国消费后的剩余正好足够支付流入要素的报酬。形成上述均衡时，两国仍有与自由贸易均衡时相同的商品价格和要素价格均等。A 国在 P'点生产，在 S 点消费，$P'S$ 代表的棉花正好支付流入资本的报酬。这时，即使撤消贸易障碍，贸易也不会再发生。因此，对 A 国来说，资本流入完全替代了钢铁进口。

但上述分析还留下一个问题，虽然资本要素流入替代了资本密集型商品的进口，但流入资本获取应得的报酬只能用另一种劳动密集型的商品来支付，如果这些资本的所有者不能在资本使用国消费的话，这些商品流入资本流出国仍可视作贸易，只是贸易发生不再是商品之间，而是商品与要素之间。假如两国都设置贸易障碍，那么上述分析的情况就不可能回复无贸易障碍时的要素价格和商品价格国际均等。Mundell 给出了一个讨巧的假设避开了这些问题，该假设为流动资本的所有者可以在资本使用地消费掉资本报酬所得。这样，要素流动就完全替代了国际间的商品贸易。

由此可知，在完全竞争假定下，要素流动与国际商品贸易之间具有相互替代的关系。从贸易模式的角度看，要素流动减少了两国要素禀赋结构的差异，从而导致商品贸易的减少。从中我们进一步认识到，商品贸易的直接原因是商品的国际间价格差异。如果商品的价格取决于要素的价格，要素价格决定于禀赋结构，那么，要素国际价格差异的减少或消除必将导致商品国际价格差异的减少或消除，从而减少或消除商品的国际贸易。如果贸易模式取决于要素禀赋结构，那么，要素的跨国流动将改变各国的禀赋结构，从而改变商品贸易结构。如果要素禀赋结构正好使得两国要素价格和商品价格均等，那么，商品贸易就不会发生。然而，我们还应该看到，在更普遍的角度，要素流动使得贸易模式从商品间的贸易转向了商品与要素间的贸易。这种认识启发了后来的贸易理论家从要素含量的角度分析贸易模式。本书从中也得到启示，处于完全竞争市场中的要素价格由市场充分竞争决定。

三、不完全竞争、要素不能跨国流动假定下的贸易模式

不完全竞争意味着存在垄断情形，不完全竞争的市场形态包括垄断竞争、寡头垄断和完全垄断。然而，学术界尚未形成一个一致的不完全竞争理论。因此，讨论不完全竞争对贸易模式的影响，似乎无法像在讨论完全竞争时那样形成简洁有力的分析框架，进而抓住几个关键但简单的因素。

在不存在非市场力量干预的情形下，规模经济可能是形成垄断市场结构的重要原因。规模经济通常分为企业内部规模经济和外部规模经济。内部规模经济，或称规模报酬递增，是指由于企业扩大生产规模而使经济效益提高。外部规模经济是企业的规模报酬不变，而行业或社会出现规模报酬递增，它对企业来讲是外部的，故又称为外部经济。由于外部经济形式出现的规模报酬递增可以与完全竞争相融，因而，它是新古典贸易理论以来将规模经济引入国际贸易理论的标准方法。

在存在外部规模经济的情况下，如果这种外部经济是世界性的，那么它不是影响贸易模式的因素。但如果这种外部经济是产业和国家特有的，那么它将成为贸易模式的重要影响因素。由于外部经济是产业和国家特有的，竞争均衡必定使得具有这种外部性的产业只能在一个国家存在（因为具有较低

的平均成本)，也就意味着专业化和贸易。这时，即使各国的要素禀赋都相同，如果各国需求相似，也有专业化和贸易，即拥有外部经济产业的国家将出口这类产业生产的商品。也就是说，此时规模经济成为影响贸易模式的重要因素，它决定了生产和出口这类产品，但是具有外部经济的产业形成则取决于其他因素。因此，在理论分析时，哪一国形成这类产业是随机的，甚至从要素密集型角度看，具有外部规模经济的某一要素密集型产业并不一定产生在这类要素丰裕的国家，而可能产生在国家规模相对较大但该要素相对稀缺的国家（Helpman 和 Krugman，1985①）。

如果存在内部规模经济，就不可能有完全竞争。完全竞争与不完全竞争在经济学分析上的关键差别在于，商品是以平均成本（同时也是边际成本）定价还是以边际成本定价，或者说是否存在着利润。如果不完全竞争市场具有某一些特殊的市场结构，导致企业以平均成本定价，从而利润为零，那么问题就可以简化并得到有用的结论。

Baumol、Panzar 和 Wilig（1982)② 提出可竞争市场的概念。可竞争市场的理论是“企业伯特兰行为”（以价格为决策变量）和“无代价无限制的进入和退出”这两种假设的结合。Helpman 和 Krugman（1985)③ 把它运用到单产品企业的分析中，假定每一具有内部规模经济的商品仅有一家生产企业，但进入竞争迫使它以平均成本定价。在这样的假定基础上，达到世界贸易均衡时，一种商品生产只能有一家公司在一国内完成。这样就会出现上述讨论外部规模经济时的结论：即使各国的要素禀赋都相同，如果各国需求相似，也有专业化和贸易，即拥有规模经济的企业所在国家出口这种商品。

由于不存在一般的模型描述寡占的市场结构，因此无法用模型分析的方法对寡占对贸易的影响作出任何一般的分析。但运用产业结构分析方法就可以考察寡占对贸易模式的影响。比如，以古诺方法考察贸易模式产生的影响，可能有两种途径，第一种途径是卖主集中对贸易的影响以及贸易对卖主集中的影响，第二种途径是市场分割。假设所有的寡占企业都相同，均把其他企业的产出看作既定，那么每个寡占企业的产出都相同，市场有统一的商

① 埃尔赫南·赫尔普曼，保罗·R. 克鲁格曼．市场结构和对外贸易：报酬递增、不完全竞争和国际经济［M］．尹翔硕，尹翔康译．上海人民出版社，2009.

② Willian J. Baumol, John C. Panzar, and Robert D. Willig. Contestable Markets and the Theory of Industry Structure［M］. New York：Harcourt Brace Jovanovich，1982.

③ 埃尔赫南·赫尔普曼，保罗·R. 克鲁格曼．市场结构和对外贸易：报酬递增、不完全竞争和国际经济［M］．尹翔硕，尹翔康译．上海人民出版社，2009.

品价格 P，总需求量为 X。若市场中存在 n 家企业，那么每家企业的市场份额均为$\frac{1}{n}$，产出量为 $x=\frac{X}{n}$。企业的理性选择是以边际成本与边际收入相等的点来生产，即 $MR=MC$，且 $MR=P\left(1-\frac{1}{n\sigma(P)}\right)$。其中，$\sigma(P)$ 为需求弹性。此时，如果两个国家有贸易发生，就意味着该产品市场的企业数增加一倍，从而商品价格 P 下降（这就是贸易的亲竞争效应）。但由于两国完全相同，各自形成的商品价格相等，因此不会有贸易发生。如果两国消费规模相同，但原有均衡下形成的寡占企业数不同，那么原有企业数目较多的国家就会成为该商品的净出口国。原因是，拥有较多企业数量的国家该商品形成的国内价格较低。然而，如果两国消费规模（即市场规模）也不同，由于贸易前的相对价格不仅有赖于两国各自的公司总数目，还有赖于人均公司数目，那么就要同时考虑生产和消费两个规模。由此，这些不同的数值结合可能会使一国具有该商品贸易前较低的价格，但贸易均衡中仍是净进口国。如果考虑成本差异的影响，在古诺市场结构下，高成本公司可能继续生产。在贸易均衡中，一国的边际成本较高意味着该国寡占企业的产量较小（或市场份额较小），而这又隐含着较高的可觉察的需求弹性，进而隐含着较高的边际收入。若其他条件相同，则低成本国家会倾向于出口这种商品。但其他条件不同的情况下，低成本国家也可能最终成为净进口国。

显然，在不完全竞争的环境中，企业雇用生产要素直到它们的边际收入产品与价格相等为止。如果整个经济是规模报酬不变的，经济就以边际收入来配置资源，并实现产出最大化（Helpman，1984①）。假如不存在市场失效（不完全竞争，特别是垄断），并且没有中间投入品，那么经济仍会处于它的生产可能性边界上，但这种配置显然是“错误”的，因为此时对经济起配置作用的不是价格而是边际收入。实际上，寡占（或卖主集中）的市场结构是在商品价格和边际收入之间打入的一个楔子。这个楔子代表了垄断租金。令 R_i 为某国寡占企业觉察到的商品 i 的价格与边际成本之比，用公式表示为：

$$R_i=\left(1-\frac{x}{X}\times\frac{1}{\sigma}\right)^{-1}$$

显然，决定 R_i 的因素包括寡占企业的产出、市场总需求量和需求弹性。

---

① Elhanan Helpman. Increasing Returns, Imperfect Markets, and Trade Theory [J]. Handbook of International Economics, 1984, 1: 325-365.

假如在寡占情况下世界仍然能够实现一体化均衡，即要素价格均等化能够实现，那么只存在一种商品的贸易模式可以推论如下。由于此时所有寡占企业都相同，寡占企业数量成为影响贸易模式的重要因素。在其他条件相同的情况下，一国所拥有的不完全竞争产业的企业数量占比大于它应有的比例时，该国就将出口这类产品，获取更多的垄断租金。其他具有完全竞争特征的产业的商品贸易的模式取决于需求的特征。但在这种情况下，因为获得垄断租金的国家份额多于获得要素报酬的国家的份额，在完全竞争条件下对贸易中要素含量特征的判断就不再成立了。在相似需求假定下，该国将成为所有要素服务的净进口国。

如果由于运输成本的存在使得市场分割，那么各国的寡占企业就会把内外两个市场看成是分割的，每个企业都把运输考虑在内，做出向各个市场运输多少商品的决定，每个企业在各个市场上分别玩“古诺游戏”，只有生产成本将它们联系起来。假设每个国家都只有一家企业，且企业的成本函数是直线性的，即边际成本不变，那么当且仅当没有他国竞争且本国企业索要的价格 $P>c+t$（其中，c 为边际成本，t 为运输成本）时，才有他国企业进入。换言之，如果自给自足下的垄断价格与边际成本之差大于运输成本，本国就为净进口国。然而，两国如果是一样的，那么他国市场上发生的就是本国市场上的镜像，就有相同产品的双向贸易。尽管有运输成本，并且任何一个国家都没有成本优势，这种贸易还是会发生。每个企业对它自己的市场来说都是低成本运输者，对对方市场来说都是高成本运输者，并且它在他国市场上的份额必定较小，这意味着它觉察到的需求弹性较低，从而边际收入较高。在均衡时，这个较高的边际收入正好与运输成本抵消。这种觉察到的需求弹性的差异意味着两个企业事实上都对对方市场实行了价格歧视，或者说倾销。这样“相互倾销”成为了贸易的原因，形成了对贸易模式的影响（Brander 和 Krugman，1983①）。

假如把要素比例相似的产品归为一个部门，垄断竞争可以假定部门（或产业）由许多以相同的生产函数生产的产品组成。这个部门（或产业）的产品是相异的，每一个品种以递增的规模报酬生产，同时假定这些规模经济相对较小，从而该部门（或产业）能容纳许多生产企业，每个生产企业生产

① James Brander, Paul R. Krugman. A “Reciprocal Dumping” Model of International Trade [J]. Journal of International Economics, 1983, 15 (3-4): 313-321.

一种与其他企业不同的产品。Chamberlin（1933）[①]给出的垄断竞争的市场结构表明，每个企业把产业中其他企业的品种选择和定价策略作为给定条件选择一个品种，并决定该品种的价格以求利润最大化。如果进入和退出这个部门是没有障碍的，企业数量（产品品种）由经济系统内生的决定。特别是当产业足够容纳较多企业时，就可以预期导致零利润。当然如果能够保证企业的进入不改变要素报酬，这一预期就是现实的。如果需求是偏好品种多样性的，不论是个体偏好多样性产品，还是社会整体呈现品种多样性偏好，只要贸易是自由的，在实现要素价格和商品价格均等化时，就一定可以预期存在产业内贸易。假如进入有限制，那么这一部门的企业必定存在垄断租金，企业数量（产品种类）将会比自由进出少，但需求偏好品种多样性条件仍然使得产业内贸易存在。

规模经济的存在虽然不改变要素禀赋对部门间贸易模式的预测，但使得相对商品价格和相对要素报酬不能作为贸易模式的预测器。在规模经济下，一个国家的规模大小将影响其开放贸易前的相对商品价格。国家规模越大就越能从规模经济中得到好处，具有规模经济的商品价格就越低。可以预期，在规模经济下在没有开放贸易时，两个除规模大小不同外其他都一样的国家中，具有较大规模的国家的商品价格相对低。然而，贸易开放后，两国间没有部门间贸易，只有产业内贸易，即出现了 Lancaster（1980）[②]提出的“伪比较优势”。这说明在要素比例相似的情况下，规模效应会起到支配作用，使得商品相对价格无法作为贸易模式的正确判断依据。当考虑需求影响时，要素报酬和规模校正的相对价格指数都不能适当预测贸易模式。比如，当消费的替代弹性不等于 1 时，总的相对需求不仅与相对商品价格有关，而且与消费可得品种的数目有关。特别地，当替代弹性大于 1 时，具有规模经济的商品的相对需求随其种类的增加而增加，从而减少无生产规模经济商品的消费，使得垄断租金以相当复杂的方式依赖于相对商品价格。国家规模大小的差异导致相对要素报酬和规模校正的相对商品价格的差异，从而使得贸易模

① Edward H. Chamberlin. The Theory of Monopolistic Competition [M]. Cambridge, Mass.: Harvard University Press, 1933.

② Kelvin Lancaster. Intra – Industry Trade under Perfect Monopolistic Competition [J]. Journal of International Economics, 1980, 10 (2): 151 – 175.

式不能从价格信息中预测出来（Helpman，1981）[①]。

由此可知，假设经济中存在不完全竞争（这恰恰就是现实），同时商品又具有多样性时，即使生产要素不能跨国流动，贸易模式的决定因素也将变得十分复杂。由于要素不能跨国流动，国际分工仍然局限于商品层次。因此，引起商品生产具有规模经济性质的影响因素成为影响贸易模式的重要因素。这些因素包括，产业或企业的规模、商品市场的规模等。

四、不完全竞争、要素跨国流动假定下的贸易模式

基于不完全竞争，特别是存在规模经济的视角，Markusen（1983）[②] 重新考察了要素流动对贸易模式的影响。他的基本思想是，如果一国的某一产业是垄断的，这一产业的商品在两国间不等的价格，就将导致两国要素价格的差异，从而形成要素跨国流动。假如开放贸易前两国具有相同的要素禀赋结构，那么要素跨国流动将导致两国要素结构出现差异，形成要素禀赋结构差异的产业间贸易的基础。由此可知，要素跨国流动与贸易之间存在着互补的关系，或者说要素跨国流动促进了贸易。从贸易模式的角度看，产业规模经济在国家间的不同形成了贸易，由此带来的要素跨国流动带来了产业间贸易的进一步扩大。

假设最初时，他国的 X 部门是垄断的，而该国的其他部门则是竞争的。要素禀赋在两国是相同的。再假设：（1）要素市场是完全竞争的，生产发生在有效率的生产前沿上；（2）垄断者无法实施价格歧视；（3）需求是正常的，需求弹性仅依赖于价格，而价格仅依赖于世界商品的产出；（4）垄断者具有古诺—纳什模式，将本国的产出视为参数，结论仅依赖于 $(MRT)^f < (MRT)^h$，这样将明确延续斯塔克伯格和其他类型的行为方式。他国垄断者有主观感知的需求弹性 η_X^f 和真实的世界需求弹性 η_X，他国的均衡条件如公式（3－3）所示（Markusen，1981）[③]：

---

① Elhanan Helpman. International Trade in the Presence of Product Differentiation, Economics of Scale and Monopolistic Competition: A Chamberlin－Heckscher－Ohlin Approach [J]. Journal of International Economics, 1981, 11 (3): 305－340.

② James R. Markusen. Factor Movements and Commodity Trade as Complements [J]. Journal of International Economics, 1983, 14 (3－4): 341－356.

③ James R. Markusen. Trade and the gains from Trade with Imperfect Competition [J]. Journal of International Economics, 1981, 11 (4): 531－551.

$$p^*\left(1-\frac{1}{\eta_X^f}\right)=p^*\left(1-\frac{\sigma^f}{\eta_X}\right)=(MRT)^f,$$

$$\sigma^f=\frac{X^f}{X^h+X^f}$$

$$\frac{1}{\eta_X^f}=-\frac{X^f}{p^*}\frac{dp^*}{dX}=-\frac{X^f}{X^h+X^f}\frac{X^h+X^f}{p^*}\frac{dp^*}{dX}=\frac{\sigma^f}{\eta_X} \tag{3-3}$$

$\frac{1}{\eta_X^f}$等于他国的市场份额（σ^f）乘以真实的世界需求弹性的倒数。世界均衡价格线与本国生产可能性曲线相切，但与外国生产可能性曲线相交。给定H－O型生产结构和竞争性要素市场，如果 X 是劳动密集型的商品，那么劳动的真实价格在本国较高，而资本的真实价格在外国较高。同位需求假设和消费价格相等意味着本国出口 X，这样将会出现要素流动。由于$\frac{\sigma^f}{\eta_X}$是可变的，Rybczynski 定理将不再成立。由于两国都是多样化生产，要素价格均等化不会出现，要素完全自由流动将会导致专业化均衡的出现——本国专业化生产 X 或外国专业化生产 Y，又或两国同时形成专业化。

上述分析是建立在仅有一国某一产业存在垄断的假设下。假如两国完全相同，即两国在某一产业上均存在垄断，那么两国仍将有相同的产出和要素价格，不会形成贸易往来。但如果外国以要素禀赋衡量的规模绝对大于本国，由于公式（3－3）对两国都适用，结果一定有 $\sigma^f>\sigma^h$、$(MRT)^f>(MRT)^h$，这样外国将生产绝对多、但比例相对少的 X（Markusen，1981）。在相似需求假设下，本国出口 X 而他国出口 Y，在H－O理论的假设下再次意味着在他国有更高的真实资本价格。要素流动仍将呈现为各国出口产品生产中密集使用的要素流入。

在存在外部规模经济效应时，假设企业是竞争的，且使用规模报酬不变的技术，但产业的生产函数具有规模报酬递增的特征。Y 部门规模报酬不变。X 部门的生产函数用公式表示如下：

$$X_i=X^TF(L_{ix},K_{ix}),\ X=\sum_i X_i,\ 0<T<1。$$

其中，下标 i 表示各家企业。F 假设为规模报酬不变。X^T 表示产业范围内的外部经济，它是单个企业的参数。企业作为价格接受者并以规模报酬不变的技术进行生产。个体的边际产品可以通过等于社会平均产出来表示，这样所有产出正好支付要素报酬。Markusen 和 Melvin（1981）[①] 认为，由于存在外部规模经济，价格比率不等于 *MRT*，两者之间存在一个常量的“楔子”，可以用公式表示为：

$$p(1-T)=MRT$$

这样价格比线就会与生产可能性线相交。如果两国有相同的要素禀赋结构，但规模不同，规模较大的国家的 *MRT* 就会较小。在自由贸易形成商品价格均等后，本国具有外部规模经济的部门将生产绝对更多（$X^h>X^f$）和相对更多（$\frac{X^h}{Y^h}>\frac{X^f}{Y^f}$）的产品，并出口商品 X,进口商品 Y。当商品价格和 *MRT* 相等时，各国出口商品密集使用要素的真实价格比其他国更高。如果各国均形成专业化生产，各国的要素价格比将与各国的产品边际报酬比相等。在要素禀赋相对或绝对相同时，专业化生产劳动密集型产品的国家有更高的劳动价格和更低的资本价格，从而仍然存在要素流动。

由此可知，在不完全竞争情况下，特别是存在规模经济的情况下，两国的要素价格不等，将引起要素的流动，从而增加两国要素禀赋结构的差异，进而增强以禀赋结构为基础的产业间贸易。这就说明，生产要素的跨国流动可能强化要素禀赋结构为基础的贸易模式。但由于理论分析的国际分工仍然基于商品层面，就无法深入到要素流动在要素层面对生产和贸易产生的影响，进而限制了要点流动对贸易模式带来影响的讨论。从 Markusen 的讨论中，作者得到的启示是，在不完全竞争的情况下，要素流动可以获得更高（相比本国而言）的报酬，而且由于存在规模经济的情况，这种高报酬可以得到维持。这比蒙代尔讨论的在完全竞争市场中由于外部力量引起的要素流动导致要素价格均等化更具有一般现实性。

五、小结

以上理论分析仍有几个关键的假定，这些假定的改变也会对贸易模式产生影响。这些假定包括不存在非贸易品、运输成本、中间投入品等。非贸易品的存在，特别是当非贸易品是规模报酬递增的，会造成可得产品的相对价格和多样性在每个国家不同，以及同一产业不同生产规模下的要素密集度不同，增加两国间要素报酬不均等的可能性，形成要素跨国流动的动力，使得

---

① James R. Markusen, James R. Melvin. Trade, Factor Prices, and the Gains from Trade with Increasing Returns to Scale [J]. Canadian Journal of Economics, 1981, 14 (3): 450 - 469.

简单基于要素禀赋预测贸易模式更不可能。在存在运输成本和规模经济的情况下，可能导致“相互倾销”，但那是基于两国完全相同的情况。如果国家规模有差异，报酬递增产业就有由本产业的市场最大的国家生产并向其他市场出口的倾向（Krugman，1980）[①]。也就是说，某一国某一产业具有较大的市场，并且该产业具有规模经济，该国将获得这一产业的生产优势并出口。非贸易中间投入品的存在，即使在国家间没有相对要素禀赋的差异，也会引起产业间的专业化和贸易。在这种情况下，中间投入品行业与使用该中间投入品的最终产品行业形成了一个产业综合体，类似于存在一个具有外部规模经济的行业，它存在于哪个国家取决于其他因素。当非贸易中间投入品生产是规模报酬递增的，就可能引起两国要素价格不等，从而引起要素流动。

显然，以上理论均从静态一般均衡的角度，分析了影响贸易模式的相关因素，这些因素大部分是现实存在的，但经过了简化或抽象。理论讨论的一般思路是从各国经济各自均衡但世界经济不均衡到两者均达到均衡的一般均衡实现过程。通俗地讲，就是在给定技术、要素总量及其在两国的分割现状，从两国间要素相对价格和商品相对价格不等到两者均实现均等化，看需要有怎样的商品流动和要素流动才能实现。然而，商品价格与要素价格分别取决于两个既有联系又有区别的价格体系。商品价格体系与消费有关，要素价格体系与生产有关，要素价格体系所形成的收入与消费相关，从而与商品价格体系形成关联。如果不考虑其他因素，市场又是完全竞争的，实现上述世界一般均衡只取决于不同商品要素投入比例要求和不同国家禀赋结构的差异，只要世界资源在各国的分布在合适的范围内，就能实现这种均衡。如果要素流动受限，仅有商品流动（即商品贸易）就能实现。相反，商品流动受限，仅有要素流动也能实现。但需要指出的是，此时的生产绝大多数情况下是不会完全专业化的。然而，当世界资源在各国的分布不在上述范围内时，仅有商品流动是不可能实现这种世界一般均衡的，即意味着要素也必须流动才能使得世界资源分布进入可实现世界一般均衡的区域。

因此，笔者在一般均衡理论框架内对商品贸易模式影响因素进行概括如下。

（1）要素禀赋结构与规模。要素禀赋结构是在新古典贸易理论中，特别是在完全竞争假定下，影响商品贸易模式的基础甚至是唯一因素。事实上，

---

① Paul Krugman. Scale Economies Product Differentiation and the Pattern of Trade [J]. American Economic Review, 1980, 70 (5): 950 - 959.

将商品贸易推向源头，本质上交换的是要素。因此，只要贸易商品具有不同的要素投入要求，给定的要素禀赋结构国别差异一定是贸易模式（结构）的基础性影响因素。然而，现实中的要素多种多样，即使同一类要素中也存在显著的差异。比如，同样是劳动，高技能的劳动和未经训练的劳动在生产上存在着明显的差异。面对真实世界中要素的异质性和多样性，简单的要素分类，有时候对解释现实就显得捉襟见肘。

（2）规模经济和生产技术。规模经济与生产技术是两类不同的问题，但从生产函数分析技术的角度看两者又有相似性。两者的相同之处在于，从同质要素的角度出发，生产技术差异会产生与规模经济类似的对贸易的影响。某国在某一产业生产上获得生产技术优势或具有规模经济，该国将出口这类产业生产的商品。即使两国禀赋结构完全相同，这两个方面的差异也会形成商品贸易。因此，这两个因素既可以成为独立的商品贸易形成的原因，也是影响商品贸易的重要因素。两者的不同在于生产技术既可以理解为一种要素，又可以理解为对要素异质性的反映。

（3）商品生产的可分性。是否有中间投入品是商品生产是否可分的标志。对中间投入品的讨论实际上已经涉及产业组织问题。中间投入品可以看成是商品和要素之外的第三种影响贸易的基本因素。从简化分析的角度，它既可以归纳为要素，也可以归纳为商品。如果归纳为要素，中间投入品的存在就相当于一国多出了一种投入要素专门用来生产某一类商品，这样世界均衡实现时一定有这类商品的出口。如果归纳为商品，中间投入品的存在与纯商品贸易就没有什么差别。从某种意义上，可以把运用中间投入品生产的行业看成是存在外部规模经济的行业。

（4）商品贸易障碍。运输成本、关税壁垒和非关税壁垒等都可能成为商品贸易的障碍。这些商品贸易障碍的存在，会造成市场分割，进而出现不完全竞争，最终形成相互倾销性质的贸易。

（5）要素流动。贸易理论分析说明，在要素禀赋结构不合适、规模经济、不完全竞争、非贸易中间投入品等许多情况下，商品贸易往往无法带来要素价格的均等化，从而为要素跨国流动提供动力。由此产生的要素流动可能促进国家间要素禀赋结构差异的扩大，进而增进以要素结构差异为基础的产业间贸易，也有可能缩小国家间要素禀赋结构差异，从而减少贸易。关键要看哪一种因素引起的要素价格的国际差异。

此外，商品需求也是一项经常被考虑的影响因素。一般均衡理论框架下讨论贸易模式往往假设各国具有同位相似偏好，从而把需求对商品贸易的影响排除在外。而现实中，商品需求的影响因素是相当复杂的，它不仅与收入有关，也与偏好有关，而偏好的影响因素是十分错综复杂的。因此现实中各国有着不同的商品需求。而商品生产与商品需求共同形成商品贸易的根本原因，更准确地讲，商品生产与贸易是互为因果的。亚当·斯密认为，由于交换的力量而引起分工，所以分工的范围必然总是受到交换能力范围的限制，换言之，受到市场范围的限制。[①] 当然，亚当·斯密的原意指能否形成一种职业分工需要有市场需求作为基础。但从商品的角度看，产出又会对需求施加影响，现实中新产品的出现往往是形成需求的原因。

第三节　要素流动下的贸易收益

生产要素跨国流动改变了国际分工，使得国际分工深入到了要素层面，产生了要素合作型国际专业化。这一变化决定了贸易收益的评估和测算必须深入到要素层面，以国家参与贸易商品生产的要素收益来衡量该国的贸易收益。

一、生产要素跨国流动下的国际分工

（一）国际分工及其理论的发展

1. 国际分工的历史发展

国际分工是国家之间在广义生产中所形成的产业分工与产品生产过程的分工，是超越国民经济疆界的社会分工，是国民生产之间的分工。[②] 国际分工大体可以分为四个阶段[③]。

（1）国际分工的萌芽阶段（16 世纪至 18 世纪中叶）。15 世纪末的“地理大发现”和随后西欧许多国家先后推行的殖民政策，加之 16 世纪至 17 世纪手工业向工场手工业的过渡，使得宗主国与殖民地之间以自然资源为基础

---

① 亚当·斯密．国富论［M］．唐日松等译，华夏出版社，2005.

② 张幼文，金芳．世界经济学［M］．立信会计出版社，2012.

③ 国际分工四个阶段的划分参照了张幼文、金芳所著《世界经济学》（立信会计出版社，2012 年版，第 32－33 页）和张纪著的《产品内国际分工动因、机制与效应研究》（经济管理出版社 2009 年版，第 14－16 页）关于国际分工的阶段划分。

的最初级的国际分工初现端倪。但这种基于偶然性交换的国际分工以及由此产生的国家之间的经济联系是微弱的。因此，受当时世界各国生产力的局限，并未形成严格意义上的世界市场和分工体系，殖民地宗主国与殖民地之间的生产与交换联系只停留在国际分工萌芽阶段。

（2）国际分工的形成阶段（18 世纪 60 年代至 19 世纪 60 年代）。国际分工的形成是以 18 世纪 60 年代爆发的产业革命为起点的。以蒸汽机的发明和使用为标志的第一次科技革命使人类迈入了大机器时代，生产力与生产规模产生了质的飞跃，为国际分工奠定了物质基础。机器的应用使人类生产能力迅速提升，生产规模迅速扩大。工业革命发生国国内的生产出现了两个矛盾：一是大规模生产所需的大量原料与本国所能提供的原料有限之间的矛盾；二是大规模生产带来的大量工业产品供给与本国需求有限的矛盾。这两个矛盾的解决需要建立两个国际市场——原料的国际市场和产品的国际市场。以英国为代表的产业革命先驱国运用廉价工业品和军事力量向外拓展这两个国际市场，形成了工业生产与世界原料生产的分工，进而推进以英国为中心的农业与工业的国际分工。

（3）国际分工的扩展阶段（19 世纪中叶到第二次世界大战）。国际分工的扩展阶段始于 19 世纪 70 年代的第二次科技革命。以电的发明和广泛使用为标志的第二次科技革命加深了产业革命的内容，使得机械、钢铁、汽车、石油、化学等工业迅速扩张。一方面生产和资本集中度不断提高，进入了大资本吞并小资本的垄断时代；另一方面由于国内投资机会日益枯竭，资本的相对过剩使其取代前一阶段的工业产品输出开始向国外扩张，工业国的资本输出在全世界范围内争夺原料供应、投资场所和产品销售市场，从而将发展中国家卷入世界资本主义生产体系，扩展了国际分工。第二次科技革命推动了欧洲多国以及美国、日本等资本主义国家经济的快速增长。国际分工的中心开始由英国向美国、德国等后崛起的发达国家扩展，国际分工中心也从英国变为多个国家，发达国家之间互为市场，产业内部的国际分工得到初步发展。

（4）国际分工的深化阶段（自第二次世界大战以来）。第二次世界大战以来，由于以原子能、电子计算机和空间技术发展为标志的第三次科技革命的兴起和推动，使国际分工进入深化阶段。第三次科技革命导致了一系列如高分子合成工业、原子能工业、电子工业、宇航工业等社会新兴工业部门的诞生，使得社会分工的形式和趋向更加复杂化、专业化和精细化。此外，第二次世界大战之后，许多殖民地国家实现了民族独立，脱离了宗主国的控制，真正平等自由的世界市场开始形成，世界各国间经济联系进一步加深，由此导致国际分工进一步深化。在这一阶段，国际分工呈现出以下特点：①传统的以初级产品和工业产品的分工为主的模式开始被以制造业按技术差异（要素密集型差异）的分工为主的模式替代；②制造业尤其是新兴制造业进一步将产品工序细化，形成产品生产分段式的产业内国际分工，且规模迅速上升；③随着互联网等通讯工具的广泛使用，农业、工业与服务业生产的国际分工开始形成，金融、信息、研发等成为国际分工的内容。国际分工呈现出产业间分工与产业内分工、垂直分工与水平分工等方式交错相连、错综复杂的国际分工体系。

2. 国际分工的理论发展

国际分工与国际贸易是两个不可分割的范畴，就像分工与交换是经济中同时存在的两个基本范畴一样。国际分工是国际贸易产生的基础，就像没有分工就不需要交换一样。在经济理论发展过程中，国际分工理论与国际贸易理论经常相互交织，同时出现在理论学说中，国际分工往往是国际贸易理论讨论的归因。从亚当·斯密在《国富论》中提出国际分工与自由贸易理论以来，与国际贸易理论发展相对应，国际分工理论形成并发展起来。

（1）古典国际分工理论。亚当·斯密是国际分工和国际贸易理论的创始者，他提出了绝对优势理论，用以说明自由贸易带来的好处。他认为国际分工的基础是有利的自然禀赋和后天形成的有利的生产条件，以此参与国际分工并开展自由贸易的各国均能从中获益。大卫·李嘉图在绝对优势理论的基础上进一步提出了比较优势理论。他认为国际分工不仅限于绝对优势，而是当一个国家与别国相比，即使所有产品生产上都不具有绝对优势，也可生产那些自己相对具有优势的产品，并从国际贸易中获益。该理论说明，任何国家均可以通过参与国际分工和自由贸易获得更大的收益。古典经济学时期（特别是李嘉图）以劳动价值论的视角分析的绝对优势和比较优势的差异，用现代的观点可以看作是劳动生产率的差异，其形成的国际分工蕴含着劳动分工的含义。两位国际贸易理论的奠基人完整地揭示了国际分工和国际自由贸易带来的产出扩大和收益增加。

（2）新古典国际分工理论。赫克歇尔和俄林运用新古典经济学分析创立的生产要素禀赋理论，使得国际分工和国际贸易理论进入了新古典阶段。由于他们以价格差别为切入点分析国际贸易发生的原因，而产品价格的形成取决于投入生产的各类要素的价格，要素的市场价格又取决于一国内各类要素的相对稀缺性，所以，他们把国际贸易归因于生产要素禀赋的差异。由此，要素禀赋理论对国际分工的解释已不再局限于劳动生产率的抽象层面，国际分工也不再是单纯的劳动分工，而直接是商品生产的分工。这种商品生产分工的依据是各国各类要素禀赋的差异和商品生产投入要素的差异。商品生产投入要素的差异又可以作为不同产业的概括性差别。因此，基于要素禀赋理论分析的国际分工自然是产业间的分工。

（3）新贸易理论对国际分工理论的拓展。自 20 世纪中叶以来，国际贸易出现了许多新的现象，随着国际贸易量的扩大，发达国家间同一产业内的贸易显著上升。许多经济学家对这种被称之为产业内贸易的现象展开了经验研究（Verdoorn，1960①、Balassa，1966②、Kojima，1964③）和理论研究（Grubel 和 Lloyd，1975④）。以保罗·克鲁格曼（Paul Krugman）为代表的一批经济学家吸收以往国际贸易理论的合理因素，创建了新贸易理论。该理论利用产业组织和市场结构理论解释国际贸易的新现象，基于不完全竞争、规模报酬递增、产品差异化等概念和视角构造了新的贸易理论模型，分析了国际产业内贸易的基础，从而发展出一套崭新的国际分工理论。该理论基于产业组织理论，分析了跨国公司通过垂直型和水平型分工对生产活动的区位选择，解释了由跨国公司主导的产业内部的国际分工。垂直型国际分工意味着跨国公司将产品的生产环节分割成若干阶段，在不同的国家或地区进行生产；水平型国际分工意味着跨国公司可以在不同国家和地区生产和提供相同的产品和服务。产品差异化从需求角度说明了贸易产品的多样性，同时为不完全竞争提供了市场基础。规模报酬递增在为不完全竞争提供了市场条件的同时，使得单个企业（内部规模经济）或一国的某个产业（外部规模经济）获得超过要素禀赋所决定的生产的价格优势，也决定了同一产业内产品多样性的现状，是跨国公司得以形成的基础。因此，新贸易理论所体现的国际分

① P. J. Verdoorn. The Intra – Block Trade of Benelux ［A］. In：E. A. G. Robinson ed. Economic Consequences of the Size of Nations ［M］. London：Macmillan，1960.

② Bela Balassa. Tariff Reductions and Trade in Manufacturers among the Industrial Countries ［J］. American Economic Review，1966，56（3）：466 – 473.

③ Kiyoshi Kojima. The Pattern of International Trade Among Advanced Countries ［J］. Hitotsubashi Journal of Economics，1964，5（1）：16 – 36.

④ Herbert G. Grubel，Peter John Lloyd. Intra – Industry Trade：The Theory and Measurement of International Trade in Differentiated Products ［M］. London：Macmillan，1975.

工理论既继承了新古典贸易理论基于产品价格的国际分工理论，又给出了产业内产品间分工的理论依据，通过运用产业组织理论分析跨国公司，给出了产品内分工的理论解释。可以说，新贸易理论拓展和丰富了以产品价格为基础的国际分工的理论。

（4）新兴古典经济学的国际分工思想。自20世纪90年代以来，杨小凯创立了新兴古典经济学。他用超边际分析方法复活了古典经济学关于分工和专业化的思想，对亚当·斯密关于交易效率决定市场容量、市场容量决定分工水平的思想进行了理论模型证明。他认为，随着交易效率地不断改进，劳动分工会发生演进，而经济发展、贸易和市场结构变化现象都是这个演进过程的不同侧面。伴随着分工的演进，每个人的专业化水平提高、生产率提高、贸易依存度增加、商业化程度增加、内生比较利益增加、生产集中程度增加，市场的一体化程度增加，经济结构的多样化程度增加，贸易品种类及相关的市场个数增加，而同时自给自足率下降。[①] 进而，他认为，当交易效率极端地高时，整个世界由于完全分工而形成一个统一的市场。[②] 由此可知，杨小凯的国际分工思想是基于古典国际分工理论关于劳动分工的思想，国际分工只是国内分工的简单延伸而已。他以交易效率作为分工的先决条件，但各国交易效率的差异是一个很难量化的概念，也就很难说明不同交易效率的国家进行国际分工会产生怎样的情况。因此，他的国际分工思想仍是抽象的。

3. 国际分工理论的新拓展

自20世纪90年代以来，经济学家试图从生产的角度进行国际分工理论的拓展，提出了不同的概念来分析国际贸易的新现象和国际分工的新特征。Jones 和 Keirzkowski（1990[③]，2000[④]）在分析世界经济的生产方式时首先提出了国际生产片段化（international fragmentation）的概念。他们认为，技术进步和服务成本的下降导致垂直一体生产过程被分割为独立的片断分散到各国，这样可以利用各国技术和要素价格方面的差异设计全球生产网络，各国可以从这种专业化分工中寻求获益的新机会。而且“比较优势”和“规模

① 杨小凯，张永生．新兴古典经济学与超边际分析［M］．社会科学文献出版社，2003.

② 杨小凯．经济学——新兴古典与新古典框架［M］．社会科学文献出版社，2003.

③ Ronald W. Jones，Henryk Kierzkowski. The Role of Services in Production and International Trade：A Theoretical Framework［A］．ch. 3 in：Jones and Anne Krueger eds. The Political Economy of International Trade［M］．1990.

④ Ronald W. Jones，Henryk Kierzkowski. A Framework for Fragmentation［J］．Tinbergen Institute Discussion Paper TI 2000 - 056/2.

经济”是推动国际生产片段化的两大动力。Katz 和 Murphy（1992）①、Krugman（1995）②、Leamer（1999）③ 分别从生产主体、产品附加值和生产区位角度对“国际生产片段化”进行了拓展。Sven W. Arndt（1997④，1998⑤，2001⑥）提出并使用产品内分工的概念，他在传统的贸易分析框架下加入生产活动的可分离性，并对由此引起的贸易带来的影响进行了多方面的探讨。Hummels 等（1998⑦，2001⑧）提出了垂直专业化（vertical specialization）的概念，对产品内专业化的概念进一步细化。他们称一国在具体产品的生产过程中使用进口投入品并将最终产品出口的产品内专业化，为垂直专业化。Gereffi 和 Korzeniewicz（1993）⑨ 提出了全球商品链（global commodity chain，GCC）的概念。Gereffi，John Humphrey 和 Timothy Sturgeon（2005）⑩ 又将全球商品链概念发展为全球价值链（globao value chain，GVC）概念，从一项商品出发探讨该商品领导企业商品生产过程中的各个环节在全球布局的影响因素。Gereffi 认为，技术、制度、组织革新以及管理环境决定并改变了产业结构及产业领导企业的权力，从而决定着全球价值链结构的演变。他概括出了三种全球商品链治理的类型，即生产者驱动链（producer – driven chains）、购买者驱动链（buyer – driven chains）和因特网导向价值链（internet – oriented value chains）。

---

① Lawrence F. Katz; Kevin M. Murphy. Changes in Relative Wages, 1963 – 1987: Supply and Demand Factors [J]. The Quarterly Journal of Economics, 1992, 107 (1): 35 – 78.

② Paul Krugman. Growing World Trade: Causes and Consequences [J]. Brookings Papers on Economic Activity, 1995, 26 (1): 327 – 377.

③ Edward E. Leamer. Effort, Wages and the International Division of Labor [J]. Journal of Political Economy, 1999, 107 (6): 1127 – 1162.

④ Sven W. Arndt. Globalization and the Open Economy [J]. North American Journal of Economics and Finance, 1997, 8 (1): 71 – 79.

⑤ Sven W. Arndt. Super – Specialization and the Gains from Trade [J]. Contmporary Economics Policy, 1998, 16 (4): 480 – 485.

⑥ Sven W. Arndt. Globalization of Production and the Value – Added Chain [J]. North American Journal of Economics and Finance, 2001, 12 (3): 217 – 218.

⑦ David Hummels, Dana Rapoport, and Kei – Mu Yi. Vertical Specialization and the Changing Nature of World Trade [J]. Economic Policy Review, 1998 (6): 79 – 98.

⑧ David Hummels, Jun Ishii, and Kei – Mu Yi. The Nature and Growth of Vertial Specialization in World Trade [J]. Journal of International Economices, 2001, 54 (1): 75 – 96.

⑨ Gary Gereffi, Miquel Korzeniewicz. Commodity Chains and Global Capitalism [M]. New York: Praeger Publisher, 1993.

⑩ Gary Gereffi, John Humphrey, and Timothy Sturgeon. The Governance of Global Value Chains [J]. Review of International Political Economy, 2005, 12 (1): 78 – 104.

（二）要素流动对国际分工的影响

事实上，新贸易理论的国际分工理论已经注意到了要素流动对国际分工和国际贸易的影响。对国际分工和国际贸易发展具有深刻影响的跨国公司本身就意味着生产要素的跨国流动，或者说跨国公司得以形成的条件是生产要素的跨国流动。因此，现实中国际分工多样化的基础性原因是生产要素的跨国流动。从杨小凯创立的新兴古典经济学的视角看，生产要素的跨国流动对于世界经济来说是一项重要的交易效率改进。虽然自新古典贸易理论以来，国际分工理论始终围绕产品的生产价格形成的差异进行拓展，但是自新贸易理论产生以来，特别是跨国公司理论分析的基础条件却是生产要素的跨国流动。生产要素跨国流动完全改变了局限于一国内的商品生产价格形成机制，使得商品生产价格形成有了更多的可能性，从而使得在市场竞争条件下的商品生产具有多种组织形式，进而丰富了国际分工的具体形式。

1. 要素流动促进国际分工从产业分工走向产品内分工

当生产要素不能跨国流动时，国际分工只可能限于以完整商品为界限的分工，这种国际分工需要通过商品贸易加以实现。也正因如此，这时的国际分工更多是产业间的分工，并缓慢向产品间的分工发展。但无论是从劳动生产率还是从要素禀赋的角度看，这种国际分工都在市场机制下以商品价格作为信号，以双边或多边国际贸易作为连接渠道。

当生产要素跨国流动时，国际分工可以直接进入生产领域。这时的国际贸易不仅是双边或多边的，更是网络式的，国际分工与国际贸易呈现相互影响、互为条件的特征。此时，作为市场机制的价格信号仍是重要的依据，但更重要的价格信号是商品价格形成的基础——生产要素的价格。高级易流动要素可以向低级不易流动要素所在国流动的现实条件，使得商品生产分段展开成为可能，从而创造了形成产品内国际分工的条件。由此可知，在生产要素不能跨国流动下，国际分工只能是局部的、不完全、不彻底的分工。相比之下，生产要素跨国流动大大拓展了国际分工的范围，使得国际分工更加深化。

2. 要素流动促进产业国际转移，提升分工水平

产业的国际转移是带动全球产业升级的重要力量，也是推进国际分工高度化的重要因素。通过产业国际转移，产业转入国提升了本国的产业结构。产业结构的高度化决定着一国的分工水平，从而国际产业转移从总体上促进

产业结构带来的国际分工水平的提升。雷蒙德·弗农（Raymond Vernon，1966[①]）的产品生产周期理论，小岛清（K. Kojima，1978[②]）的边际产业扩张理论和邓宁（J. H. Dunning，1977[③]）的国际生产折衷理论被认为是产业国际转移的经典理论，而这些理论同时又被认为是跨国公司直接投资理论。显而易见，产业的国际转移来自于跨国公司的直接投资，而跨国公司的直接投资是生产要素跨国流动的载体。因而，生产要素跨国流动促进了产业的国际间转移，进而促进了国际分工水平的提升。但也要注意到，这种产业国际转移在提升整体国际分工水平的同时，也可能扩大或固化产业转出国与产业转入国在国际分工结构中的差距。

3. 要素流动形成要素合作型国际专业化

生产要素跨国流动促进国际分工水平的提升和深化，使得国际分工从原来的产品层面深入到要素层面。国内学者张二震（2002）[④]提出了要素分工的概念。他认为，要素分工的实质是跨国公司在全球范围内的资源整合，是跨国公司在全球范围内进行投资和贸易活动的必然结果[⑤]。张幼文（2005）[⑥]认为在生产要素跨国流动下，贸易结构不再是国际分工的标志，生产要素的国际差异才是国际分工的基础与核心，在此意义上分工可称为要素分工。但他同时指出，分工（division of labour）已失去了原来的意义，更多转化为“合作”或“参与”，即各国以某一种或几种特定生产要素参与全球化经济下的国际化生产。这是一种更深层次的国际专业化（international specialization），即要素供给的国家专业化，也可称为要素合作型国际专业化。虽然马克思认同亚当·斯密关于分工提高劳动生产率的观点，但与亚当·斯密强调“分”不同，马克思还注意到了“合”，即协作的重要性。虽然马克思注重的是劳动分工与合作，而这里指的是要素的分工与合作，但从扩大产出的角

---

① Raymond Vernon. International Investment and International Trade in the Product Cycle [J]. The Quarterly Journal of Economics, 1966, 80 (2): 190 - 207.

② 小岛清. 对外贸易论 [M]. 周宝廉译. 南开大学出版社, 1987.

③ John H. Dunning. Trade, Location of Economic Activity and the MNE: A Search for and Eclectic Approach [M]. London: McMillan, 1977.

④ 张二震. 国际分工新特点与我国参与国际分工的新思路 [J]. 经济理论与经济管理, 2002 (12): 64 - 67.

⑤ 张二震. 要素分工与中国开放战略的选择 [J]. 南开学报（哲学社会科学版），2005 (6): 9 - 15.

⑥ 张幼文. 从廉价劳动力优势到稀缺要素优势：论“新开放观”的理论基础 [J]. 南开学报（哲学社会科学版），2005 (6): 1 - 8, 61.

度来看，两者是一致的。然而，还要充分注意到参与要素合作的各个要素所有者的不同。因为专业化既意味着效率的提高又意味着角色的固化。这对于劳动分工参与者来说是一个问题的两个侧面。因此，对以要素区分形成的专业化，不仅需要看到专业化带来的效率提升，而且需要注意到专业化带来的参与合作的角色固化，从而利益固化的问题。以低收益要素参与合作可能会固化低收益地位，从而造成无法与高收益要素缩小差距的局面。

二、生产要素跨国流动与贸易收益

本书在文献述评中对贸易利益与贸易收益进行了概念辨析。贸易利益的分析说明的是国际贸易能够带来的积极意义，因此贸易利益的存在是促进国际贸易发展的基本动力。贸易利益的概念侧重于理论性分析，而对国际贸易开展过程中带来的贸易收益分析需要根据具体情况进行。通常对具体贸易利益研究的方法包括贸易量、贸易条件（包括价格贸易条件、要素贸易条件等），但这些方法均只是对贸易利益在商品贸易层面考察，而没有深入到贸易背后的商品生产层面对贸易利益的影响。实际上，这些方法考察的并不是具体的贸易收益。如果生产要素不跨国流动，这些方法对贸易利益的测度，进而对贸易收益的近似测算应该能够反映贸易利益实现和贸易收益获得的基本状况。但生产要素跨国流动下，贸易利益与贸易收益出现了分离，贸易利益仍然可以作为各国参与国际贸易的基本动力，但对贸易收益的考察必须考虑到生产要素跨国流动带来的影响。

1. 生产要素不能跨国流动下的贸易收益

生产要素不能跨国流动时，基于生产和国际交换的现实，国际分工只能在产业和产品层次展开，即这种条件下的国际分工只是以商品（一般是最终产品）贸易为联系的国际分工。这样，贸易收益的实现无论从贸易开展看，还是从贸易商品生产看，两者应该相同。由于贸易商品均只有本国的生产要素参与生产完成，因此，贸易收益完全反映了贸易商品生产的收益，从而反映了各个要素的收益情况。而要素收益反映了一国的收入，从而反映了一国的福利。此时，贸易的达成是贸易商品生产的现实实现，两者只是一个问题的两个不同侧面而已。由此，不论是运用贸易量还是运用贸易条件均能体现一国参与贸易的收益和福利改进。

2. 生产要素跨国流动下的贸易收益

生产要素跨国流动时，一方面允许国际分工深入到产品内部，也就意味着最终产品贸易达成前，商品生产的各个阶段会被分布到不同的国家，从而形成中间产品贸易（包括公司内贸易、外包等形式）；另一方面跨国公司主导的生产要素跨国流动促进了流动要素与流入要素的生产组合，即要素合作型国际专业化的发展。不同于生产要素不跨国流动，此时形成的是全球化生产，贸易利益的存在不再仅是以最终商品贸易相联系的生产分工以及由此引起国内要素配置调整和贸易交换带来的收入提高和福利改进，而同时存在全球化生产带来的要素配置效率提高。以生产要素跨国流动为本质特征的全球化经济的一个重要特征是商品生产和消费的全球化，商品价格表现为全球价格。它不同于双边贸易和多边贸易下商品的贸易价格，贸易条件已经失去意义，它不再能客观衡量一国的贸易收益，贸易量不再是单纯一国生产出口能力的反映，也不再能够反映一国的贸易收益。因此，在生产要素跨国流动情况下，各国贸易收益必须通过分析贸易商品形成中本国参与程度和相应收益的获得情况才能客观评估。

三、生产要素跨国流动与贸易增加值

现实中的生产要素跨国流动是由跨国公司主导的，跨国公司在全球展开生产布局的目的是实现生产成本最小化和利润最大化。客观上，跨国公司主导的生产要素跨国流动引起国际分工深化到要素层面，并形成了全球商品生产链，而与全球商品生产链相伴而生的是全球价值链。就单产品而言探讨全球价值链，就是分析全球产品生产链展开的过程中每个生产环节（从研发直到售后服务）价值增值的情况。从贸易的角度探讨全球价值链，就是各国在全球产品生产链现实存在的情况下，分析各国贸易商品在本国完成的增值情况。

1. 全球生产链与全球价值链

全球价值链概念是在价值链（波特，1985①）、价值增值链（Kogut，1985②）、全球商品链（Gereffi，1994③）等概念的基础上提出来的。所谓全球商品链即围绕某商品的生产所形成的跨国生产组织体系，使得在世界各地

① 迈克尔·波特．国家竞争优势［M］．李明轩，邱如美译．华夏出版社，2002.

② Bruce Kogut. Designing Global Strategies：Comparative and Competitive Value - Added Chains［J］. Sloan Management Review，1985，26：15 -28.

③ G. Gereffi. The Organization of Buyer - driven Global Commodity Chains：How US Retailers Shape Overseas Production Networks［A］. In G. Gereffi and M. Korzeniewicz. Commodity Chains and Global Capitalism［M］. Westport，CT：Praeger，1994.

不同规模的企业、机构组织一体化的生产网络。但由于商品（commodity）在英文中通过指有形的最终消费品，而不包括服务、机器设备等，因此后来逐渐用全球价值链代替了全球商品链的概念。本书认为，全球价值链虽然是全球商品链概念的进一步深化，具有更广的概括性，反映了生产全球化的现实，但是从语义本身看两者仍有差别。全球商品链（更确切的讲是全球生产链）反映的是生产的国际化状况，而全球价值链则反映产出价值形成的国际分布状况。

经济全球化的迅猛发展，由跨国公司主导的各类生产要素在全球范围内配置，促使产品的生产活动由原来主要由一国国内的分工转变为全球范围内的分工，产品生产的流程扩展到全球性网络，形成了模块化生产、合同制造、服务外包等新型生产组织形式，从而形成了运用多国要素生产一件产品的全球生产链。在全球生产链中的各个环节在各国形成，从而构成了产品生产的全球价值链。

联合国工业发展组织将全球价值链定义为，为实现商品或服务价值而连接生产、销售、回收处理等过程的全球性跨企业网络组织，涉及从原料采购和运输，半成品和成品的生产和分销到最终消费和回收处理的整个过程。

斯特恩（Sturgeon，2001①）从组织规模（organizational scale）、地理分布（geographic scale）和生产性主体（productive actor）三个维度界定全球价值链。从组织规模看，全球价值链包括参与某种产品或服务的生产性活动的全部主体；从地理分布来看，参与生产的要素及其分布必须具有全球性；从生产性主体看，有一体化企业和零部件供应商。他还对价值链和生产网络进行区分，认为价值链主要描述某种商品或服务从生产到交货、消费和服务的一系列过程，而生产网络强调一群相关企业之间关系的本质和程度。

2. 增加值贸易与全值贸易

经济全球化引起生产活动的国际化发展和产品全球价值链的不断拓展，出口产品的价值创造由不同生产链上的不同国家组成，导致以国家为单位基于海关数据的全值统计无法正确反映国际产品分工链条中各国的实际价值增值，也无法深入分析世界贸易的内在特征和规律的基础。

---

① Timothy J. Sturgeon. How Do We Define Value Chains and Production Networks? [J]. IDS Bulletin, 2001, 32 (2): 9 - 18.

Hummels、Ishii 和 Yi（2001）[①] 基于垂直一体化的研究提出了测算一国直接及间接增加值出口的方法，成为增加值贸易测算分析的开端。增加值贸易（trade in value added）与总值贸易（trade in gross value）形成一组概念。增加值贸易反映的是一国贸易中的本国增值情况，而总值贸易反映的是一国贸易的总增值，不区分增值来自于国内还是来自于国外。增加值是国民经济统计中的基本概念，用于分析经济活动的价值创造情况。在全球生产链或全球价值链中，产品生产的增值便具有了世界性，与生产全球化对应的就是全球价值增值。在本质上，增加值贸易就是从价值增值的角度分析世界贸易。考察增加值贸易就是把世界生产和世界贸易联系起来分析世界贸易的方法。在生产全球化的现实条件下，用贸易增加值来反映各国参与世界贸易的情况及其所得更为合适。2011 年 6 月，时任 WTO 总干事的帕斯卡尔·拉米（Pascal Lamy）指出，同传统国际贸易统计相比，增加值贸易（trade in value added）统计能更好地测度和反映全球贸易的新特征，是衡量世界贸易运行的一种更好方法。[②]

目前关于增加值贸易的测算方式，大体有以下三种：

一是利用企业微观数据对单个产品或行业进行个案研究。单个产品个案研究包括耐克鞋、芭比娃娃、惠普、联想笔记本电脑、波音飞机、诺基亚、苹果手机等产品，通过分析其全球生产链，揭示各个环节生产过程的增加值。行业个案研究包括对电子产品、汽车、鞋类、家具等行业的研究，主要利用企业数据和贸易数据进行类似产品个案研究的增加值情况探究。此种研究方法，优点是数据翔实、分析直观，但毕竟是个案分析，无法全面反映和概括全球价值链及贸易中增值分布情况。

二是利用一国的投入产出表进行分析。Hummels 等（2001）[③] 利用投入产出表最早提出了 HIY 法（垂直专门化率），即从进口角度分析一国参与国际分工的程度及其在国际分工中的收益。他给出了两种计算方法：（1）一国出口品中所包含的进口品（VS）；（2）一国生产的出口品中，被其他国家作

① David Hummels, Jun Ishii and Kei – Mu Yi. The Nature and Growth of Vertical Specialization in World Trade [J]. Journal of International Economics, 2001, 54 (1): 75 –96.

② 2011 年 6 月 6 日，拉米在 WTO 和日本 IDE – JETRO 联合发布会“Trade Patterns and Global Value Chains in East Asia”上提出此观点，并指出我们生活在“世界制造（Made in the World）”的时代，世界贸易模式由货物贸易向任务贸易转变。

③ David Hummels, Jun Ishii and Kei – Mu Yi. The Nature and Growth of Vertial Specialization in World Trade [J]. Journal of International Economices, 2001, 54 (1): 75 –96.

为中间投入进行消耗并用于出口的部分（VS1）。HIY 法基于以下两个假定：(1) 一种产品不论是出口还是内销，生产中对进口品的使用程度相同；(2) 一国所有进口品都是由国外生产要素生产的。即假定一个出口生产纯粹的全球垂直分工，统计每一个生产环节所形成的增加值，进而可以从两个角度——本国出口中本国增加值和别国出口中本国增加值——分析一国在全球价值链中的地位。这种方法的缺陷是，只从一国的角度分析全球产业价值链，缺乏统一的全球价值链分析。

三是利用国际投入产出表进行分析。Koopman 等（2010）① 研究开发了全球贸易增加值统计方法（KPWW 法）。他们基于全球生产链和国民账户核算体系，根据区域间投入产出模型原理，将一国出口总值分解为国外增加值和国内增加值，出口的国内增加值分解为最终产品、由直接进口国吸收的中间产品、被转口到第三国的中间产品和返销本国的中间品。目前，常用的国际投入产出表主要有以下四种：(1) 经合组织的国际投入产出表；(2) 欧盟的世界投入产出表数据库（WIOT）；(3) 亚洲国际投入产出表；(4) GTAP 数据库。KPWW 法将国民账户核算数据和关境贸易统计数据联系起来，可以准确核算贸易增加值的来源。KPWW 法还可以用来分析一国产业部门在全球价值链中的地位、参与全球分工的程度、比较优势、出口依存度、贸易平衡和多阶段生产中的贸易成本及有效关税率等。

在通常情况下，增加值贸易（trade in value added）与贸易增加值（value added in trade）是可以通用和相互替代的两个名词，反映的都是一国出口中本国的增值情况。但也有学者将两个概念进行了细分。Robert Stehrer（2012）②区分了增加值贸易和贸易增加值。他认为，增加值贸易计算的是一国直接或间接增值在其他国家最终消费品中的含量，是一国消费品中包含了多少外国的增加值；贸易增加值计算的是两国贸易总值中的增加值含量，是一国进口总值中有多少价值增值来自于其他国家，或一国出口总值中包含了多少外国增加值。尽管这两个概念有细微的差别，但对一国从增加值角度计算的贸易差额的结果是相同的。

① Robert Koopman, William Powers, Zhi Wang, et al. Give Credit Where Credit Is Due: Tracing Value Added in Global Production Chains [J]. NBER Working Paper 16426, 2010.

② Robert Stehrer. Trade in Value Added and the Value Added in Trade [J]. WIOD Working Paper, 2012.

四、贸易收益与贸易增加值

在生产要素跨国流动的全球化经济中，对贸易收益的分析必须考虑到要素流动对贸易商品生产的影响。Koopman 等提出的全球贸易增加值统计方法，虽然区分了一国出口贸易值中本国增值部分和外国增值部分，考虑到了由于要素流动形成的全球生产链以及由此产生的贸易商品价值增值全球分布的情况，但他们对贸易收益的分析仍然立足于商品生产的层面，只是考虑了中间产品贸易对贸易商品价值的影响，而没有深入到商品生产的基本层面——生产要素国际合作。换言之，Koopman 等所考虑的本国增值部分实际上仍然不是一国真实的贸易收益。其中，包含着国外流入要素在增值过程中的贡献，从而需要扣除这些要素获得的收益。因此，生产要素跨国流动下的贸易收益必须从生产要素收益的层面进行评估。本国在以要素流入为条件的对外贸易的过程中获得的贸易收益，只是参与这些出口商品生产过程中本国参与要素的收益的总和。这时，可以借助国内生产总值按收入法对贸易收益归并得到。

宏观经济学中的国内生产总值是核算国民经济活动的核心指标。国内生产总值是指经济社会（即一国或一地区）在一定时期运用生产要素所生产的全部最终产品（物品和劳务）的市场价值。对国内生产总值的核算有支出法、收入法、生产法等多种方法。这里产出的市场价值是指新增价值或增值，所以生产总值又被称为增加值。从收入法衡量这些新增价值可以归为各类参与生产的要素的收益。简而言之，国内生产总值就是各类要素收益的总和。可以通过分析贸易本国商品增加值形成的过程和参与生产贸易商品的要素收益分析来核算一国参与贸易的收益。

第四章
生产要素跨国流动与外资型贸易模式

本章首先分析了生产要素跨国流动的现状，指出生产要素跨国流动以跨国公司国际直接投资为载体。其次，从生产要素价格和收益原理出发，通过对生产要素的分类及其流动性差异，探讨了生产要素跨国流动的机制。本书认为生产要素的跨国流动引起了要素国际合作，而要素国际合作形成了外资型贸易模式，并进一步探讨了外资型贸易模式与传统贸易模式的区别。

第一节　生产要素跨国流动的现状

生产要素跨国流动是全球化经济的本质特征，而生产要素跨国流动以跨国公司主导的国际直接投资为载体。其中，包含货币资本、技术、品牌、专利、经营管理方法、营销网络、高端人才等。考察生产要素的跨国流动情况可以间接地从国际直接投资（FDI）的发展情况获得，也可以在各国要素从境外获得的收入变化中得到反映。

一、国际直接投资

国际直接投资，是指一个国家的投资者输出生产资本直接在另一个国家的厂矿企业进行投资，并由投资者直接进行经营和管理。国际直接投资可以分为绿地投资（greenfield investment）和跨国并购（cross - border mergers and acquisitions，M&A）。绿地投资以创建新企业为主要方式。流入发展中国家的国际直接投资以绿地投资为主。

国际直接投资的主体是跨国公司，联合国贸易和发展会议（以下简称贸发会议，UNCTAD）发布的《2004 年世界投资报告》显示，全球 6.1 万家跨国公司生产总量占据了全球生产总量的 40%，跨国公司直接投资占全球跨国直接投资的 90%，跨国公司贸易总量占全球贸易总量的 65%，跨国公司技术交易总量占全球技术交易总量的 80%。

自 20 世纪 70 年代以来，国际直接投资的规模不断不扩大。国际直接投资流出量从 1970 年的 141.5 亿美元上升至 2007 年的 22720.5 亿美元，之后，受美国金融危机影响，国际直接投资流出量出现了显著的下降，但 2012 年仍达到了 13509.3 亿美元，比 1970 年增长了近 100 倍，年均增速达到了 15.3%（如图 4 - 1 所示）。而同期全球实际生产总值和出口贸易量增速分别为 3.05% 和 8.92%。[①] 国际直接投资流动量增速分别是它们的 5.02 倍和 1.72 倍。

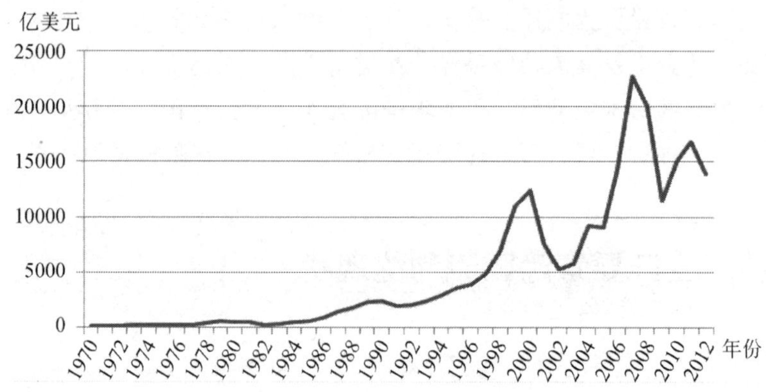

图 4 - 1　1970—2012 年全球 FDI 流出量

数据来源：UNCTAD 数据库。

从全球 FDI 流入量占当年形成的固定资产比重看，国际直接投资在全球生产能力形成中的作用不断增大。20 世纪 70 年代，这一比重在 1.5% 左右

① 根据 UNCTAD 数据库原始数据整理计算得出。

波动。20 世纪 80 年代，这一比重在 2% 左右波动。自 20 世纪 90 年代以来，这一比重持续增大，特别是 1995 年首次超过 5%，呈现快速上升。2000 年，全球 FDI 流入量占当年全球固定资产形成总额的比重创出历史高点，达到 20.16%。之后这一比重有所回落，但 2007 年又达到了历史次高 15.88%，近年来基本维持在 10% 以上的水平（如图 4-2 所示）。从中可以看出在全球化经济形成过程中，国际直接投资对于全球生产能力形成的积极作用。

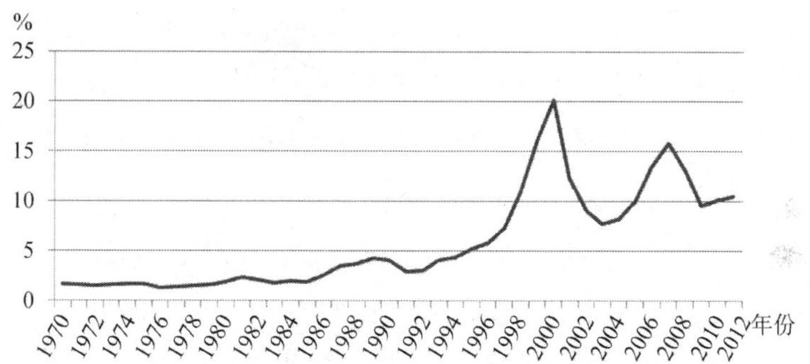

图 4-2　1970—2012 年全球 FDI 流入占固定资本形成总额比重

数据来源：UNCTAD 数据库。

如果说全球 FDI 流入量占当年形成的全球固定资产总额的比重反映的是国际直接投资对全球潜在产出水平的影响，那么全球 FDI 流入存量占全球 GDP 的比重，则反映了国际直接投资对全球产出水平的现实影响和两者相关性的变化。如图 4-3 所示，1980 年全世界 FDI 流入存量占全球 GDP 的比重仅为 5.95%，在此后的三十余年间，全球 FDI 流入存量占全球 GDP 的比重不断上升，2007 年到达顶峰，为 32.25%。之后虽然受美国金融危机影响有所回落，但基本保持在了 30% 以上的比例。分析这一比重变化的历程，不难发现两者的相关性在不断增加，说明国际直接投资在全球产出水平中的作用和地位越来越重要。

二、他国要素从本国获得的收益

如果国际直接投资的数据和相关比例反映了以 FDI 为载体的生产要素国际流动的基本概况，那么世界各国向境外支付的要素收入①的情况就可以从

① 要素收入所得是指给境外工作的居民工人支付的薪酬和投资收入（直接投资、证券投资、其他投资所得以及储备资产所得）。使用无形资产获得的收入不计入收入，而计入商业服务项下。

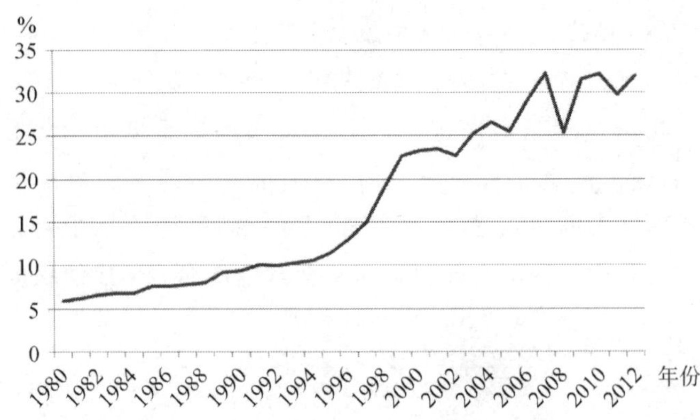

图 4-3　1980—2012 年全球 FDI 流入存量占 GDP 的比重

数据来源：UNCTAD 数据库。

另一个角度更全面地反映生产要素的国际流动。如图 4-4 显示了世界各国向境外支付的要素收入与 FDI 流入量（如图 4-1 所示）基本同步的变化特征。1982 年，全球向境外支付的要素收入为 3974.84 亿美元，2008 年达到了 40540.44 亿美元，增长十多倍。特别是进入 21 世纪以来，世界各国向境外支付要素收入呈现了快速上升的趋势。虽然这里所指的要素收入支付仅是纳入统计的数据，没有包括全部流动要素的收入，部分要素收入可能以再投资的形式留在了东道国。比如无形资产类要素，但要素收入支付数据显然超过了直接投资量反映的要素流动，可以从一个侧面反映当今全球化经济中生产要素跨国流动的现状和趋势。

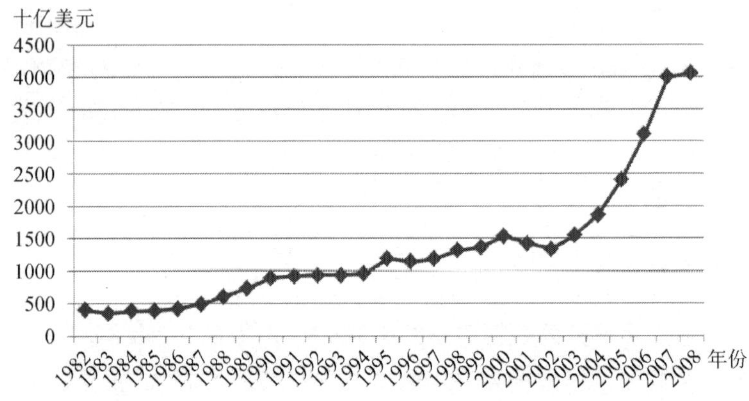

图 4-4　1982—2008 年全球境外支付的要素收入

数据来源：UNCTAD 数据库。

第二节　生产要素的流动性和跨国流动机制

生产要素的稀缺性决定了其价格和收益。不同的生产要素具有不同的稀缺性和流动性。生产要素追求高收益和流动性差异是生产要素跨国流动的基本机理，制度和政策则影响要素跨国流动的方向。

一、生产要素价格与收益原理

1. 生产要素的稀缺性决定其价格

稀缺性是研究经济问题、揭示经济规律的逻辑起点。康芒斯（John R. Commons）认为，如果没有稀缺性，人类一切为有效分配社会资源、保证平等、自由竞争的社会制度和社会秩序都是多余的，毫无必要的。[①] 贝克尔认为经济学是研究“稀缺资源如何在各种可供选择的目标之间进行分配”[②]。

经济学所说的稀缺性首先是生产要素的稀缺性，然后才是由生产要素所生产的商品的稀缺性。虽然西方经济理论是以商品供求关系为基础展开的，体现的是对商品稀缺性的关注，但最终必然要以生产要素的稀缺性作为归依。市场经济中的价格反映供求关系，但从本质上来说，反映的是相对稀缺性。因此，在不存在扭曲的市场中生产要素的价格体现了其稀缺性。需要指出的是，这里所谓的稀缺性是指相对稀缺性。正如经济学中的价格总是指相对价格一样，稀缺性和价格只是一个问题的两种不同表达。

不同的生产要素存在着不同的稀缺性。从静态看，在一定空间和时间下各种生产要素在存量和需求上都存在差异，从而表现出不同的稀缺程度。从动态看，处于不同经济发展阶段，各类生产要素的存量和需求各不相同，从而存在着动态的生产要素稀缺性改变。在世界范围内，在某一时刻不同国家拥有的生产要素种类、数量各不相同，其稀缺性也不一样，即生产要素在全球的分布具有时空的不均匀性。[③] 如果考虑到生产要素的动态发展变化，我

---

① 康芒斯．制度经济学［M］．于树生译．商务印书馆，1962.

② 加里·S．贝克尔．人类行为的经济分析［M］．王业宇，陈琪译．上海三联书店、上海人民出版社，1995.

③ 这是生产要素国际流动的客观条件，也是俄林在《区际贸易和国际贸易》讨论生产要素流动的主要因素。生产要素的流动又带来了生产组织形式和生产布局的变化。因此，俄林在《区际贸易和国际贸易》第9章讨论地区间生产要素流动与商品流动的关系之后，重点转向了对生产布局影响的讨论。

们还可以以生产要素技术性特征来分析生产要素具有的不同稀缺性。人类经济发展能力的改变关键在于生产要素运用能力的改变和由此产生的新生产要素的创造能力的改变，特别是以知识为基础的技术运用。由资本与劳动结合形成的所谓人力资本，大大拓展了生产要素的种类，并细化原始或初级生产要素（如劳动、土地、资本等）的分类。生产的高级化逐渐减少了对初级生产要素的需求，而对新的经过创新组合而得到的具有更高技术含量的生产要素的需求不断增加。因此，从世界范围看，一般性的、初级的生产要素的稀缺性下降，而具有技术含量、新创造的生产要素则由于动态发展的关系其稀缺性始终较高。此外，就一国而言流动性强的生产要素由于存在流入流出的可能，其稀缺性变化可能较大。

2. 生产要素的稀缺性决定其收益

经济学研究生产要素的收益最初是从生产要素的分配开始的。约翰·贝茨·克拉克（John Bates Clark）在《财富的分配》中把边际分析方法与生产三要素论相结合，创立了边际生产力①概念，形成了要素收入分配理论。马歇尔（Mashall）在《经济学原理》中将其用于解释生产要素的需求，把边际生产力看作是决定生产要素需求价格的主要因素。显然马歇尔对生产要素的价格分析侧重于需求方面的分析，从而形成了以商品为基点的分配理论。然而，这样的分析忽略了生产要素的成本（即供给）。如果生产要素的价格低于其成本，就不可能在市场上提供。因此，从市场上实现的生产要素价格只反映了其收益的一个侧面，还需要考虑到成本或供给。稀缺性考察需要考虑需求和供给两个方面。生产要素的稀缺性决定了生产要素的价格，获得的收入与成本之差才是生产要素的收益。不同的生产要素形成的成本是不同。一般而言，低技术含量（低级）的生产要素形成的成本较低，高技术含量（高级）的生产要素形成的成本较高。而低级生产要素的稀缺性较小，高级生产要素的稀缺性较大。相对而言，由高级生产要素的稀缺性所决定的要素价格与其形成成本相比，收益更大，因为高级生产要素的形成具有更大的风险和投入，其稀缺性往往是极高的。我们还可以从生产剩余或经济租金的支配权进行分析。一般情况下，经济发展的不同阶段通常由不同的要素在经济

① 边际生产力，也称为边际产量，是在生产过程中其他投入要素不变时，一种生产要素投入每增加一个单位所带来的产出的增量。边际生产力存在着递减规律，称为边际报酬递减规律。

运行中居于主导地位。[①] 而能够居于经济运行主导地位的往往是那些具有较高稀缺性的高级要素。

二、生产要素分类与流动性差异

生产要素的概念产生于经济学的微观分析，它指的是在企业生产过程起点投入的可以计入企业成本的各种经济资源。从宏观层面上讲，生产要素指进行社会生产经营活动时所需要的各种社会资源，是维系国民经济运行及市场主体生产经营过程中所必须具备的基本因素。它是经济学中的一个基本范畴。随着时间的推移，生产要素的外延也经历了从单要素到多要素不断扩展的过程。

（一）生产要素内涵和外延的演变

威廉·配第（William Petty）认为所有东西都应该用土地和劳动这两种自然单位来衡量其价值，因为它们都是由土地和投入其中的人类劳动创造的。[②] 但同时他又认为劳动是商品价值的基础。庞巴维克（Boehm - Bawerk）也认为生产中一切所得都是两种根本的生产力（即两种要素——自然和劳动力，并且只有这两种生产要素）作用的结果。[③] 亚当·斯密在《国民财富的性质和原因研究》中明确提出了劳动价值论。但他同时认为，"在所有社会中，每一种商品的价格最终要分解为这三部分中的其中一部分或全部"。[④] 他所说的这三部分就是劳动工资、资本利润和土地地租，从而又从劳动价值论转向生产费用论，确定了三要素说的雏形。他受到劳动价值论者（如大卫·李嘉图和马克思等）以及三要素论者（如萨伊等）的批评。大卫·李嘉图遵循劳动价值论，认为除了土地上天然生长的物品，一切产物都是生产性劳动的结果，并进一步将劳动作了抽象与分类——一般社会劳动。法国经济学家萨伊（Say）认为，"所生产出来的价值，都是归因于劳动、资本和自然力这三者的作用和协力。"[⑤] 萨伊明确提出了对以后的经济学影响很大的劳动、

---

① 关于要素主导地位的分析参见，张幼文．《知识经济的生产要素及其国际分布》，《中国工业经济》2002 年第 8 期，第 51 - 58 页。张幼文．《全球化经济的要素分布与收入分配》，《世界经济与政治》2002 年第 10 期，第 40 - 45 页。此外，吴敬琏以不同开放阶段的驱动生产要素的提法表达了类似的看法，参见吴敬琏．《中国增长模式选择》，上海远东出版社，2006.

② 威廉·配第．赋税论［M］．邱霞，原磊译．华夏出版社，2006.

③ 庞巴维克．资本实证论［M］．陈端译．商务印书馆，2011.

④ 亚当·斯密．国富论［M］．唐日松等译．华夏出版社，2005.

⑤ 萨伊．政治经济学概论：财富的生产、分配和消费［M］．商务印书馆，1963.

资本和土地“生产三要素论”。马歇尔在《经济学原理》中承袭了生产三要素的思想，但同时他也认为“组织”（即现在所说的管理或企业家才能）在生产中起着重要作用，因此他把企业家的经营管理才能看作了第四种生产要素。企业家经管管理才能的收益便是生产剩余（利润），这就构成了马歇尔的要素分配理论。此后，经济学研究对生产要素的外延不断扩展，国际贸易理论家们在对“里昂惕夫之谜”[①] 进行解释时扩展了对生产要素的认识。新要素贸易理论综合了技术差距理论、人力资源理论、人力技能理论，认为在考虑国际贸易中的商品时，不但要考虑传统的资本、劳动、自然资源要素，还要考虑技术、信息等要素，从而来确定商品的比较优势。20 世纪 50 年代，美国经济学家西蒙·库兹涅茨运用统计分析方法，对各国经济增长进行分析比较后认为，一国的经济增长能力“基于改进技术，以及它要求的制度的和意识形态的调整……先进技术是经济增长的一个允许的来源”。[②] 罗默（Paul Romer，1986[③]）和卢卡斯（Robert Lucas，1988[④]）发展的新增长理论把劳动的定义扩大为人力资本，进一步从劳动力的教育水平、生产技能训练和相互协作能力等方面考察了劳动这一要素在现实中的差异性，深化了对劳动以及劳动与资本相互联系的认识，把研究与开发、知识等纳入产出增长的考察，实际上也扩展了生产要素的认识。同时，他们还把技术作为一个独立的生产要素纳入到数学模型分析。迈克尔·波特在研究国家竞争优势时，提出了综合考察各类要素，试图通过扩大生产要素的外延来说明国际竞争形成原因。波特在《国家竞争优势》[⑤] 一书中将生产要素归纳成五类，包括：人力资源、天然资源、知识资源、资本资源和基础设施。他所讨论的要素包括天然资源、气候、地理位置、非技术工人、资金、现代通讯、信息、交通等基

① 1953 年，美国经济学家里昂惕夫用投入—产出模型对 20 世纪 40 年代至 20 世纪 50 年代的美国对外贸易情况进行分析，考察了美国出口产品的资本劳动比和美国进口替代产品中的资本劳动比，发现美国参加国际分工是建立在劳动密集型专业分工基础之上的（即出口产品中的资本劳动比低于进口替代产品）。这一结果恰与 H – O 理论相悖，被学界称为“里昂惕夫之谜”。文献参见：Wassily Leontief. Domestic Production and Foreign Trade：The American Capital Position Reexamined ［J］. Proceedings of the American Philosophical Society，1953，97（4）：332 – 349.

② 西蒙·库茨涅茨．现代经济增长：事实与思考［M］．王宏昌译．中国社会科学出版社，1986：51.

③ Paul M. Romer. Increasing Returns and Long – Run Growth ［J］. Journal of Political Economy，1986，94（5）：1002 – 1037.

④ Robert E. Lucas. On the Mechaincs of Economic Development ［J］. Journal of Monetary Economics，1988，22（1）：3 – 42.

⑤ 迈克尔·波特．国家竞争优势［M］．李明轩，邱如美译．华夏出版社，2002.

础设施、受过高等教育的人力、研究机构等。

（二）生产要素的分类

上述分析表明，基于不同的研究角度和面对不同的现实问题，生产要素的内涵和外延可以不同，这既符合研究的需要，也符合人类认识发展不断深入的一般规律。对于生产要素的分类，基于认识和研究的需要也有不同。

1. 微观生产的要素分类

经济学从研究财富生产和价值创造开始，最初是基于生产中的各种投入以及各自的作用来分析的，也因此将各种投入称为生产要素。而人类的生产活动从最初的农牧业到工业再到服务业，是渐次高级化复杂化的过程，这得益于分工发展和参与生产的要素创造和种类扩大。显然针对早期农业为主的人类生产活动，主要的生产要素就是劳动和土地，而由此得到的生产成果成为人类财富积累的基础，这便如配第所言，"劳动是财富之父，土地是财富之母"。因此，早期以生产活动为基础的经济问题的研究，只将生产要素区分为两种要素是合理的，也足够分析研究相关的经济问题。随着工业发展的兴起，生产活动开展合作的程度提高，资本在工业发展所需的社会化大生产中的作用显著增强，这便是萨伊明确提出劳动、土地、资本这三个生产要素的时代背景。大工业发展对生产活动的组织逐渐显现出重要性，马歇尔敏锐的捕捉到了这一点，从而形成了对生产要素认识的进一步深化，提出"组织"即企业家经营才能这第四种生产要素。这一发展既对生产剩余的归属给出了另一种解释，也开启了非显性生产要素的多样化认识的先河。同时代的庞巴维克（1889）提出，要素应该按照使用的不同区分为技术要素和经济要素，他认为自然和劳动是生产的技术要素，土地和劳动的使用则是生产的经济要素。[①]

2. 生产要素的扩展分类

微观生产活动的三要素分类具有一定的抽象性，实际上经济学家们在进行具体分析时都进行了扩展分析。土地要素在广义上是指含土地在内的自然资源。因此，在早期经济学家的讨论中出现了不同的表达，威廉·配第称为土地，庞巴维克称为自然，萨伊称为自然力。自然资源受地理、气候等条件的影响较大，存在着经济学研究中的稀缺性。后来也成为要素禀赋理论中讨论贸易模式的重要基础之一。自然资源主要包括土地资源、矿产资源、能源

① 庞巴维克. 资本实证论［M］. 陈端译. 商务印书馆，2011.

资源、水资源、气候资源等。劳动要素更准确的讲是劳动力要素，是指能够用于生产的一切人力资源，包括体力劳动和脑力劳动。劳动力要素具有特殊性，一是在于它在社会生产过程中的不可缺少性，二是在于它以人类生产活动的主体——人为载体。劳动力又可以根据体力和脑力使用的不同分为简单劳动和复杂劳动、非技术性劳动和技术性劳动等。劳动能力的大小和获得又与人这个劳动的主体所受的教育培训等密切相关，这就需要投入。从这个意义上说，劳动能力的大小又可用人力资本来衡量。这种视角的改变又把马歇尔所讲的“组织”即企业家经营管理才能与劳动联系了起来，同时也在劳动与资本之间建立了联系。资本要素传统上又可以分为货币资本和实物资本。货币资本是指用于购买生产过程中所需的劳动等以货币形式存在的资本。从宏观上看，它与金融发展水平相关；从微观上看，它是组织社会化生产活动的根本手段。实物资本则指以机器设备、厂房等形式存在的生产手段，它与人类生产活动中积累的财富生产能力有关。因此，萨缪尔森对资本的定义是：“资本是一种不同形式的生产要素，资本是一种生产出来的生产要素，一种本身就是经济的产出的耐用投入品”。[①]

3. 经济运行中的生产要素分类

迈克尔·波特的国家竞争优势理论以生产要素外延扩展和分类为基础，研究的是国家竞争优势形成的系统性因素。他认为“生产要素是一个产业最上游的竞争条件。”[②] 他把一国所拥有的生产要素分为初级生产要素和高级生产要素。初级生产要素是指天然资源、气候、地理位置、非技术工人、资金等，高级生产要素是指现代通讯、信息、交通等基础设施，受过高等教育的人力、研究机构等。

4. 全球经济运行中的要素分类

张幼文等（2013）在《要素流动——全球化经济学原理》中根据经济全球化的客观现实，进一步拓展了要素外延，把经济运行中的要素分为生产要素、经济要素和全球化经济要素三个层次。生产要素的分类承袭了传统微观经济分析中的要素分类方法，包括一般劳动、货币资本、土地与自然资源、技术、品牌、高端人才、经营管理方法、营销网络等八种；经济要素是指无法计入企业成本但又对企业的决策产生重要影响的国内相关要素，包括

---

① 萨缪尔森．经济学（第十四版）［M］．胡代光等译．首都经济贸易大学出版社，1996.

② 迈克尔·波特．国家竞争优势［M］．李明轩，邱如美译．华夏出版社，2002.

市场化水平、市场规模、生产配套能力、要素的相对丰裕度、基础设施、区位因素、政府经济管理能力等七种；全球化经济要素是指影响一国与外部经济交流（特别是引起生产要素跨国流动）的要素，包括一国的经济开放度、贸易投资自由化的双边或区域协议、贸易投资自由化的全球协议等三种[①]。

（三）生产要素的流动性差异

在市场经济条件下，生产要素的流动往往表现为两种基本情形的多种组合，这两种基本情形为：（1）生产要素在地理空间上的移动；（2）生产要素的所有权在市场主体间的流转。从市场交易发生的角度看，后者具有极端重要性，而从生产发生的角度看，前者更具有意义。因为从本质上看，生产的过程就是生产要素组合并发生作用实现产出的过程，生产要素的空间流动性在一定程度上决定着生产的可能性。本章从生产要素的自然属性、经济属性和等级属性三个方面简单探讨生产要素的流动性差异。

生产要素的自然属性主要是指要素所具有的自然物理特性。生产要素的自然属性是决定其流动性差异的基本因素。这一属性本身已经包含了要素流动性差异。实物性的生产要素流动具有一定的限制。比如土地作为人类生产最基本的要素，由于其固着于地球表面，完全不具有流动性。而附着于土地的各种自然资源、能源则可以通过一定的运输手段流动，但这些要素的流动往往伴随着产权的转移。又如劳动力是以人为载体的，因此具有一定的流动性，但受制于人的活动范围，而人的活动范围又受习俗、文化、制度等诸多因素的影响。人口迁移理论的开创者莱文斯坦（E. G. Raven Stein）根据1881年英国人口普查中有关人口出生地和居住地的资料，开创性地提出人口迁移法则。该法则中最为重要的便是区域之间的劳动力流动强度同距离成反比，而同相关区域的人口数量成正比。再如货币资金充分的流动性也由其本质属性决定。以货币形式表现的资金，由于其便携性和法定的接受性，表现出较强的流动性。但资金的流动性又受到不同货币所属国别因素的制约。非实物性的要素流动性极高，比如技术、品牌、经营管理方法、营销网络等，基于知识和信息的生产要素借助互联网络等传统手段实现了几乎无障碍的流动。

生产要素的经济属性表现为生产要素的形成具有一定的成本。低端劳动力的成本是劳动者维持基本生活的费用，而高端劳动力的成本除此之外还需

① 张幼文等．要素流动——全球化经济学原理［M］．人民出版社，2013.

要有教育培训等成本的投入（或称为人力资本投入）。甚至连原来认为无限供给而不存在稀缺性的空气（比如清洁空气或新鲜空气），一旦作为要素投入或作为商品，也需要投入成本。因此，生产要素的提供都需要有成本的投入，而成本投入的目的是追求相应的收益。高成本投入需要有高收益作为回报，而低成本投入只能获得低收益。高成本投入的生产要素由于需要追求尽可能高的收益，就具有更强的流动性，通过流动找寻到能使它获得更高收益的地方去参与生产。一旦这类生产要素获得高收益，又提供了它克服流动障碍的能力——高收益可以承受一定的因要素流动而产生的成本。而低成本投入的生产要素正好与其相反。

生产要素的等级属性是以要素所具有的技术差异作为要素等级区分的标准，可将要素分为高级要素和低级要素。实际上，要素等级的高低反映了要素形成的成本。高级要素具有高技术含量的特征，低级要素具有低技术含量的特征。这两类要素的流动性是不一样的，高级要素的流动性高，而低级要素的流动性低。决定高级要素和低级要素流动性差异的本质原因是一致的。高级要素因为形成困难、先期投入成本大等决定了它的高稀缺性，高稀缺性又决定它的高价格和获得高收益的能力。高级要素本身具有的高价格和高收益，使它更有能力支付克服各种流动障碍的成本，以寻求更高的收益。经济激励机制决定了要素总是会寻求获得最高的价格和最大收益。也正由于高级要素上述能力，结合这一机制，显现出其更高的流动能力，从而表现出更高的流动性。也就是说，高级要素具有高流动性高收益的特性，即越流动越能寻求到更高的收益，高流动性和高收益对于高级要素来说是相互促进的过程。与高级要素相反，低级要素的首要特征是相对充裕性从而稀缺性低。这一特征决定了低级要素只能在市场中被动接受低价格，其收益也只能是单由其价格所决定的收益，因此只能得到低收益。这样，一方面低级要素缺乏流动的激励，另一方面无法支付要素流动的额外成本，从而导致其不易流动。

因此，从生产要素流动性差异角度，可以将生产要素分为三类，即高流动性、低流动性以及完全不流动。这种流动性的差异来源于不同生产要素的自然属性、经济属性和等级属性。

三、生产要素跨国流动的机制

（一）生产要素流动的一般机制

俄林认为，“使劳工和资本家克服障碍的刺激因素主要是接受较高价格

（高工资、高利息）的愿望。”于是，“生产要素由价格较低地区流向价格较高地区。”① 俄林还详细讨论了影响劳动力和资本国际流动的特征和决定因素，并讨论它们与国际贸易之间的关系，也分析了阻碍生产要素国际流动的一些因素，包括限制移民和限制资本流入流出的政府规制。俄林对生产要素国际流动及与国际贸易关系的分析是全面的和具有先导性的。但限于当时的经济现实，俄林分析生产要素国际流动的对象主要局限于劳动力和资本。但他已完整地揭示出了生产要素国际流动的动力机制，生产要素的价格和收益差异决定了生产要素的流向。

（二）影响生产要素流动的因素

生产要素流动性差异是影响生产要素流动的基础性因素，只要生产要素本身是可流动的，那么合适的价格和收益差异必将引起生产要素的流动。除了上述生产要素各种特性形成的流动差异性外，在全球化经济下，经济制度与经济政策是影响生产要素流动的重要因素。

就经济制度而言，一般自由开放的经济制度大都能够促进生产要素的流动。因为真实的价格信号和畅通的信息传递保证了生产要素价格的有效发现，从而形成生产要素流动的激励机制。实施开放政策的国家，几乎全部采用市场经济体制，其结果是促进了生产要素的流动，包括吸引外来要素流入和本国要素的流出。

就经济政策而言，投资政策、贸易政策和人才政策是典型的对要素国际流动具有直接针对性或明确影响的政策。投资政策是直接针对要素流动的一项经济政策。投资政策名义上是针对资本，本质上是作用在以资本为载体的各种要素（比如技术、管理等）上，或者通过设置外资的产业投向，达到以资本为载体的要素的筛选。投资政策中影响要素跨国流动的主要是各国关于外来投资和对外投资方面的政策。在经济全球化深入发展的当今世界，每一个对外开放的国家，无论发达国家还是发展中国家，都有针对外来投资和对外投资的政策。总体趋势是逐步放宽对各类投资的限制。表 4 - 1 列出了 2000—2011 年世界各国有关跨国投资政策调整的情况。

单纯的贸易政策只对贸易本身产生影响，但在生产要素国际流动的情况下，则会对生产要素的国际流动产生间接的但又明显的影响。比如一国以出口为导向，在生产要素跨国流入的情况，规定外资企业的产品只能出口而限

① 伯特尔·俄林．区际贸易与国际贸易［M］．逯宇铎等译．华夏出版社，2008.

表 4-1　　2000—2011 年国家规制调整（措施数量）

项目	2000年	2001年	2002年	2003年	2004年	2005年	2006年	2007年	2008年	2009年	2010年	2011年
发生变化的国家数量（个）	45	51	43	59	80	77	74	49	41	45	57	44
规制调整数量（项）	81	97	94	126	166	145	132	80	69	89	112	67
利于投资的调整（项）	75	85	79	114	144	119	107	59	51	61	75	52
不利于投资的调整（项）	5	2	12	12	20	25	25	19	16	24	36	15
中性（或不确定）的规制调整（项）	1	10	3	0	2	1	0	2	2	4	1	0

资料来源：贸发会议《2012 年世界投资报告》。

制其在本国市场销售，这样的一项贸易政策，客观上起到了限制要素流入或者筛选流入要素的作用。如果不限制外资企业在本国市场销售，自然更能促进生产要素流入本国。在前一种情况下，外资和相关要素流入更多地是在本国寻求低成本的低端要素。比如劳动力、土地、资源等。在后一种情况下，外资和相关要素流入可能还会考虑到生产与市场接近的因素，从而更可能吸引品牌、专利技术等高级要素的流入。因此，各国贸易政策客观上影响了跨国公司在全球的生产布局，从而影响到由跨国公司引起的生产要素的国际流动。

在知识经济时代，人才（特别是各类高级专门人才）是高级要素，是发展高新技术产业，实现产业升级优化，转变发展方式和转换发展动力的根本性因素。因此，各国均有相关的人才引进政策，主要是通过给予各种优惠条件吸引国外高级人才的流入。世界各国对人才的争夺越来越激烈，欧美国家均提出了引才政策，发展中国家也不甘落后，纷纷推出了人才引进的高优惠政策。在国际人才竞争舞台上，美国是世界上受益于人才流动最为突出的国家。它凭借自身发展优势，提供国际一流的科研条件、高薪待遇，吸引各国高层次人才移居或者受聘于美国，成为最大的人才流入国、移民受惠国。美国的引才政策与其移民政策具有衔接性，在引进高级人才时给予移民资格，这带动了一大批等待移民的人才流入。美国的高科技产业一直受惠于来自外国的优秀人才。自20世纪80年代以来，加州硅谷所创建的约3000家高科技公司中，30%是由印度裔与中国裔的移民创建的。2000年，外国移民在硅谷的公司创造了195亿美元的销售财富，并创造了7万多个工作机会。以麻省理工学院为例，其研究生约有40%来自海外。而在物理、化学领域赢得诺贝尔奖的人中，则有一半的美国人是外来移民。这对提高美国的综合国力——特别是在科技、经济和军事等领域——产生了非常深远的影响。由此可见，各国的人才引进政策增强了各类人才的跨国流动，增加了各类人才特别是高级专门人才跨国流动的数量。

第三节　生产要素国际合作与外资型贸易模式

生产要素跨国流动形成了要素的国际合作。生产要素国际合作的基本方式是易流动的相对高级要素与东道国相对低级的生产要素的合作，由流动要素主导并形成生产能力。生产要素的国际合作形成了不同于传统贸易模式的新的贸易模式——外资型贸易模式。

一、生产要素的国际合作

（一）生产要素跨国流动形成要素国际合作

学界一般认为经济全球化的主要特征是贸易自由化、金融国际化和生产一体化。生产一体化是最为关键的特征和标志。如果说贸易自由化意味着形成世界性的商品与服务交换体系，那么生产一体化则从根本上改变了世界经济运行的方式。而金融国际化则是世界性生产和交换顺利开展的润滑剂。生产一体化的基础是生产要素跨国流动以及合适的生产要素国际合作。

20世纪70年代以后，跨国公司的快速成长给经济全球化的开展提供了良好的微观基础。各国政府对资本跨境流动管制的放松，各类国际经济组织有关贸易投资自由化的协调机制不断建立以及信息技术的广泛运用，使得全球要素流动的成本大大降低，逐渐形成了生产要素的国际合作，使得世界生产一体化不断加深。生产要素跨国流动是形成生产要素国际合作的基础，而生产要素国际合作带来了生产一体化。进而影响贸易自由化和金融国际化的发展方向，促进世界性生产和交换大循环的全球化经济形成和深化发展。

（二）生产要素国际合作的方式

生产要素国际合作的方式取决于生产要素跨国流动。生产要素的流动性差异和生产要素收益的国别差异以及影响这种差异的各国经济政策共同决定了生产要素跨国流动的方向。生产要素的流动性差异是生产要素跨国流动的基本原因，高流动性生产要素更易于在国际间流动。生产要素收益的国别差异则是其跨国流动的根本动力。由于各类生产要素在全球分布不均，相对稀缺性决定了各国生产要素收益的不同，而高端生产要素从全球范围内看也是稀缺的。这就形成了由相对高端的高流动性生产要素向低流动性生产要素所在地流动并形成生产合作的基本格局。生产要素跨国流动还带来了生产要素的跨国集聚。这种生产要素跨国流动带来的生产性的要素合作是经济全球化以前所没有的。在经济全球化下，不同国家的生产要素通过跨境流动集聚在某国，针对某一产品进行合作生产。在这个过程中显现出的是各国生产要素之间的协作，而不是原先以国家为单位各国要素各自专业化生产某一产品。

（三）生产要素国际合作的影响

生产要素不存在跨国流动时，往往存在着一国要素之间的比例关系与产品生产所要求的要素比例不相吻合的情况，导致生产要素闲置或不能充分使用，也限制了原有模式下国际分工的充分发展。

生产要素的国际合作带来的一个重大影响，便是使当今世界经济的生产格局呈现出各国以某种或几种优势生产要素参与全球化经济下的国际化生产，这便是“要素合作型国际专业化”。[①] 它包含了两层意思：（1）世界各国提供不同的生产要素，通过协同合作的方式实现产品生产；（2）这种由生产要素跨国流动带来的生产要素合作，由于各国参与要素的不同，各国在国际化生产中形成了投资某类要素的某种产品或生产链某一环节的专业化生产，或称为要素供给的国家专业化[②]。这就模糊了产品生产的国别属性，进而也模糊了传统概念中商品贸易利益的归属。

在要素合作型国际专业化下，生产要素的跨国流动优化了各国境内的要素比例，将原先闲置的要素纳入生产，扩大了生产规模，也带来了国际分工的深化，即从最终产品生产的国际分工深化为要素合作型国际专业化。由此带来了中间产品贸易的兴起和最终产品贸易的扩大，增进了贸易收益形成的

---

① 张幼文．要素流动与全球经济失衡的历史影响［J］．国际经济评论，2006（3－4）：43－45.

② 张幼文．从廉价劳动力优势到稀缺要素优势——论“新开放观”的理论基础［J］．南开学报（哲学社会科学版），2005（6）：1－8，61.

基础。

然而，由于生产要素国际合作所生产的贸易产品模糊的国别属性，贸易收益的归属问题必须从要素收益的层面来衡量。在生产要素不存在跨国流动时，一国从贸易出口中获得的收益全部归属本国，因为参与贸易产品生产的所有要素都归本国所有，其归属无非是本国不同要素所有者之间的分配而已。因此，从国家层面看贸易收益的分析无需区分要素所有者。但生产要素国际合作形成的贸易出口所带来的贸易收益，则由于参与生产的各类要素所有者来自不同的国家，因此，即使从国家层面分析贸易收益也要从要素收益的角度进行分析，以区分贸易收益中东道国所得和国外流入要素所得。

二、外资型贸易模式的形成与比较

生产要素的国际合作是全球化经济的重要表现形式，形成了全球贸易发展新的动力。这种因生产要素跨国流动引起的要素国际合作，产生了一种本书称为外资型贸易模式的新的有别与传统贸易理论所探讨的贸易模式。

（一）外资型贸易模式及其形成过程

外资型贸易模式是指基于外商直接投资的贸易现象及其结构。凡是由外商直接投资（FDI）参与形成生产能力并开展的进出口贸易即可认为是外资型贸易模式。从国家的角度来看，当一国相当部分的进出口贸易是由外商投资企业形成时，则可称这个国家主导的贸易模式是外资型贸易模式。由外商独资企业形成进出口贸易是典型的外资型贸易模式，合资企业和合作企业形成进出口贸易也是外资型贸易模式的一种表现形式。由于外商直接投资是生产要素跨国流动的载体，因此外资型贸易模式是与生产要素跨国流动相联系的、从要素所有权的角度出发以及贸易产生的原因的角度探讨的一种贸易模式，不同于传统贸易理论讨论的以生产要素不跨国流动为前提、从商品生产国角度出发以及贸易结果的角度探讨的贸易模式。因此，本书提出的外资型贸易模式的概念与传统的贸易理论所探讨的贸易模式相比，具有它的“特殊性”。但事实上，以往的贸易理论都只是揭示了一种贸易模式。从这个角度看，它只是从不同的视角对贸易模式的探讨，并不是真正的特殊，而且从现实发展来看，它具有相当的普遍性。

显然，外资型贸易模式形成的基础是生产要素跨国流动，生产要素跨国流动本质上是高级高流动性要素通过跨国流动寻求更高收益的结果，它带来的是生产要素的跨国合作以及贸易商品生产地的全球选择。科技发展带来的生产过程可分性的增强，市场化发展带来的生产和交易选择的多样性促进了外资型贸易模式的形成和发展。市场内部化和外包均是跨国公司的理性选择，其背后的原因仍然是跨国公司主导的生产要素跨国流动。因此，外资型贸易模式是跨国公司主导下的贸易模式，是生产全球化条件下，世界贸易的必然表现形式。本书提出的外资型贸易模式不仅仅是研究视角和概念的创新，这种概括能更好地刻画和阐释经济全球化时代的国际贸易的表现和特征以及世界贸易快速扩大的成因。

（二）外资型贸易模式的相关概念

由于本书所称外资型贸易模式是指 FDI 参与形成生产能力并开展进出口贸易的现象及其结构。而由 FDI 参与的贸易活动涉及各种传统贸易理论提出的贸易模式与贸易方式。本节将探讨与它关系最为紧密的几个概念：加工贸易、中间产品贸易、产品内国际分工等，然后与已存在的各种贸易模式、贸易方式等相关概念进行比较分析。

1. 加工贸易

加工贸易的提法源于海关货物监管业务。海关从监管业务的需要出发将进出口贸易划分为一般贸易、易货贸易、来料加工装配贸易、进料加工贸易等 18 种形式。《中华人民共和国海关对加工贸易货物监管办法》海关总署令〔2014〕219 号对加工贸易的定义是“经营企业进口全部或者部分原辅材料、零部件、元器件、包装物料（以下统称料件），经加工或装配后，将制成品复出口的经营活动，包括来料加工和进料加工。”作为贸易活动的具体方式，加工贸易与一般贸易形成对应，只是对具体贸易活动现象的分类概括，并不涉及贸易理论对贸易模式形成原因的探究。随着中国参与经济全球化的深入，人们逐渐认识到加工贸易不仅是一种海关分类的方式，加工贸易本身还反映着生产活动跨境开展的全球化经济，反映着生产国际分工的深化。中国加工贸易出口中 80% 以上由外资企业贡献，因此中国的加工贸易大部分属于外资型贸易模式。

2. 中间产品贸易

中间产品贸易有别于传统国际贸易理论所研究的最终产品贸易。它是随着经济全球化的深入发展而产生的。根据联合国经济大类分类法（Broad Economic Catalogue，BEC），按照产品的生产过程或使用原则把商品分为三大类，即初级产品、中间产品和最终产品。“大量的国际贸易由中间产品、原材料构成，这些货物在到达最终消费者之前需要当地的进一步加工，更进一步说，几乎没有什么国际货物是没有在当地经过任何加工的纯原料或初级要素。如果生产被视为在一定范围内的有序活动，即初级原料的生产到消费者的要求的最终产品的活动，发生在这个过程中的国际贸易就是中间产品贸易。”① 解释中间产品贸易的理论包括比较优势理论、垂直专业化理论、价值链理论和市场内部化理论等。中间产品贸易是贸易与投资问题的综合反映，是投资贸易一体化条件下出现的新问题。② 可见，中间产品贸易是投资活动和贸易活动结合的产物，这里所指的投资显然是跨国直接投资。因此，形成中间产品贸易的一个重要原因是跨国公司主导跨国直接投资。由于FDI导致的中间产品贸易便属于本书定义的外资型贸易模式。我国的进口贸易额中中间产品进口占一半以上，这种状况与我国加工贸易发展具有一致性。

3. 产品内国际分工

产品内国际分工是指产品生产过程包含的不同工序和区段被分散到不同国家进行，形成以工序、区段、环节为对象的国际分工。产品内国际分工不仅包括终端产品生产制造过程的分解，也包括中间投入品生产制造过程的分解。这种分工方式既涵盖了产业间与产业内国际分工的属性和行为，又存在着与它们的显著区别。它打破了公司间和公司内贸易的界限，使得同一产品的不同生产环节或零部件既可以由分散在不同国家但隶属于同一家跨国公司的子公司完成，也可以交给毫无产权关系的外部企业以市场交易的方式完成。卢锋（2004）③ 以要素禀赋比较优势和规模经济为基础，把形成产品内国际分工的决定因素概括为以下几个方面：（1）生产过程不同工序环节空间可分离性；（2）不同生产工序要素投入比例差异度；（3）不同生产区段有效规模差异度；（4）产品及其零部件单位价值运输成本大小；（5）跨境生产活动的交易成本。金芳（2006）④ 从区位、所有权和交易机制三个维度建立了产品内国际分工的分析框架，并认为协调成本是除了各个生产环节要素密集度需求外决定产品内国际分工的另一个重要决定变量。事实上，产品内国际分工的主导权由跨国公司掌控，产品内国际分工的形成、展开和调整始终体现着以跨国公司跨国直接投资为载体的生产要素跨国流动的影响。如果

---

① Kalyan K. Sanyal, Ronald W. Jones. The Theory of Trade in Middle Products [J]. American Economic Review, 1982, 72 (1): 16 - 31.

② 陈晓红，胡小娟．跨国公司FDI与我国中间产品贸易实证分析［J］．国际经贸探索，2007，23（7）：62 - 66.

③ 卢锋．产品内分工［J］．经济学季刊，2004，4（1）：55 - 82.

④ 金芳．产品内国际分工及其三维分析［J］．世界经济研究，2006（6）：4 - 9.

产品内国际分工直接由跨国公司采用外商直接投资的形成展开，那么对应的国际贸易活动显然就是本书所称的外资型贸易模式。

事实上，本书所说的外资型贸易模式与基于传统贸易理论提出的贸易模式、贸易方式等既有联系也有区别。已往的贸易理论从商品的要素密集型、产业类别、商品分类属性、企业界限、贸易方式等视角来探讨国际贸易的模式和方式，分别形成了不同的分类（如表4－2所示），并提出了相应的贸易模式。最为典型的是要素禀赋理论所引申出来的以商品的要素密集型为区分的贸易模式。而本书所说的外资型贸易模式则是从商品生产的要素属权的角度出发进行引申和阐示。因此，外资型贸易模式可能涉及不同要素密集型的商品，既可能是产业内贸易也可能是产业间贸易，既可能是企业间贸易也可能是企业内贸易，既可能是最终产品贸易也可能是中间产品贸易，既可以是加工贸易也可以是一般贸易。判断一种贸易是否属于外资型贸易模式的关键是看形成这种贸易的生产是否有外资的参与。目前，外资型贸易模式以跨国公司的跨国直接投资为基础，主要与产品内国际分工、中间产品贸易和加工贸易方式相联系。

表4－2　　不同视角下的贸易模式和贸易方式

视角	分类
商品的要素密集型	劳动密集型、资本密集型、技术密集型
产业类别	产业内贸易、产业间贸易
商品分类属性	最终产品贸易、中间产品贸易
企业界限	企业间贸易、企业内贸易
贸易方式	加工贸易、一般贸易
商品生产的要素属权	外资型贸易、非外资型贸易

（三）外资型贸易模式与传统贸易模式的比较

1. 外资型贸易模式的形成不是基于本国比较优势的反映

传统贸易模式的形成以比较优势为基础，并反映贸易参与国的比较优势情况。而外资型贸易模式只是跨国公司通过生产要素跨国流动发展起来的一种贸易模式，因此并不是传统贸易理论所说的要素流入国比较优势的反映，甚至可能与要素流入国的比较优势完全无关。跨国公司完全可能通过生产要素跨国流动在本国建立起传统意义上不符合本国比较优势的产业并形成出口贸易。因为在跨国公司主导的要素跨国流动中，流入东道国的要素是具有高流动性的高级要素，这些要素主导着商品的生产，也决定了商品的生产率和要素密集性，由此形成的贸易出口的商品在本国没有要素流入时是不可能生产的。这便形成外资型贸易模式主导下的典型而独特的“有出口、无产业”和“有产业、无技术”的情况。

2. 外资型贸易模式的形成不是本国要素结构的反映

外资型贸易模式不同于传统贸易理论中满足一般均衡的贸易模式，即并不要求贸易参与国形成充分就业，从而受制于要素禀赋理论中要求的各种条件。但两者间也存在一定的联系。由于生产要素跨国流动取决于要素相对稀缺性所决定的收益，因此从根本上讲，外资型贸易模式的形成也取决于一国各类要素的相对稀缺性，但主要表现在国际分工或生产要素合作过程中的地位。一国具有生产国际化分段中的要素投入要求的相关要素时，就具备了形成外资型贸易模式的条件。换言之，这些要素将成为吸引外资进入的因素从而形成外资型贸易模式。然而，这种贸易模式下所形成的产品出口与传统贸易理论分析得到的贸易模式下的产品出口表现迥异。传统贸易理论中只能出口与本国要素禀赋结构一致的产品，而在外资型贸易模式下这种限制已被打破，它可能出口与本国要素结构完全不符的最终商品、中间产品。因此，外资型贸易模式并不完全反映本国的要素禀赋结构。

3. 外资型贸易模式更多表现为企业内贸易的形式

外资型贸易模式由要素跨国流动引起，由跨国公司主导，实际上是跨国公司全球商品生产链布局的结果。外资型贸易模式下出口企业是外商投资企业，无论这些出口企业出口的是中间产品还是最终产品，都是跨国公司产品链从研发设计到市场销售中的一个环节，因此往往表现为企业内贸易的形式。从这个意义上讲，企业内贸易的本质是外资型贸易模式。

由此，本书以外资型贸易模式为核心概念的贸易模式研究与传统贸易理论的贸易模式研究存在以下三个方面的差异：一是传统贸易理论主要是从贸易的结果即商品的不同分类来定义贸易模式，而本书从贸易的生产成因进行定义；二是传统贸易理论主要是从贸易商品生产的属地差异（商品生产国）着手进行分析，而本书从贸易商品生产的投入要素的属权差异（要素提供国）着手进行分析；三是传统贸易理论从产品（包括中间产品）的角度分析贸易模式，本书从要素的角度分析贸易模式。

第五章
要素流入的结构效应
——外资型贸易模式的结构特征

外资型贸易模式既是一种贸易现象，也反映着贸易结构。外资型贸易模式是要素跨国流入的结果，因此它是要素流入的结构效应的外在表现。探讨要素流入的结构效应可以通过外资型贸易模式的结构特征分析进行剖析。本章首先探讨要素流入的结构效应形成机制，并从出口结构、分工结构、产业结构和区域结构等剖析其内涵，构建要素流入的结构效应分析框架。其次，从上述四个方面对中国外资型贸易模式的结构特征进行了实证。

第一节　要素流入的结构效应机制与内涵

一、要素流入的结构效应形成基本机制

要素流入是由跨国公司主导的。跨国公司在本国的存在形式是外资企业。外资企业主导的对外贸易便是外资型贸易模式。要素流入改变了本国要素结构存在的形态，外资企业的存在改变了企业生产组织的形式，外资企业出口生产的选择改变了产业的结构和区域形态，形成了一系列的结构效

应（如图5－1所示）。这些结构效应从传统贸易理论的视角看存在着诸多矛盾。

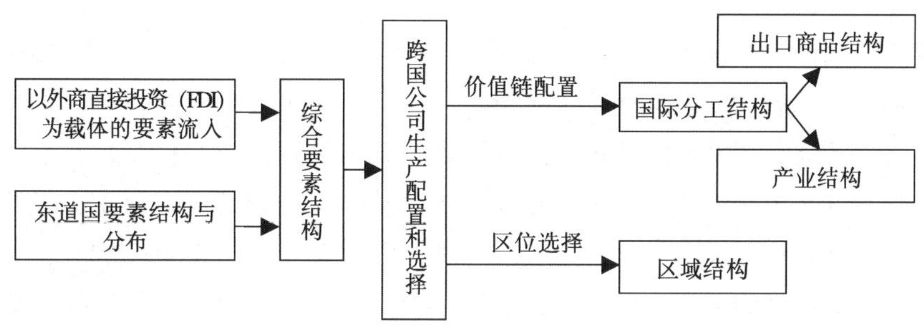

图5－1　要素流入的结构效应形成机制

由跨国公司主导的以外商直接投资（FDI）为载体的要素流入与本国要素结合，形成了跨国公司支配的综合要素结构，构成了外资企业出口生产的基础。由于跨国公司掌握着易流动的高级要素，并掌握着相关商品的全球生产链，形成了由跨国公司主导的生产、配置和选择。跨国公司通过要素流动配置和选择生产是对包括生产成本、交易成本、协调成本等在内的从生产到商品销售形成的综合成本的最小化决策过程。跨国公司主导的全球商品生产链以及相对应的价值链分工是形成要素流入的结构效应的基础和关键。外商投资企业开展的围绕进出口贸易的生产活动均是在这一链条上的具体展开。价值链配置从以下方面改变了原有的国际分工方式：（1）国际分工不再局限于以完整的最终商品生产为界限的分工，即进入产品内国际分工；（2）产业内国际分工不再严格局限于一国的要素禀赋结构，此时的要素流入改变了一国的要素结构，形成的是综合要素结构。

要素流入的国际分工结构取决于以下两个方面：一方面是跨国公司价值链分工的展开方式及东道国相关政策因素的影响；另一方面是东道国要素禀赋结构和水平。要素流入的国际分工结构决定着其出口商品结构和出口产业结构。当区位差异引起的交易成本（包括运输成本、市场因素、政策因素等）差异明显时，要素流入就表现出明显的区域结构。

二、外资型贸易模式出口结构特征

外资型贸易模式出口结构特征显示要素流入的商品出口结构效应。外资型贸易模式出口结构的一个典型特征是出口结构会出现明显不同于本国要素禀赋结构优势的情况，即不符合传统比较优势理论所推测的出口商品结构。由于跨国公司主导要素流入，流入要素又是相对高级的要素。因此，形成这一特征的原因主要有以下几个方面：(1) 跨国公司主导的高级流入要素决定着出口商品的类别属性，而这些要素可能是本国没有的或者是十分稀缺的，即仅靠发挥传统的比较优势是无法形成商品出口的；(2) 跨国公司主导的全球生产链具有分段式特征，即使流入要素以普通的资本形式存在，通过中间产品贸易在东道国利用丰裕的低级要素生产最终产品，其出口商品也将呈现高级化特征；(3) 即使出口商品不是以最终产品的形式，而是以中间产品的形式交易，但仍然是跨国公司内部的企业内贸易，由于跨国公司本身的地位决定其最终产品仍然具有高技术、高资本密集型特征，那么在其出口结构的统计中也仍然被归入相应的类别中。这些因素决定了外资型贸易模式出口结构水平高于仅发挥本国传统比较优势所能形成的出口结构水平。

三、外资型贸易模式分工结构特征

外资型贸易模式分工结构特征显示要素流入的国际分工结构效应。外资型贸易模式分工结构的典型特征表现为出口商品结构与分工地位的不一致。本国在国际分工中的地位已不能由其商品出口结构来反映，本国处在跨国公司主导的全球产品分工链的低端。外资型贸易模式由跨国公司主导，实际上是把本国纳入到了跨国公司主导的国际分工之中，而且这种国际分工已深入到了产品内部，即进入到了“要素分工”的层面，形成了“要素合作型国际专业化”。这种“要素分工”由跨国公司产品生产链的要素需求特征决定。因此，此时本国的国际分工地位恰恰由本国要素禀赋结构水平决定，跨国公司通过设立外资企业利用本国的丰裕而廉价的要素完成产品生产链中相对低端的环节。而所谓“要素合作型国际专业化”就意味着在本国要素禀赋结构无法改变的情况下，以低端要素参与国际分工的锁定。

四、外资型贸易模式产业结构特征

外资型贸易模式产业结构特征显示要素流入的产业结构效应。外资型贸易模式产业结构的典型特征是出现产业结构的虚假升级，形成“有出口、无产业”，“有产业、无技术”的状况。形成这一特征的原因是，外资型贸易模式中跨国公司主导的要素流入，可以迅速在本国建立以出口为导向的产业，但这些产业完全是跨国公司通过要素流入主导的，虽然本国有大量的某一产业的产品出口，但实际上这一产业并不是本国通过经济建设或结构升级发展起来的，仅是出口统计意义上的产业存在，不是本国拥有意义上的产业存在，即有出口而无产业。即使这种产业是事实意义上的存在，但由于产业所需的核心技术仍然掌握在跨国公司或外资企业手中，本国仍然缺少对该产业的掌控能力，也无法自主拓展产业链条，无法形成有支撑的产业发展和结构升级。但不能否认，这种产业存在即使无法由本国主导，仍然具有一定的产业延伸和带动作用（即溢出效应）。

五、外资型贸易模式区域结构特征

外资型贸易模式区域结构特征显示要素流入的区域结构效应。外资型贸易模式区域结构的典型特征是明显的以运输成本为主导的交易成本决定的区域和地理偏向，从而形成明显的区域结构特征。由于外资型贸易模式的形成是跨国公司主导的生产要素跨国流动的结果，其目的是寻求利润最大化或成本最小化，考虑到贸易开展的便利性等影响交易成本的因素，为便利外资型贸易模式的开展，外资企业更多出现在沿海临近港口等交通便捷的位置。这样，外资型贸易模式出口就具有显明的区域结构或称地区差异。这对本国产出的区域结构和出口的区域结构带来很大的影响，并带来本国国内要素流动特别是劳动力流动并集聚到这些区域。

第二节　中国外资型贸易模式概况

外资型贸易模式源于跨国公司主导的以外资为载体的要素跨国流入。本节从外资流入、外资企业出口等方面概述中国外资型贸易模式的基本情况。

一、外资流入行业分布

中国外资流入与改革开放同步。截至 2011 年，中国累计实际利用外资额已接近 1.2 万亿美元。国家数据库统计数据显示，1983—2011 年，中国累计实际利用外资达到 11626.28 亿美元。自 20 世纪 90 年代以来，中国实际利用外资呈现快速上升之势（如图 5 - 2 所示）。1992 年起，中国年实际利用外资达到百亿美元水平。2010 年，中国年实际利用外资达到了千亿美元规模。中国实际利用外资规模仅次美国，已连续20年居发展中国家首位。

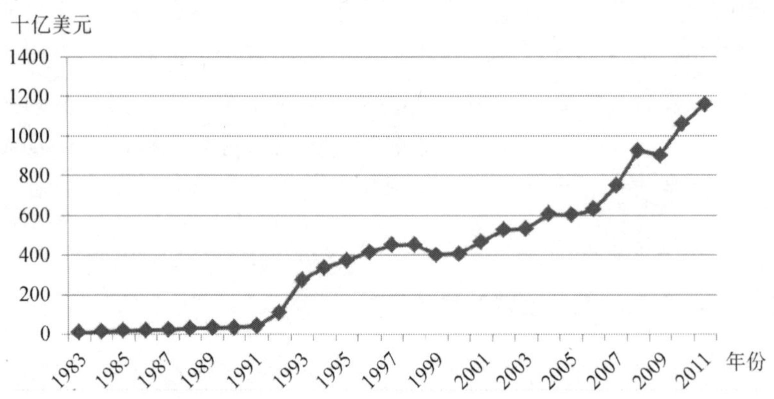

图5-2 1983—2011年中国实际利用外商直接投资规模

资料来源：历年《中国统计年鉴》。

由于中国分行业实际利用外商直接投资的统计数据最早起始于1997年，本书根据通行的方法把各个行业归并到三次产业中，形成了表5-1。从中国利用外资的三次产业分布看，第二产业一直以来是利用外资的主要产业（如图5-3所示）。2004年，中国第二产业实际利用外资金额占实际利用外资总额的比重在历年中最高，为74.98%。1997—2011年，中国累计实际利用外资金额中第二产业所占比重为58.64%。第三产业居于次席，而第一产业实际利用外资的比重始终在2%以下，最低年份不足1%。第二产业中制造业是主要的行业大类。制造业实际利用外资金额占第二产业实际利用外资金额的比重一直保持在90%以上。制造业实际利用外资金额占实际利用外资总额比重年均达到54.33%，历年中最高达到70.97%。制造业正是全球形成商品生产链的起始，也是主要的领域。自2008年中美国次贷危机引起的全球性金融危机以来，中国实际利用外资的产业分布开始出现转变，主要表现在自2011年起第三产业实际利用外资的规模和比重开始超过第二产业（如表5-1所示）。一方面，这与世界经历金融危机后陷入经济复苏乏力有关；另一方面，这也与中国大力推进产业结构调整带来的对外资吸引政策的调整有关。

表 5-1　1997—2012 年中国各个产业实际利用外商直接投资情况[①]　单位：亿美元

年份	总计	第一产业	第二产业	其中：制造业	第三产业
1997	452.57	6.28	325.7	281.2	120.6
1998	454.63	6.24	313.27	255.82	135.12
1999	403.19	7.1	277.8	226.03	118.29
2000	407.15	6.76	295.75	258.44	104.64
2001	468.78	8.99	347.98	309.07	111.81
2002	527.43	10.28	394.65	368	122.5
2003	535.05	10.01	391.79	369.36	133.25
2004	606.3	11.14	454.63	430.17	140.53
2005	603.25	7.18	446.92	424.53	149.1
2006	630.2	5.99	425.07	400.77	199.15
2007	747.68	9.24	428.61	408.65	309.83
2008	923.95	11.91	532.56	498.95	379.48
2009	900.33	14.29	500.76	467.71	385.28
2010	1057.35	19.12	538.6	495.91	499.63
2011	1160.11	20.09	557.49	521.01	582.53
2012	1117.16	20.62	524.58	488.66	571.96
合计	10995.13	175.24	6756.16	6204.28	4063.7

数据来源：作者根据历年《中国统计年鉴》整理计算得出。

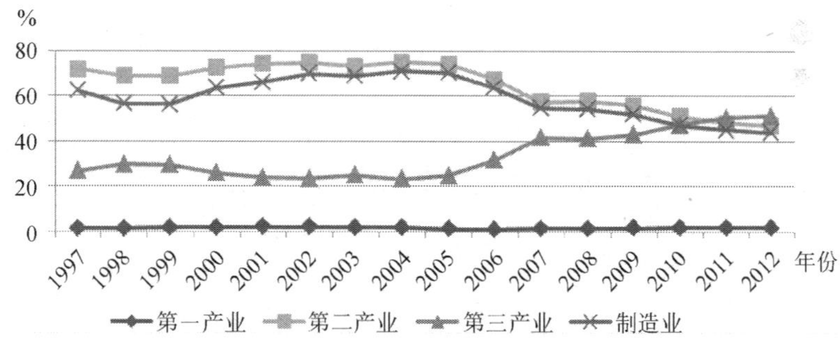

图 5-3　1997—2012 年中国各个产业实际利用外资占比情况

数据来源：作者根据历年《中国统计年鉴》整理计算得出。

---

① 第一产业是指农、林、牧、渔业。第二产业是指采矿业，制造业，电力、燃气及水的生产和供应业，建筑业。第三产业是指除第一产业和第二产业以外的其他行业，包括：交通运输、仓储和邮政业，信息传输、计算机服务和软件业，批发和零售业，住宿和餐饮业，金融业，房地产业，租赁和商务服务业，科学研究、技术服务和地质勘查业，水利、环境和公共设施管理业，居民服务和其他服务业，教育，卫生、社会保障和社会福利业，文化、体育和娱乐业，公共管理和社会组织，国际组织。

二、外资流入地区分布

按三大地区[①]划分，中国利用外商直接投资表现出明显的地区分布差异特征。由于《中国统计年鉴》只在1998—2004年给出了各个地区实际利用外商直接投资的数据，故图5-4仅展示了1997—2003年中国三大地区实际利用外商直接投资的分布情况。数据显示，1997—2003年，外资流入主要集中在中国东部地区，中国东部地区外资流入占全国外资流入比例各年均保持在85%左右，最高时达到87%。形成了东部高、中西部低的基本格局，这种地区分布说明外资更青睐于中国东部地区。形成这种差异的原因主要有：一方面，流入中国的外资主要集中在制造业，而东部沿海地区的制造业比较发达；另一方面，制造业正是跨国公司首先展开全球商品生产链的行业，中国东部沿海地区由于海运交通便利，成为外商投资的首选地。由此可见，流入中国的外资以资源寻求型和效率寻求型为主，而非以市场寻求型为主。也就是说，流入中国的外资的主要目的是利用廉价的劳动力，通过外资带来的相关要素流入与廉价又具有较高质量的劳动力结合，形成低成本优势。

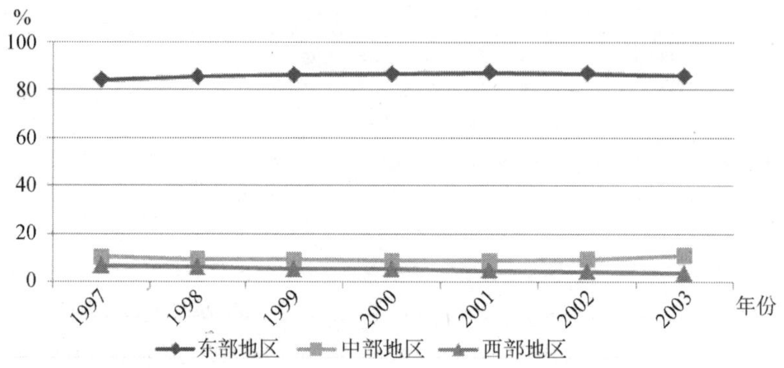

图5-4 中国三大地区实际利用外商直接投资分布

资料来源：作者根据《中国统计年鉴》（1998—2004）整理计算得出。

外资在中国东部地区内部的分布也存在着明显的差异。从图5-5可知，中国东部地区各省份外资流入尤以广东和江苏为最。这两省历年的外资流入

① 中国三大地区的划分为，东部地区包括北京、天津、河北、辽宁、上海、江苏、浙江、福建、山东、广东和海南11个省（直辖市），中部地区包括山西、吉林、黑龙江、安徽、江西、河南、湖北、湖南8个省份，西部地区包括内蒙古、广西、重庆、四川、贵州、云南、西藏、陕西、甘肃、青海、宁夏和新疆12个省（直辖市、自治区）。

量占中国东部地区外资流入量的近一半，而这两省尤以加工贸易著称。进一步证实，上述外资跨国公司通过驱动要素流入中国而将其纳入全球商品生产链和价值链的判断。

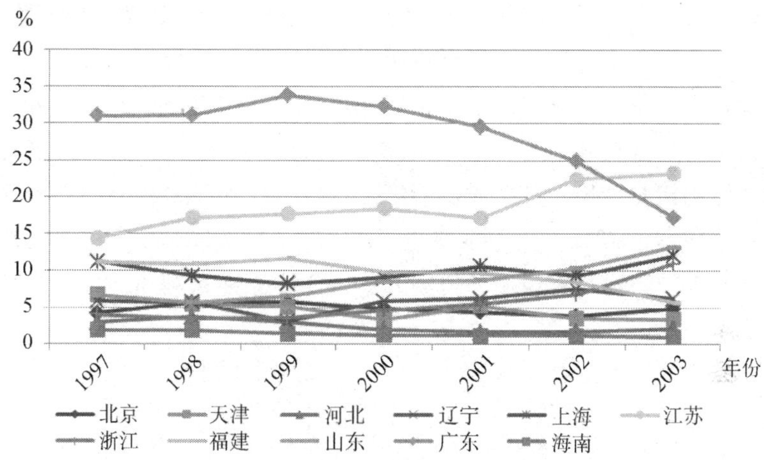

图 5－5　中国东部地区实际利用外商直接投资分布

资料来源：作者根据国家数据库计算整理计算得出。

鉴于 2004 年以来统计部门没有公布完整的中国各地区实际利用外商直接投资的数据，本书以 2004 年以来外商投资企业投资总额替代分析外资流入的区域变化。图 5－6 显示了 1992—2011 年中国三大地区外商投资企业投资额分别占当年全国外商投资企业投资总额的比重。比较图 5－6 与图 5－4 可以看出，中国三大地区外商投资企业投资占比与中国三大地区实际利用外商直接投资的占比情况高度一致。说明近二十年来，中国以三大地区衡量的外资流入地区分布基本格局没有改变。

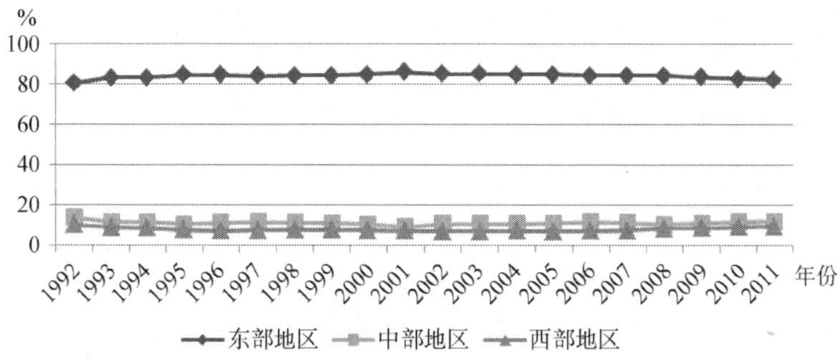

图 5－6　中国三大地区外商投资企业投资总额占全国比重

资料来源：作者根据国家数据库数据整理计算得出。

中国东部地区从外商投资企业投资总额的分布情况与实际利用外商直接投资分布情况总体相似，但略有区别（如图5－7所示）。两者的区别如下：一是外商投资企业投资总额的分布变化略滞后于实际利用外商直接投资分布的变化；二是近年来各省份实际利用外商直接投资并未形成明显梯队差异，而各省份外商投资企业投资总额形成明显的两大梯队，即以江苏、广东和上海为第一梯队，这三个省（直辖市）外商投资企业投资总额占比均超过15%。其中，广东比重逐年下降退居次席，江苏则逐年上升并已成为领头羊，而上海则相对平稳。其余省份为第二梯队。这些省份的外商投资企业投资总额比重均不足10%。这一情况与中国劳动力的流动情况和劳动力成本的变化情况基本一致。再次说明外资流入中国主要原因是利用中国相对低廉的劳动力成本。

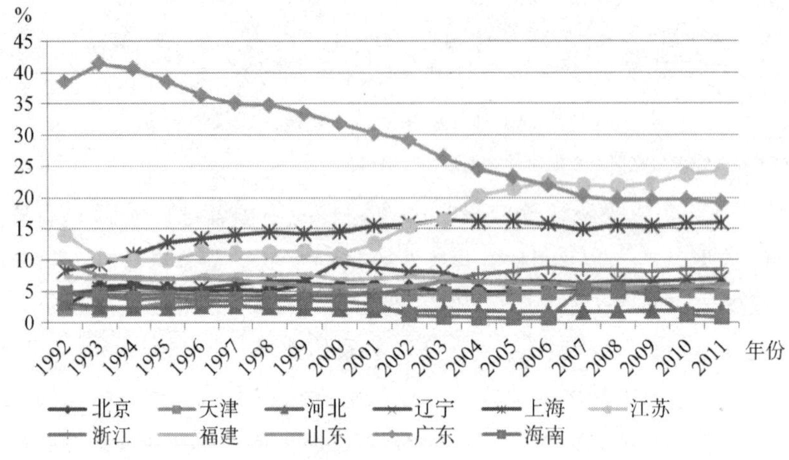

图5－7　中国东部地区外商投资企业投资总额分布

资料来源：作者根据国家数据库数据整理计算得出。

三、外资企业出口贸易

1. 总体情况

表5－2显示，在华外商投资企业进出口总额不断增长。2012年，中国外商投资企业进出口总额已达到18941.2亿美元，是1993年的28倍多，1993—2012年，年均增长达19.22%。中国外商投资企业出口总额已占中国出口总额的半壁江山。2005年这一比重达到最高值，为58.3%。近年来，受劳动力成本上升、世界金融危机影响，这一比重有所下降，但外商投资企

业出口总额仍占中国进出口总额的近一半。比较中国进口额和出口额可以看到，在华外商投资企业形成的进出口贸易主要是大进大出的加工贸易。从净出口（即贸易顺差）看，中国外商投资企业经历了前期的投资后，特别是全球商品链分工发展和产业国际转移的推进，在华外商投资企业逐渐成为中国贸易顺差的主要贡献力量。特别是进入21世纪以来，从2000年的顺差份额不到10%快速增加到超过60%，2011年更是达到了创纪录的84.28%。

表5-2　　中国外商投资企业进出口情况　　单位：亿美元，%

年份	进出口总额	出口总额	出口占全国出口总额的比重	进口总额	净出口总额	净出口占全国净出口额的比重
1993	670.7	252.37	27.51	418.33	-165.96	—
1994	876.47	347.13	28.69	529.34	-182.21	—
1995	1098.19	468.76	31.51	629.43	-160.67	—
1996	1371.1	615.06	40.72	756.04	-140.97	—
1997	1526.21	749	40.98	777.21	-28.21	—
1998	1576.79	809.62	44.07	767.17	42.44	9.76
1999	1745.11	886.28	45.47	858.84	27.44	9.39
2000	2367.14	1194.41	47.93	1172.73	21.69	8.99
2001	2590.61	1332.18	50.06	1258.43	73.75	32.71
2002	3302.39	1699.85	52.21	1602.54	97.31	31.98
2003	4721.7	2403.06	54.84	2318.64	84.42	33.14
2004	6631.76	3386.07	57.07	3245.69	140.39	43.75
2005	8317	4442	58.3	3875	567	55.59
2006	10362.69	5637.79	58.18	4724.9	912.89	51.42
2007	12551.64	6953.71	56.98	5597.93	1355.78	51.29
2008	14099.21	7904.93	55.25	6194.28	1710.64	57.38
2009	12174.78	6720.74	55.93	5454.04	1266.7	64.73
2010	16006.15	8622.29	54.65	7383.86	1238.42	68.23
2011	18598.99	9952.27	52.43	8646.72	1305.55	84.28
2012	18941.2	10226.2	49.91	8715	1511.2	65.39

注：由于1993—1997年外商投资企业净出口额为负值，同期除1993年外全国净出口为正值，故不计算这些年份的比重。数据根据历年《中国统计年鉴》计算得出。

2. 地区分布

考察中国三大地区外商投资企业进出口贸易的情况，可以发现，中国三大地区外商投资企业的进出口总额、出口总额和进口总额的比重与前述外资流入和外资企业投资总额分布情况相似，仍然呈现了中国东部地区占绝对主导的地位。近年来，中国三大地区的比重差距进一步拉大，与中国东部地区外资流入所占比重基本不超过85%相比，东部地区进出口总额、出口总额和进口总额的比重均超过了90%（如表5－3所示）。从1993—2012年，中国东部地区这三个比重均经历了先提升再下降的过程。最高时的2005年这三个总额的比重分别达到97.26%、97.78%和96.66%，到2012年中国东部地区的这三个比重均回落到了接近90%，中国中部和西部地区的比重开始上升。说明外商投资及其形成的进出口贸易开始向中国中部和西部转移。

表5－3　　中国三大地区外商投资企业进出口额比重　　单位:%

年份	项目	东部地区	中部地区	西部地区
1993	占进出口总额的比重	93.41	4.2	2.39
	占出口总额的比重	96.5	2.2	1.3
	占进口总额的比重	91.54	5.41	3.05
1994	占进出口总额的比重	93.89	3.61	2.5
	占出口总额的比重	96.56	2.2	1.24
	占进口总额的比重	92.14	4.53	3.33
1995	占进出口总额的比重	94.54	3.47	1.99
	占出口总额的比重	96.76	2.1	1.14
	占进口总额的比重	92.89	4.48	2.62
1996	占进出口总额的比重	94.4	3.45	2.15
	占出口总额的比重	96.43	2.37	1.2
	占进口总额的比重	92.75	4.33	2.92
1997	占进出口总额的比重	95.34	2.81	1.85
	占出口总额的比重	96.57	2.16	1.28
	占进口总额的比重	94.16	3.43	2.41
1998	占进出口总额的比重	96.02	2.52	1.46
	占出口总额的比重	96.92	1.95	1.14
	占进口总额的比重	95.07	3.12	1.81

续表

年份	项目	东部地区	中部地区	西部地区
1999	占进出口总额的比重	96.21	2.63	1.15
	占出口总额的比重	97.12	1.94	0.94
	占进口总额的比重	95.28	3.35	1.38
2000	占进出口总额的比重	96.66	2.27	1.07
	占出口总额的比重	97.04	1.92	1.04
	占进口总额的比重	96.26	2.63	1.1
2001	占进出口总额的比重	96.72	2.3	0.98
	占出口总额的比重	97.33	1.81	0.86
	占进口总额的比重	96.07	2.81	1.12
2002	占进出口总额的比重	96.93	2.1	0.97
	占出口总额的比重	97.56	1.63	0.81
	占进口总额的比重	96.26	2.6	1.14
2003	占进出口总额的比重	97.01	2.08	0.92
	占出口总额的比重	97.77	1.47	0.76
	占进口总额的比重	96.22	2.7	1.08
2004	占进出口总额的比重	97.15	1.92	0.93
	占出口总额的比重	97.79	1.5	0.7
	占进口总额的比重	96.48	2.35	1.17
2005	占进出口总额的比重	97.26	1.8	0.95
	占出口总额的比重	97.78	1.49	0.73
	占进口总额的比重	96.66	2.15	1.19
2006	占进出口总额的比重	96.99	2.01	0.99
	占出口总额的比重	97.59	1.66	0.76
	占进口总额的比重	96.29	2.44	1.27
2007	占进出口总额的比重	96.58	2.22	1.21
	占出口总额的比重	97.31	1.76	0.94
	占进口总额的比重	95.67	2.79	1.55
2008	占进出口总额的比重	95.74	2.67	1.58
	占出口总额的比重	96.66	2.14	1.19
	占进口总额的比重	94.57	3.35	2.08

续表

年份	项目	东部地区	中部地区	西部地区
2009	占进出口总额的比重	95.52	2.75	1.73
	占出口总额的比重	96.67	2.04	1.28
	占进口总额的比重	94.1	3.63	2.27
2010	占进出口总额的比重	94.97	3.1	1.93
	占出口总额的比重	96.2	2.39	1.4
	占进口总额的比重	93.53	3.93	2.55
2011	占进出口总额的比重	93.33	3.79	2.89
	占出口总额的比重	94.21	3.14	2.65
	占进口总额的比重	92.31	4.53	3.16
2012	占进出口总额的比重	91.13	4.95	3.92
	占出口总额的比重	91.45	4.36	4.19
	占进口总额的比重	90.77	5.63	3.6

注：由于统计原因，表中数据总和可能与100%略有差异。表中数据根据历年《中国统计年鉴》计算得出。

然而进一步比较中国三大地区外商投资企业净出口额（如表5－4所示），可以发现中国中西部地区的外商投资企业所贡献的仍然是贸易逆差，虽然这个差值开始回落，而且在2012年中国西部地区出现顺差，但这仅说明中国中西部地区仍处于外资企业出口贸易扩张的初期，或者尚未被跨国公司大规模的纳入其全球商品生产链中。分析其原因，一方面是由于中国中西部地区的各类成本相对较高，特别是运输和商务成本；另一方面也与当地制造业发展相对薄弱有关。

表5－4　　中国三大地区外商投资企业净出口额比较　　单位：亿美元

年份	东部地区	中部地区	西部地区
1993	－139.42	－17.06	－9.48
1994	－152.54	－16.35	－13.32
1995	－131.11	－18.36	－11.19
1996	－108.15	－18.15	－14.68
1997	－8.51	－10.52	－9.2
1998	55.32	－8.17	－4.71
1999	42.46	－11.52	－3.5

续表

年份	东部地区	中部地区	西部地区
2000	30.19	-7.92	-0.57
2001	87.66	-11.29	-2.66
2002	115.1	-13.98	-4.49
2003	118.39	-27.31	-6.85
2004	179.8	-25.38	-14.03
2005	597.88	-17.49	-13.43
2006	951.68	-21.92	-17.63
2007	1411.27	-34.01	-21.47
2008	1783.36	-38.09	-34.62
2009	1364.87	-60.5	-37.68
2010	1388.88	-83.57	-66.89
2011	1393.49	-79.24	-8.69
2012	1441.23	-44.27	114.25

数据来源：作者根据历年《中国统计年鉴》整理计算得出。

第三节　外资型贸易模式中的出口结构

外资型贸易模式出口结构特征表现为与传统比较优势之间的矛盾。本节通过分析中国出口商品结构的快速提升以及外资企业出口在其中的地位和作用，揭示和实证了这一矛盾的存在。同时，基于外资型模式在中国比重较大的实际，分析了其对中国出口结构产生的影响。

一、中国的出口商品结构

（一）按初级产品和工业制成品分类的出口产品结构

按照国际贸易标准分类，出口产品可分为初级产品和工业制成品。表5-5显示，中国出口商品的总量逐年提高，从1980年的不足200亿美元增长到2012年的超过20000亿美元，32年间增长了113倍多，年均增速达到15.92%。初级产品出口从1980年的91.14亿美元增长到2012年的1005.58亿美元，增长了11倍多，年均增速为7.79%。工业制成品出口从1980年的

90.05 亿美元增长到 2012 年的 19481.56 亿美元，增长了 216 倍多，年均增长率高达 18.3%。这两类产品出口均获得了较快的增长，但两者的增速表现出明显的差异。工业制成品出口增速是初级产品出口增速的 2.35 倍。因此，将出口产品按初级产品和工业制成品分类时，中国的出口商品结构，表现出明显的趋势特征，即初级产品出口比重不断下降，工业制成品出口比重不断上升（如图 5-8 所示）。初级产品出口从 1980 年的占出口总额的半壁江山（50.3%）逐渐下降到 2012 年的不足总出口的 1/20（4.91%），与此同时工业制成品出口占据了绝对主导地位。

表 5-5　按国际贸易标准分类的中国出口商品分类金额　单位：亿美元

年份	总额	初级产品	工业制成品	年份	总额	初级产品	工业制成品
1980	181.19	91.14	90.05	1997	1827.92	239.53	1588.39
1981	220.07	102.48	117.59	1998	1837.09	204.89	1632.20
1982	223.21	100.50	122.71	1999	1949.31	199.41	1749.90
1983	222.26	96.20	126.06	2000	2492.03	254.60	2237.43
1984	261.39	119.34	142.05	2001	2660.98	263.38	2397.60
1985	273.50	138.28	135.22	2002	3255.96	285.40	2970.56
1986	309.42	112.72	196.70	2003	4382.28	348.12	4034.16
1987	394.37	132.31	262.06	2004	5933.26	405.49	5527.77
1988	475.16	144.06	331.10	2005	7619.53	490.37	7129.16
1989	525.38	150.78	374.60	2006	9689.78	529.19	9160.17
1990	620.91	158.86	462.05	2007	12204.56	615.09	11562.67
1991	719.10	161.45	556.98	2008	14306.93	779.57	13527.36
1992	849.40	170.04	679.36	2009	12016.12	631.12	11384.83
1993	917.44	166.66	750.78	2010	15777.54	816.86	14960.69
1994	1210.06	197.08	1012.98	2011	18983.81	1005.45	17978.36
1995	1487.80	214.85	1272.95	2012	20487.14	1005.58	19481.56
1996	1510.48	219.25	1291.23				

数据来源：历年《中国统计年鉴》。

（二）按资源密集型、劳动密集型和资本密集型分类的出口产品结构

按照联合国的分类方法，初级产品又被归为资源密集型产品，工业制成品中的化工产品和机械及运输设备被归为资本密集型产品，其他产品则被归为劳动密集型产品（傅朝阳、陈煜，2006）。实际上是把国际贸易标准分类

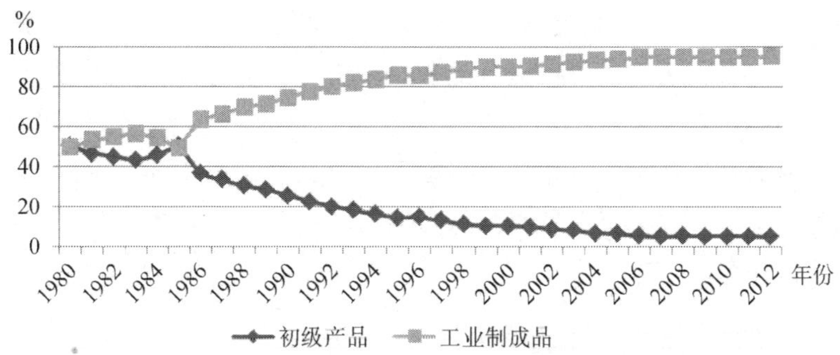

图 5－8　按国际贸易标准分类的中国出口产品结构

资料来源：作者根据历年《中国统计年鉴》整理计算得出。

中的工业制成品进一步区分为资本密集型和劳动密集型。按国际贸易标准分类分析出口商品结构，1986 年是一个重要的时间节点。这一年，中国工业制成品出口规模超过初级产品出口规模。自此，中国工业制成品出口规模开始与初级产品出口规模拉开差距，逐渐占据中国出口的主导地位。中国的出口商品结构变化主要是工业制成品中的资本密集型产品和劳动密集型产品出口比重的变化。图 5－9 显示了中国出口商品结构变化。

1985 年以前，中国资源密集型产品出口处于主导地位，劳动密集型产品出口次之，资本密集型产品出口占中国总出口比重维持在 10% 左右。这一时期资源密集型产品出口所占比重虽然有所波动，但不影响其出口主导地位，并于 1985 年达到历史最高位，占出口比重达到 50. 56% 。1986 年，资源密集型产品出口比重急剧下降到 36. 43% ，而劳动密集型产品出口比重则从 1985 年的 41. 65% 快速上升为 54. 43% 。

1986—2002 年，中国劳动密集型产品出口处于绝对主导地位，但劳动密集型产品出口比重先升后降，资本密集型产品出口比重不断上升。这一时期，劳动密集型产品出口比重变化虽然有所波动，但大体经历了先上升后下降的过程，从 1986 年的 54. 43% 上升到 1991 年的 62. 26% 再缓慢下降到 2002 年的 47. 53% 。资源密集型产品出口比重则呈现不断下降，从 1986 年的 36. 24% 下降到 2002 年的 8. 77% 。而资本密集型产品出口比重与资源密集型产品相反，呈现稳步上升趋势，从 1986 年的 9. 14% 上升到了 2002 年的 43. 70% ，逐步接近劳动密集型产品出口的比重。1992 年是个分水岭，这一年资本密集型产品出口比重从 1991 年的 15. 27% 快速上升为 20. 68% ，超过当年资源密集型产品出口比重 20. 02% ，跃居第二位。

自2003年以来，资本密集型产品出口占据中国出口产品的主导地位。2003年，资本密集型产品出口比重达到47.32%，超过劳动密集型产品的比重2.58个百分点，并于2005年超过中国总出口的一半，达到50.92%。自此，资本密集型产品出口开始成为中国出口产品的绝对主导。中国的出口商品结构完成了以劳动和资源密集型低附加值产品为主向资本密集型高附加值产品为主的转变。

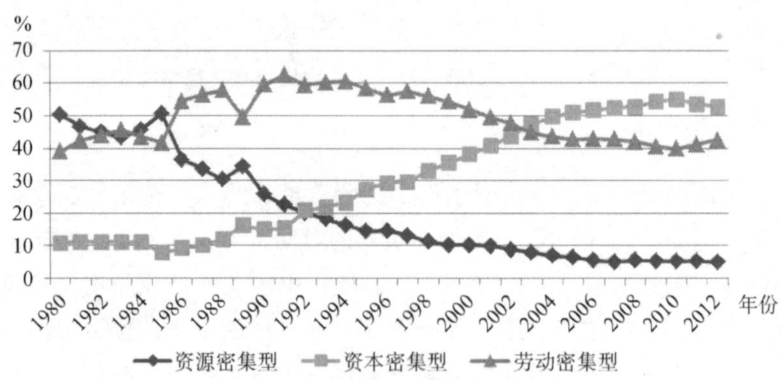

图5－9　按联合国分类方法划分的中国出口商品结构

资料来源：作者根据历年《中国统计年鉴》整理计算得出。

（三）机电产品和高新技术产品出口

机电产品和高新技术产品出口已成为中国工业制成品出口中的重要组成部分，这两类商品出口的变化可从另一个侧面反映中国出口商品结构的变化。

自20世纪90年代以来，中国机电产品出口一直保持着两位数的增长速度。1996年，中国机电产品出口总额为482.02亿美元，2011年突破了1万亿美元，达到了10855.89亿美元，15年间增长了22.52倍，年均增长率达23.1%。中国机电产品出口占工业制成品出口的比重则从1996年的37.3%上升到了2011年的60.4%，中国机电产品出口占商品出口总额的比重从1996年的31.9%上升到了2011年的56.9%。虽然这两个比重近两年有所下降，但机电产品出口已占据了制成品出口的主导地位（如图5－10所示）。

中国高新技术产品出口从20世纪90年代以来也保持了两位数的增长速度。1992年，中国高新技术产品出口总额仅为40亿美元，而2011年则达到了5489.7亿美元，近二十年间增长了137倍，年均增速达29.56%。中国高新技术产品出口占工业制成品出口的比重则从1992年的5.9%上升到了2011

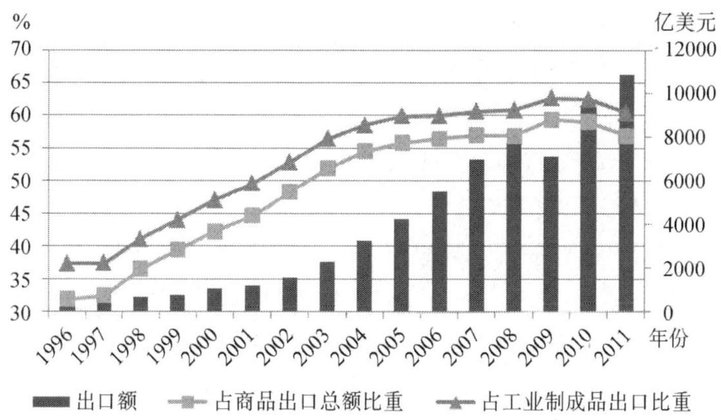

图 5-10　中国机电产品出口总额及其比重

资料来源：历年《中国统计年鉴》。

年的 30.5%，中国高新技术产品出口占商品出口总额的比重从 1992 年的 4.7% 上升到了 2011 年的 28.9%，且这两个比重已分别多年保持在 40% 和 30% 左右，说明高新技术产品出口已成为中国出口商品中的重要组成部分（如图 5-11 所示）。

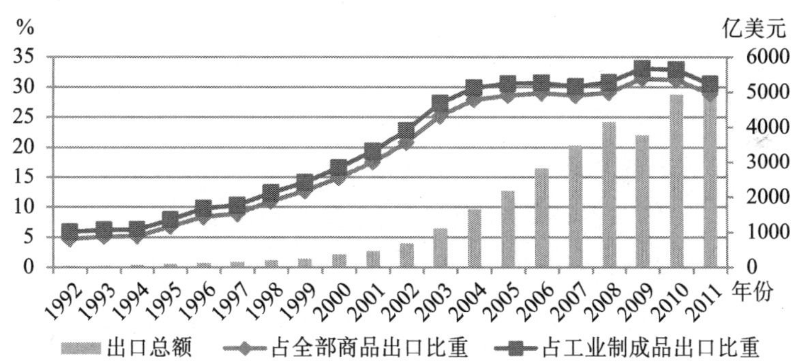

图 5-11　中国高新技术产品出口总额及其比重

资料来源：历年《中国统计年鉴》、《中国高技术产业数据》。

（四）贸易方式结构

中国出口商品结构变化与贸易方式的结构变化有密切的联系。两者表现出一致的演进特征，即具有较明显的阶段性特征。

1981—1992 年，贸易方式结构的阶段性特征表现为一般贸易方式为主，但一般贸易所占比重呈快速下降，而加工贸易所占比重则呈现快速上升趋势。1981 年，中国一般贸易比重为 94.5%，且该比重由 1982 年的 99.66%

一直下降到1992年的51.42%，11年间一般贸易比重下降近一半。1981年，加工贸易比重为5.14%，且该比重自此一直保持上升态势至1992年的46.64%。虽然这一阶段贸易方式从一般贸易方式向加工贸易方式的转换十分迅速，但总体上一般贸易仍是主要的贸易方式。

1993—2010年，中国贸易方式结构表现为加工贸易方式为主的特征。1993—1995年，中国一般贸易方式与加工贸易方式呈现交错主导，中国一般贸易各年比重分别为47.08%、50.87%和47.97%，而中国加工贸易各年比重分别为48.23%、47.09%和49.54%。自1996年起，中国加工贸易方式占据主导，当年中国加工贸易的比重达到55.83%，并呈现了先升高后下降的特征。加工贸易比重最高值为1999年的56.88%。一般贸易方式则呈现了相反的变化趋势（如图5-12所示）。

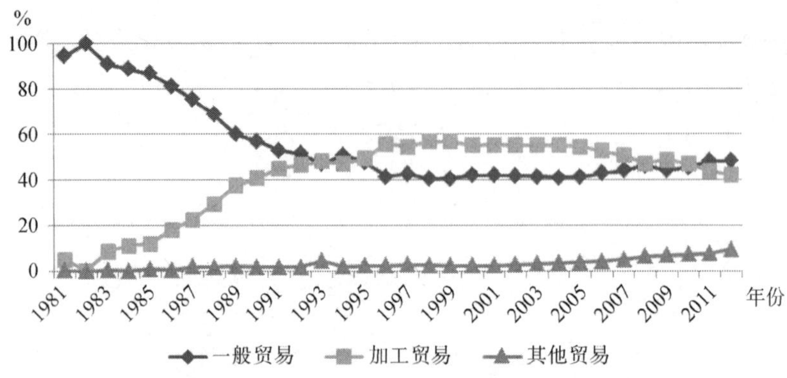

图5-12 按贸易方式划分的出口结构

资料来源：作者根据历年《中国统计年鉴》整理计算得出。

2011年以后，中国一般贸易方式的比重再次超过加工贸易方式，重新取得了主导，加工贸易方式比重呈趋势性下降。据中华人民共和国海关总署（以下简称“海关”）的统计数据显示，截至2013年10月，当年累计加工贸易出口比重为38.81%，一般贸易出口比重为49.21%。图5-12显示，2005年已经呈现出加工贸易比重下降、一般贸易比重上升的趋势，而且其他贸易方式的比重也开始上升。

中国的加工贸易方式在海关统计中又被分为来料加工装配贸易和进料加工贸易两类。按海关的解释，来料加工装配贸易是指由外商提供全部或部分原材料、辅料、零部件、元器件、配套件和包装物料，必要时提供设备，由我方按对方的要求进行加工装配，成品交对方销售，我方收取工缴费，对方提供的作价设备价款，我方用工缴费偿还的交易形式。进料加工贸易是指我方用外汇购买进口的原料、材料、辅料、元器件、零部件、配套件和包装物料，加工成品或半成品后再外销出口的交易形式。由此可知，这两种贸易方式均是受制于外商，并且贸易中的收益主要来自于劳动报酬。但相比而言，在进料加工贸易中，我方具有更大的自主权，并有助于延长中国的产业链，从而获得更多的贸易收益。

1994 年以来的数据显示（如图 5－13 所示），中国加工贸易出口中进料加工贸易占有绝对优势。但从加工贸易方式内部结构的变化中不难发现，2000 年为分界点区分出两个明显的阶段：在 2000 年以前，中国进料加工贸易与来料加工装配贸易各自所占的比重保持基本稳定，来料加工装配贸易所占比重在 30% 左右，而进料加工贸易的比重为 70% 左右；在 2000 年以后，进料加工贸易比重不断增大，2012 年该指标已经达到 88.54%，而来料加工装配贸易的比重缩小到了 11.46%。

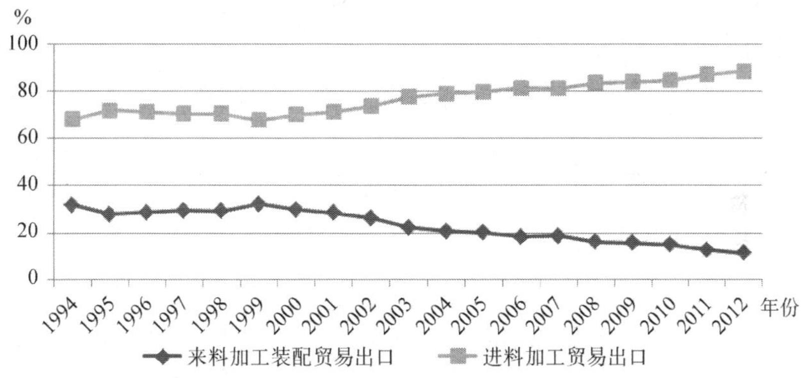

图 5－13　加工贸易方式内部结构

资料来源：作者根据历年《中国统计年鉴》整理计算得出。

二、外商投资企业在中国出口中的地位

（一）外商投资企业出口

在华外商投资企业进出口总额不断增长，特别是自 20 世纪 90 年代以来，经历了快速上升期。2012 年，中国外资企业进出口总额已达到 18941.2 亿美元，是 1993 年的 28 倍多。以 1993 年为基期，19 年间年均增长达 19.22%。特别是自 2000 年以来，外资企业出口已占中国出口的半壁江山，

最高值为2005年的58.3%。就净出口而言，外资企业从1998年开始对中国的净出口（贸易顺差）形成正的贡献，1998年贡献了中国贸易顺差的9.76%，2012年则贡献了中国贸易顺差的65.39%，最高值为2011年的84.28%，在短短的十几年间迅速成为中国贸易顺差的主要贡献者（如图5-14所示）。

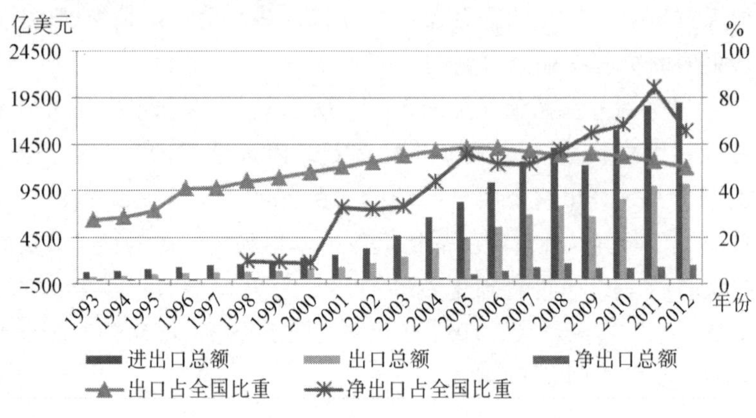

图5-14 外商投资企业出口及其比重

资料来源：历年《中国统计年鉴》。

（二）外商投资企业加工贸易出口

自20世纪90年代以来，加工贸易成为中国出口贸易的主导，占比最高时曾达到出口总额的56.88%。进一步分析发现，外资企业出口是中国加工贸易出口的主要力量（如图5-15所示）。中国加工贸易出口中外资企业出口的比重从1997年的64.06%提高到了2012年的82.89%，提高了近20个百分点，比重最高值出现在2008年，为84.75%。而加工贸易出口本身仍是在华外资企业主要的出口贸易方式。1997年，中国外资企业加工贸易出口占其总出口的比重为85.19%。虽然这一比重呈逐年下降的趋势，但2012年该比重仍然达到了69.93%（如图5-15所示）。由此可知，中国外商投资企业出口的主要贸易方式是加工贸易，而中国的加工贸易出口的主要贡献者是外商投资企业。

（三）外商投资企业机电产品出口

近年来，中国机电产品出口不断增长，而这背后主要的贡献者是外商投资企业，主要的贸易方式是加工贸易。由于无法获得完全的机电产品出口的时序数据，本章根据数据的可获得性，在考察机电产品出口（如图5-16所示）的同时，考察了机械产品出口（如图5-17所示）。

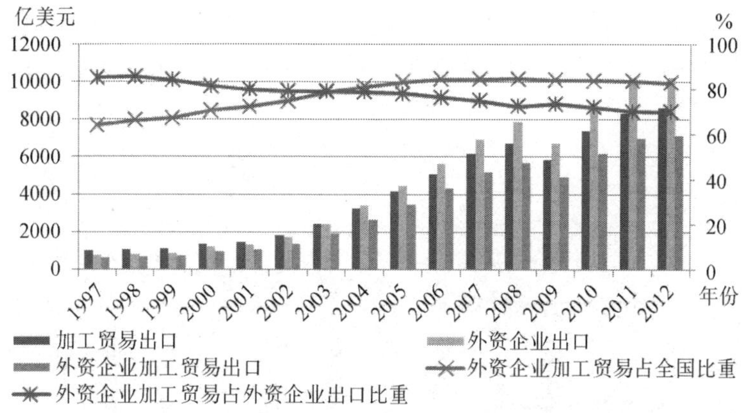

图 5－15 中国外商投资企业加工贸易出口及其比重

资料来源：《中国统计年鉴》（1998—2007）、《海关统计》。

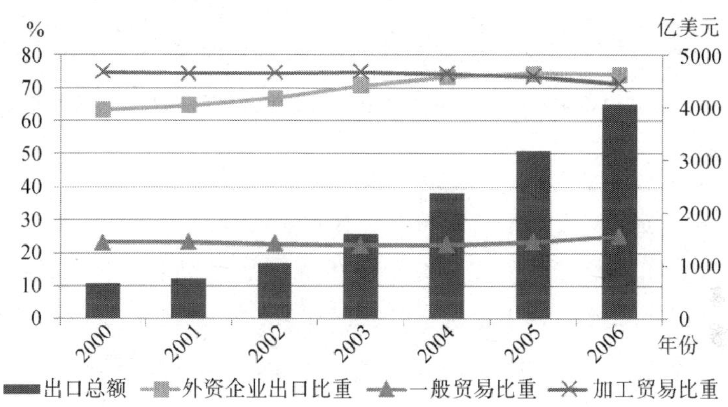

图－16 机电产品出口中外资企业出口与一般贸易、加工贸易出口比重

资料来源：作者根据历年《中国机械工业年鉴》整理计算得出。

进入 21 世纪以来，中国的机电产品出口经历了快速增长。1996—2011 年，机电产品出口从 482.02 亿美元上升到了 10855.89 亿美元。以 1996 年为基期，15 年间增长了 22.52 倍，年均增长率达 23.1%。机电产品出口占工业制成品出口的比重和商品出口总额的比重分别从 1996 年的 37.3% 和 31.9% 上升到 2011 年的 60.4% 和 56.9%，均扩大了近一倍。但进一步分析可知，以 2000—2006 年为例，中国机电产品出口表现出明显的加工贸易特征和外资依赖特征。在这一段时期内，机电产品出口中加工贸易出口比重虽略有下降，但始终保持在 70% 以上的比例，而机电产品出口中外资企业出口的比重呈不断上升之势，2000 年为 63.37%，到 2006 年则上升到 74.04%，短短6年间上升了10余个百分点，外资企业是中国机电产品出口的主导力量。由此可知，中国机电产品出口中外资企业是主要力量，而加工贸易是主要的贸易方式。

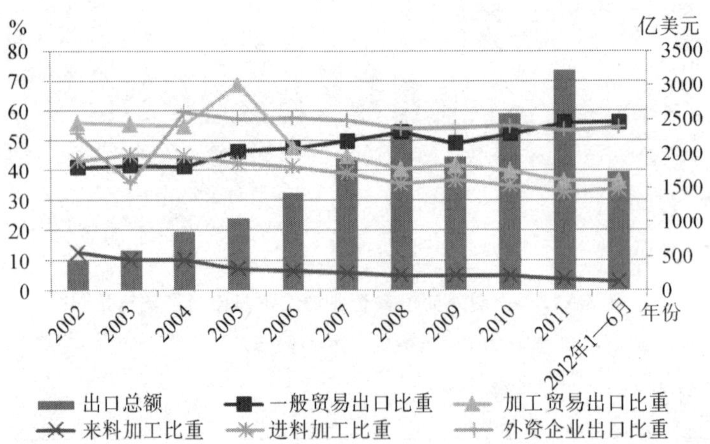

图5-17　机械产品出口中外资企业出口与各类贸易方式出口比重

资料来源：作者根据历年《中国机械工业年鉴》整理计算得出。

进一步分析机械产品出口的情况，在得到类似结论的同时，还可了解到出口中两类加工贸易方式的变化趋势。机械产品是机电产品中的一个大类，因此机械产品出口额明显小于机电产品出口额，机械产品出口额大体上占机电产品出口额的30%~40%。由图5-17可以看出，中国机械产品出口与同期中国出口贸易发展相似经历了增长和波动。2002年，中国机械产品出口总额为441.5亿美元。2011年，达到3217.75亿美元，增长了近8倍。2012年，延续了增长的势头。从贸易方式看，加工贸易总体上呈下降趋势，2002年，中国机械产品加工贸易出口占总出口的55.85%，而2012年上半年该比重为36.5%，最高值出现在2005年，为68.62%。而一般贸易呈不断上升之势，中国机械产品一般贸易出口占总出口的比重由2002年的40.94%上升到2012年的56.19%，在考察的时期内，两种贸易方式经历了角色互换，说明中国机械产品出口的贸易方式结构不断优化。两种加工贸易方式也呈现了明显的趋势性变化，中国来料加工贸易占加工贸易的比重不断下降，从2002年的22.71%下降到2012年的8.04%，而中国进料加工贸易比重则从77.29%上升到91.96%，说明中国机械产品加工贸易出口内部结构也呈现了积极的变化。然而，中国机械产品出口仍然以外资企业占据主导。2002年，中国外资企业出口比重为52.21%，该比值经历2003年35.6%的低谷后，又迅速回升上59.39%，之后大体保持在55%左右的水平。由此可知，以机械产品的出口考察，外资企业出口仍然占据着主要贡献者的角色，但贸易方式和加工贸易方式内部正经历着积极的变化。

（四）外商投资企业高新技术产品出口

中国高新技术产品出口也是中国出口商品中增长较快的类别。20世纪90年代以来保持了两位数的增长速度。中国高技术产品出口从1992年的40亿美元增长到2011年的5489.7亿美元，以1992年为基期，近二十年间增长了137倍，年均增速达29.56%。中国高新技术产品出口占工业制成品出口的比重和占商品出口总额的比重分别从1992年的5.9%和4.7%上升到了2011年的30.5%和28.9%，这两个比重均提高了5倍多。说明高技术产品出口已成为中国出口中的重要组成部分，形成了中国出口商品结构改善的重要证据。

然而进一步分析中国高技术产品出口构成中的企业类型可知，外资企业占了绝大部分。2002年以来，中国高技术产品出口中外资企业出口占了80%以上，最高值出现在2005年，为86.3%，国有企业和其他这两类企业的比重之和均不足20%，显示了外资企业在中国高技术产品出口中的重要地位（如图5-18所示）。

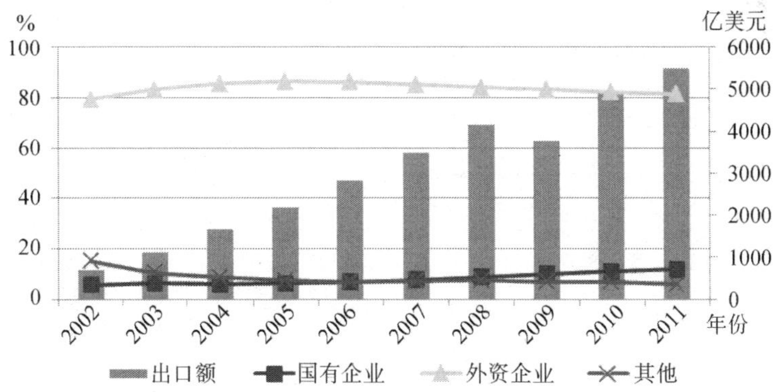

图5-18　高技术产品出口总额与各类型企业出口比重①

资料来源：中国科技部《中国高技术产业数据》（2012）。

① 由于《中国高技术产业数据》仅区分了国有企业、中外合资企业、外商独资企业和其他四种企业类型，因此这里的外资企业仅包括中外合资企业和外商独资企业。

进一步分析高技术产品出口中的贸易方式构成（如图 5－19 所示），虽然中国加工贸易出口的比重呈逐渐下降，但加工贸易方式占据着主导地位。2002 年，中国高技术产品出口中加工贸易比重为 89.3%，到 2012 年虽然已有较大幅度的下降，但仍占了 76.9%。中国加工贸易出口内部结构以进料加工为主，且呈不断扩大之势。2002 年，中国进料加工贸易占加工贸易的比重为 83.09%，逐渐增加到 2011 年的 90.64%，说明加工贸易内部结构有所优化。然而，中国一般贸易比重的增加仍然比较缓慢，仅从 2002 年的 7.6% 缓慢上升到 2011 年的 16.4%。

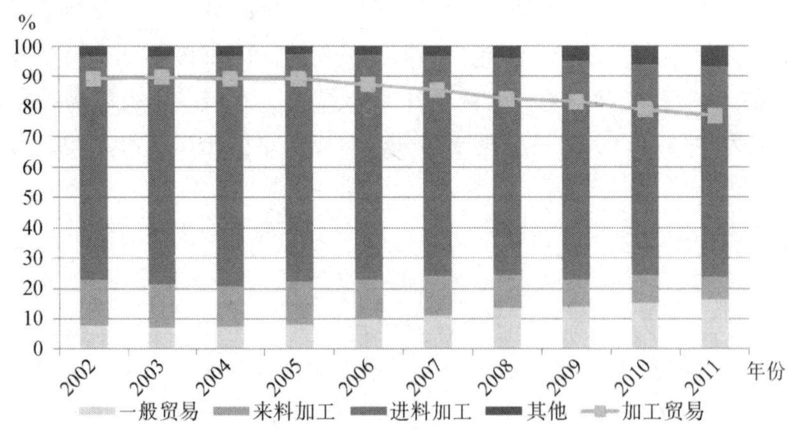

图 5－19　高技术产品出口贸易方式构成情况

资料来源：中国科技部《中国高技术产业数据》（2012）。

上述分析说明，中国的出口中有一半来自于外资企业的贡献。中国出口贸易方式构成中一半是加工贸易出口，而外资企业贡献了中国加工贸易出口的 80% 以上。进一步分析工业制成品出口中两大主要类型的产品出口可知，无论是机电产品（机械产品）还是高技术产品，外资企业出口仍然是主要贡献者，这两类产品出口中外资企业分别占比 70% 以上和 80% 以上。而这两类产品出口均以加工贸易方式为主，加工贸易占比分别为 70% 以上和近 80%。由此可以得出，中国出口商品结构的改变或优化，外资企业起着重要的作用，或者说，外资主导型贸易模式主导着中国出口商品结构的改变。

三、中国外资型贸易模式出口结构特征及影响

通过对中国多种出口商品结构的分析，对比外资企业在中国出口中的地位（外资企业在各类出口中的比重），可以总结出中国外资型贸易模式出口

结构的特征及其影响。中国外资型贸易模式出口结构表现为较高的结构水平，并使得中国的出口商品结构表现出与比较优势动态变化不相符的快速提升。

外资型贸易模式就贸易方式而言，主要表现为加工贸易，这一点不仅在理论上得到证明，也在具体表现上得到印证。在理论上，加工贸易是跨国公司全球产品生产链展开的结果，即跨国公司通过要素流动在全球范围内分割生产工序，并找寻合适的生产要素所在地开展产品生产链。在中国具体表现为加工贸易是外资企业进出口贸易的主要方式。外资型贸易模式出口结构的形成机制决定了它的出口结构特征。工业产品是跨国公司推进全球化生产的主要载体，工业产品之所以能够成为全球化生产的产品，原因在于其生产的可分割性强，同时不同的生产工序（包括从研发设计到生产加工到市场销售和服务）投入要素的需求差异较大。跨国公司利用其对要素跨国流动的掌控能力，实现工业产品在全球的生产布局，而与这种生产布局相适应必须形成相应的贸易模式，这便是外资型贸易模式。与中国在跨国公司产品生产链中的地位相适应的贸易结构方式便是加工贸易。更准确地讲，中国在产品生产工序中处于生产加工（特别是形成最后产品组装）的阶段。因此，在外资型贸易模式下，中国的出口商品结构表现出两大动态特征。首先，工业制成品出口比重提高带来了出口商品结构的优化。其次，工业产品的特点决定外资流入的行业大部分是技术和资本密集型的行业，虽然在中国生产的工序中使用到的更多是劳动力要素，但从产品整体的行业属性看却是资本和技术密集型，这类产品的出口提升资本密集型商品出口的比重，也提升了技术密集型商品（比如高技术产品）出口的比重，实现了出口商品结构的优化。

由于外资型贸易模式在中国对外贸易中的占比很大，外资企业出口占据中国出口半壁江山的实事不证自明，因此对中国的出口结构水平带来很大的影响。首先，外资型贸易模式提高了中国进出口的总量水平，这种由跨国公司主导的企业内贸易形成具有极强的扩展性和带动作用，可以在短期内形成大量的进出口贸易。其次，外资型贸易模式对中国出口结构的影响是多方面的，但最主要的影响是短期内提高了中国出口贸易结构水平。具体表现在以下三个方面：一是工业制成品出口的比重持续快速提高；二是资本密集型商品出口比重的持续快速提高；三是机电产品和高技术产品出口份额快速提升。

第四节　外资型贸易模式中的分工结构

外资型贸易模式分工结构特征表现为出口商品结构与分工地位的不一致性，本国处于全球产品分工链的低端。本节通过分析出口商品结构和要素禀赋结构、行业垂直专业化程度和单产品全球价值链中的地位，揭示和实证了这种隐含的不一致，外资型贸易模式中的中国处于产品链国际分工的不利地位。

一、以出口商品结构衡量的分工结构变化

按照传统国际贸易理论，以不同密集型区分的产品出口结构变化反映了一国国际分工地位的变化。表 5 - 6 显示了按联合国分类法区分的中国 1980—2012 年出口商品结构情况。中国的出口商品结构经历了以资源密集型为主向以资本密集型为主的转变。以比重超过 50% 为界，1985 年以前总体上中国的出口结构以资源密集型产品出口为主，说明这一阶段中国参与的国际分工是浅层次的，主要以资源依赖型的产品参与国际交换，总体上中国参与的国际分工是农业与工业之间的产业分工。1986—2000 年，形成的是以劳动密集型产品出口为主的出口结构，说明这一阶段中国参与国际分工已从以农业为主的产业间分工提升到以工业间分工为主的国际分工，中国参与的国际分工进入到了工业内部的产品之间，此阶段中国的出口产品以制造业产品为主，但是大多是低端的劳动密集型的轻工业产品。2000—2005 年，中国的出口商品结构表现为劳动密集型和资本密集型产品共领风骚的局面，但演进方向明显偏向了资本密集型产品。自 2005 年以来，中国形成了以资本密集型产品出口为主的出口商品结构，说明中国参与的国际分工进一步提升到了更高层次的国际分工。

进一步分析中国出口商品中高技术产品的比重，可以发现，该比重呈现快速提高的势头。1992 年，中国出口商品中高技术产品的比重不足 5%，2009 年该比重为 31.4%，占到当年总出口额的近 1/3。说明中国出口商品结构不仅形成了以资本密集型为主，而且开始向技术密集型产品为主导的出口结构演进。这意味着从出口商品结构看，中国不但已成为资本要素丰裕的国家，而且正在向技术要素丰裕的国家迈进。中国在国际分工中的地位已完全

表 5－6　　中国最终商品出口结构变化　　单位：%

年份	资源密集型	劳动密集型	资本密集型	年份	资源密集型	劳动密集型	资本密集型
1980	50.3	38.87	10.83	1997	13.1	57.39	29.51
1981	46.57	42.4	11.04	1998	11.15	55.89	32.95
1982	45.02	43.96	11.02	1999	10.23	54.27	35.5
1983	43.28	45.6	11.12	2000	10.22	51.78	38
1984	45.66	43.41	10.93	2001	9.9	49.42	40.68
1985	50.56	41.65	7.79	2002	8.77	47.53	43.7
1986	36.43	54.43	9.14	2003	7.94	44.74	47.32
1987	33.55	56.37	10.08	2004	6.83	43.51	49.66
1988	30.32	57.76	11.92	2005	6.44	42.64	50.92
1989	34.42	49.43	16.15	2006	5.46	42.85	51.69
1990	25.59	59.41	15.01	2007	5.05	42.61	52.34
1991	22.47	62.26	15.27	2008	5.45	41.94	52.61
1992	20.02	59.3	20.68	2009	5.25	40.46	54.29
1993	18.17	60.14	21.7	2010	5.18	39.82	55
1994	16.29	60.47	23.25	2011	5.3	41.15	53.55
1995	14.44	58.34	27.22	2012	4.91	42.48	52.61
1996	14.52	56.23	29.25				

数据来源：作者根据历年《中国统计年鉴》整理计算得出。

不同于改革开放之初，在短短的三十余年时间内，中国在国际分工中的地位完成了“三级跳”。

表 5－7　　高技术产品出口占总出口比重　　单位：%

年份	占全部商品出口比重	占工业制成品出口比重	年份	占全部商品出口比重	占工业制成品出口比重
1992	4.7	5.9	2002	20.8	22.8
1993	5.1	6.2	2003	25.2	27.3
1994	5.2	6.3	2004	27.9	29.9
1995	6.8	7.9	2005	28.6	30.6
1996	8.4	9.8	2006	29	30.7
1997	8.9	10.3	2007	28.6	30.1
1998	11	12.4	2008	29.1	30.8
1999	12.7	14.1	2009	31.4	33.1
2000	14.9	16.6	2010	31.2	32.9
2001	17.5	19.4	2011	28.9	30.5

数据来源：作者根据历年《中国统计年鉴》整理计算得出。

按照传统国际贸易理论，特别是要素禀赋理论，如果出口商品形成了以资本密集型为主的结构，则意味着一国的要素禀赋也应该是资本要素相对丰裕的。按照该理论分析，中国的出口商品结构变化，背后必须有要素结构的变化作为支撑。也就是说，中国出口商品结构的变化反映着中国要素结构的变化。然而，问题的矛盾之处在于，无论是直观现实，还是数据分析都不支持中国在短短三十余年时间里要素禀赋结构发生了根本性变化。同时，参与国际分工和国际贸易还要看到各国间相对要素禀赋结构的改变。表 5－8 选取了部分发达国家和部分新兴经济体（包括中国）的生产要素存量数据进行比较。

表 5－8 给出的八个典型指标中，自然资源租金占 GDP 比重代表资源要素的情况，劳动力数量、成年劳动力小时工资代表劳动力要素的情况，劳均固定资本代表资本要素的情况，R&D 支出占 GDP 比重和专业申请数量代表技术要素的情况，每百万人中研发人员数量代表人力资本要素的情况，制造业企业管理水平代表组织管理要素的情况。指标数据显示，两类国家存在着明显的要素禀赋差异特征。发达国家的资本要素、技术要素、人力资本要素和组织管理要素水平远超过新兴经济体。而新兴经济体的资源要素和劳动力要素则明显超过发达国家。

从分类要素看，各国自然资源租金占 GDP 比重的差异说明，新兴经济体和发展中国家的经济发展相对于发达国家明显依赖于资源要素。而在所列国家中，中国对资源的依赖为最大。2011 年，中国自然资源租金占 GDP 的比重达到 9.1%，反映出中国经济发展对初级要素的依赖较强。劳动力人数反映的是劳动要素存量的总体水平，由于所选新兴经济体均为人口大国，需要进一步结合劳动力成本进行分析。以成年劳动力小时工资反映的劳动力成本看，中国的劳动力成本为发达国家的 1/20～1/10，这从一个侧面说明中国拥有的劳动力是初级水平的，或者称为低端劳动力。以劳均固定资本衡量的资本要素拥有情况看，中国的资本要素拥有水平仅为发达国家的 1/5～1/3，只相当于世界平均水平的 3/4 左右，尚达不到上中等国家的拥有水平。以研发投入和专利申请数代表技术要素拥有水平看，中国的 R&D 支出占 GDP 比重仅为发达国家的一半左右，虽然仍高于所列新兴经济体的水平，但仍与世界平均水平相差 0.6 个百分点。从专利申请数量看，中国已成为世界第二大年专利申请大国，居民申请专利数甚至已超过日本成为世界第一。但进一步分析中国的申请专利可知，大部分申请专利的质量不尽如人意，真正创新而

表 5-8　　生产要素存量水平的国际比较

国家		资源要素	劳动力要素		资本要素	技术要素			人力资本要素	组织管理要素
		自然资源租金占GDP比重（2011年）	劳动力数量（百万人，2010年）	成年劳动力小时工资（美元，2007年）	劳均固定资本（美元，2010年）	R&D支出占GDP比重（2008年）	专利申请数量（个，2010年）		每百万人中研发人员数量（人，2008年）	制造业企业管理水平（2001—2011年）
							非居民	居民		
发达国家	美国	1.7	157	21.34	13517	2.8	248249	241977	4673^{-1}	3.35
	日本	0	67	15.1	16530	3.4	54517	290081	5189	3.23
	英国	1.5	32	22.7	10548	1.8	6439	15490	4112	3.02
	法国	0.1	30	18.18^{-7}	16544	2.1	1832	14748	3690	3.02
	德国	0.3	42	24.5	13528	2.7	12198	47047	3667	3.23
新兴经济体	中国	9.1	800	1.15^{-1}	3368	1.5	98111	293066	1199	2.71
	印度	7.4	473	0.36	1083	0.8^{-3}	27025^{-1}	7262^{-1}	136^{-3}	2.67
	巴西	5.7	102	4.39^{-1}	4106	1.1	19981	2705	696	2.71
世界			3220		4280	2.1	621207^{-1}	1060313^{-1}		
高收入国家			551		14272	2.4	450049	775219	3982^{-1}	
中等收入国家			2304		2571	1.1	190556^{-1}	281357^{-1}		
上中等收入国家			1322		3609	1.1	164472	333407	1199	
下中等收入国家			982		1163					
低收入国家			365		271					

注：（1）表中“-1”“-2”等分别表示该单元格数据滞后于参考年份的年数，以此类推。例如，参考年份为2008，“-1”则表示该单元格数据是2007年的数据；（2）制造业企业管理水平数据来源于Nicholas Bloom，Christos Genakos，Raffaella Sadun and John Van Reene. Management Practices Across Firms And Countries［J］. NBER Working Paper 17850，February，2012；成年劳动力小时工资数据来自于Remco H. Oostendorp. The Occupational Wages around the World（OWW）Database：Update for 1983—2008［J］. Background Paper for the World Development Report 2013，May，2012；劳均固定资本根据世界银行原始数据计算得出；其他数据来自世界银行数据库。

又具有商业竞争力的专利较少。因此，仅是专利申请数量上的大国，远没有达到像美国那样的专利质量的大国。从每百万人中研发人员数量反映的人力资本要素看，中国的该数值仅为发达国家的1/5~1/3，刚好达到上中等国家的水平。而制造业企业管理水平指数反映出中国与新兴经济体国家相当，但与发达国家仍然具有明显的差距。

上述分析的基本结论是，中国出口商品结构的变化背离了中国要素禀赋结构及其变化的情况，或者说，两者之间存在着传统理论无法解释的矛盾。也就是说，以出口商品结构变化反映的中国在国际分工中地位的变化是不真实的，它仅仅是一种表象。而出现这种背离情况的原因则是生产要素跨国流动所带来的国际分工形式的变化，由于国际分工在生产要素跨国流动下已经深入到了产品生产链，因此需要进一步从国际生产链分工的角度分析。

二、以垂直专业化程度衡量的分工结构变化

自20世纪70年代以来，由于跨国投资带来的生产要素跨国流动迅速发展，垂直专业化分工开始快速发展，促进了国际分工深入到产品生产内部。赫梅尔、拉波波特和易凯木（Hummels、Rapoport 和 Yi，1998①）首次提出了运用投入产出表来分析部门和国家的垂直专业化贸易的程度。赫梅尔、石井纯和易凯木（Hummels、Ishii 和 Yi，2001②）进一步提出了用一国出口商品中的进口中间品的价值计算垂直专业化贸易程度的VS方法（又称为HIY法）。HIY计算垂直专业化贸易程度的方法如下。

对某一部门 i 的垂直专业化贸易额 VS_i 的计算公式为：

$$VS_i = \frac{M_i}{Y_i} \times X_i \tag{5-1}$$

其中，M_i 是 i 部门使用的进口中间产品的价值，Y_i 是 i 部门的国内总产出值，X_i 是 i 部门的出口值。

据此，一个国家的垂直专业化程度可以通过加总国内所有部门垂直专业化贸易额进行衡量，用公式表示为：

$$VS_j = \sum_{i=1}^{n} VS_{ji} = \sum_{i=1}^{n} \frac{M_{ji}X_{ji}}{Y_{ji}} \tag{5-2}$$

---

① David Hummels, Dana Rapoport and Kei - Mu Yi. Vertical Specialization and the Changing Nature of World Trade [J]. Economic Policy Review, 1998 (6): 79 - 98.

② David Hummels, Jun Ishii and Kei - Mu Yi. The Nature and Growth of Vertical Specialization in World Trade [J]. Journal of International Economics, 2001, 54 (1): 75 - 96.

公式（5－2）中 j 是某个国家，n 是一国出口商品的种类数，其余字母的意义与公式（5－1）中的一样。当 $VS=M$ 时，说明一国进口的中间品生产的产品全部用于出口；当 $VS=0$ 时，则有以下两种情况：一种情况是一国进口的中间产品全部用于国内生产和消费；另一种情况是一国没有使用任何进口中间品，只使用国内资源和生产要素生产出口品。

进而，一国总出口垂直专业化贸易的比重可用公式表示为：

$$VSS_j = \frac{VS_j}{X_j} = \frac{\sum_{i=1}^{n} VS_{ji}}{X_{ji}} = \frac{\sum_{i=1}^{n} \frac{M_{ji}X_{ji}}{Y_{ji}}}{\sum_{i=1}^{n} X_{ji}} \tag{5-3}$$

公式（5－3）用矩阵形式可表示为：

$$VVS_j = \frac{\mu A^M x}{X_j} \tag{5-4}$$

其中，μ 是 $1\times n$ 维单位向量，A^M 是 $n\times n$ 维的中间产品进口系数矩阵，矩阵中每一个元素 a_{ik} 是 k 部门每单位产出所需 i 部门的进口中间产品的投入量，x 是 $n\times 1$ 维的 n 个部门的出口向量，X_j 是 j 国各个部门出口之和。

由于公式（5－4）仅计算了进口中间品直接用于出口产品生产的情况，没有考虑国内部门之间的循环及在最后形成出口产品的情况。鉴于此，需要进一步进行如下修正：

$$VSS_j^M = \frac{[\mu A^M (I-A^D)^{-1} x]}{X_j} \tag{5-5}$$

公式（5－5）中的 $(I-A^D)^{-1}$ 是里昂惕夫逆矩阵，它反映了进口中间品作为初始投入在国内各个部门中循环使用的情况。

国内外不同学者对中国的垂直专业化贸易比重进行了测算。在赫梅尔（Hemmels）等提出 HIY 法之前，诺顿（Naughton，1996）① 运用世界银行数据和中国海关数据对中国加工贸易中进口中间品的比重进行了计算（如表 5－9 所示）。计算数据显示，中国进口中间产品占加工贸易出口的比重不断增大，特别是 20 世纪 90 年代，中国的加工贸易在政策鼓励下快速发展后，该比重增长十分明显。与此同步增长的是中间产品在中国进口中的比重（如表 5－9 所示）。

① Barry Naughton. China's Emergnece and prospects as a Trading Nation [J]. Brooking Papers on Economic Activity, 1996, 27 (2): 273－344.

表 5-9　　中国加工贸易进口中间产品的比重　　单位:%

	1988 年	1991 年	1993 年	1994 年	1995 年	1996 年上半年
占加工贸易出口	27.2	45.1	48.2	47.1	49.5	56.4
占进口	24.9	39.2	45	41.1	44.2	55.1

资料来源：Barry Naughton. China's Emergnece and prospects as a Trading Nation [J]. Brooking Papers on Economic Activity, 1996, 27 (2): 273-344. Table 4.

国内学者运用 HIY 法对中国的垂直专业化指数进行了测算（如表 5-10 所示）。由于不同学者运用投入产出表时的处理方式有所不同，使得同一年份的结果也存在着一定的差异。但从动态变化看，不同学者计算的 *VSS* 值均出现不断增大的趋势，说明中国参与产品内分工的规模在不断扩大。

表 5-10　　中国不同年份的垂直专业化指数

学者	计算年份	*VSS* 值	行业
刘志彪、刘晓昶（2001）①	1988	0.291	所有行业出口
	1994	0.392	所有行业出口
	1997	0.256	所有行业出口
		0.331	所有行业进口
赵伟、马征（2006）②	1995	0.1313	所有行业出口
	1997	0.1397	所有行业出口
	2000	0.1945	所有行业出口
崔玮（2010）③	1997	0.136	所有行业出口
		0.152	仅制造业出口
	2000	0.173	所有行业出口
		0.184	仅制造业出口
	2002	0.223	所有行业出口
		0.234	仅制造业出口

① 刘志彪，刘晓昶．垂直专业化：经济全球化中的贸易和生产模式［J］．经济理论与经济管理，2001（10）：5-10.

② 赵伟，马征．垂直专业化贸易：理论模型与基于中国数据的实证［J］．技术经济，2006：110-114.

③ 崔玮．加工贸易与中国经济增长——产品内分工视角的研究［M］．经济科学出版社，2010.

崔玮（2010）[①] 进一步计算了制造业各部门的垂直专业化指数（如表5－11、表5－12所示）。制造业部门是参与国际分工变化最快的部门，计算得到的VSS值变化同样反映出与整体结果相似的特征，但部门之间存在一定的差异。数据显示，按17部门分类，机械设备制造、化学工业、石油加工和金属产品制造等行业的*VSS*值不断增加。按42部门分类的计算结果可以看出，机电类制造业（如通信设备、计算机及其他电子设备、仪器仪表及文化办公用品机械制造业）这类技术密集的行业*VSS*值较高，说明这些行业参与产品内国际分工较多。而这些行业的产品均包括了中国的机电产品、高技术产品这两类出口占比较大的产品种类，似乎说明中国已进入到国际分工的较高层次。然而，不能否认的事实是这些产品出口具有很高比例的加工贸易。而中国的加工贸易主体是外资企业，因此事实上较高的*VSS*值只反映了外资企业将中国纳入其全球产品生产链的程度。中国是否获得了较高层次的国际分工仍然是不确定的。

表5－11　1997年、2000年、2002年中国主要制造部门的垂直专业化程度（17部门）

部门	1997年	2000年	2002年
食品制造业	0.0706	0.0808	0.062
纺织、缝纫及皮革产品制造业	0.1314	0.1443	0.1505
其他制造业	0.1177	0.1459	0.0971
炼焦、煤气及石油加工业	0.1491	0.181	0.1864
化学工业	0.1553	0.1686	0.2057
建筑材料及其他非金属矿物制品业	0.1219	0.1507	0.1477
金属产品制造业	0.1607	0.1937	0.2077
机械设备制造业	0.188	0.2381	0.4038

资料来源：崔玮，《加工贸易与中国经济增长——产品内分工视角的研究》，经济科学出版社，2010。

三、以单产品生产链看中国的国际分工地位

上述分析，一方面反映了中国出口商品结构与要素禀赋之间的矛盾，另一方面反映了中国以垂直专业化指数反映的参与国际分工深度与要素禀赋之

① 崔玮．加工贸易与中国经济增长——产品内分工视角的研究［M］．经济科学出版社，2010.

表 5-12　2002 年中国主要制造部门的垂直专业化程度（42 部门）

部门	VSS 值	部门	VSS 值
食品制造及烟草加工业	0.0872	金属冶炼及压延加工业	0.1686
纺织业	0.1805	金属制品业	0.1788
服装皮革羽绒及其制品业	0.1865	通用、专用设备制造业	0.2038
木材加工及家具制造业	0.1357	交通运输设备制造业	0.2037
造纸印刷及文教用品制造业	0.1425	电气、机械及器材制造业	0.2164
石油加工、炼焦及核燃料加工业	0.2284	通信设备、计算机及其他电子设备制造业	0.372
化学工业	0.1843	仪器仪表及文化办公用机械制造业	0.3016
非金属矿物制品业	0.1346	其他制造业	0.1522

资料来源：崔玮，《加工贸易与中国经济增长——产品内分工视角的研究》，经济科学出版社，2010。

间的矛盾。这两个方面矛盾的关键均在于外资推动的加工贸易的发展。本章以苹果公司为例进行单产品生产链情况分析，以说明中国在跨国公司主导下的国际分工中的地位。

苹果公司作为世界知名的跨国公司，凭借技术优势在全世界范围内利用各国的不同要素状况展开商品生产链，实现全球范围内生产要素的最优配置。分析苹果公司 2012 年度"供应商社会责任进展报告"和首次公布的 156 家供应商，可知这些供应商涵盖了材料、生产、代工等领域 97% 的采购额。按属性可将苹果公司的供应商大体可分为 14 个行业，分别为集成电路（IC）、分立器件①，内存②，硬盘或光驱，被动器件③，印制电路板（PCB）④，连接器、功

① 集成电路和分立器件是电子产品实现数据处理、传输等各种功能的基础载体。在苹果产业链中可具体分为处理器（CPU、APU、GUP）、无线通信芯片、触摸屏控制芯片、综合类集成电路（包括加速度传感器、电子陀螺仪等传感器）和分立器件（MOSFET 和二极管）。

② 内存包括 DRAM、NAND Flash、SRAM 等。

③ 被动器件主要分为晶振、电解电容、磁性元件、综合类被动元件（主要是 SMT 类电感、电容、电阻）等。

④ 印刷电路板（Printed Circuit Board，PCB）主要功能是提供各项零件的相互电气连接。为了顺应电子设备的多功能化、小型化、轻量化的发展趋势，要求 PCB 向着高密度、高集成、封装化、微细化、多层化的方向发展，行业进入的技术壁垒。

能件或结构件[①]，光学组件，电声组件[②]，电池[③]，显示器件[④]，外设[⑤]，印刷及包装，代工（ODM、OEM）和其他（如图 5－20 所示）。供应商数量最多的子行业依次为集成电路 IC 或分立器件（占 21%），连接器、功能件或结构件（占 19%），PCB（占 9%），被动器件（6%）。

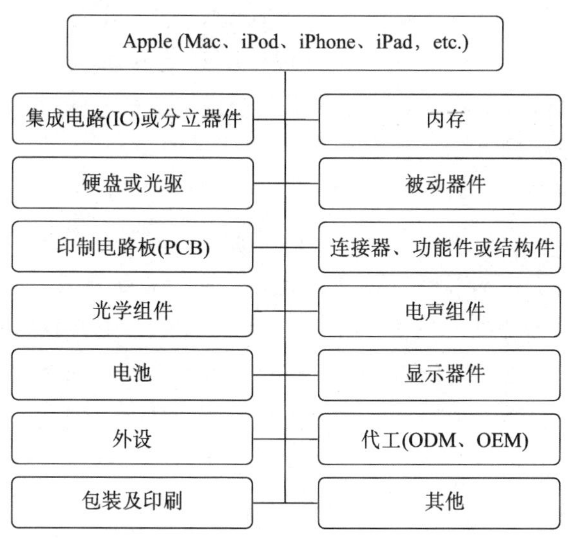

图 5－20　苹果公司供应商行业分类

资料来源：2012 年苹果公司责任报告，华泰联合证券研究所《苹果产业链分析》。

进一步分析其中有较为明确分类的 13 个行业的供应商国别分布（如表 5－13 所示），可知各国在苹果公司全球产业链中的位置。这些行业中集成电路或分立器件属于技术尖端产品，具有技术和资本密集性特征，进入壁垒极高。这类行业产品的供应商主要集中美国，少数分布在欧洲的德国、意大利、法国、荷兰、奥地利等国和亚洲的韩国、日本。内存等存储行业属于资本密集型行业，全球处于寡头垄断状况，硬盘或光驱的竞争格局较为稳定。

---

① 连接器的功能是使得电流流通、使电路实现预定的功能。结构件是指具有一定形状结构，并能够承受载荷的作用的构件，比如支架、内部的骨架等。功能件是指一些具有特定功能的组件。这三类产品有很大的相似性：种类繁多，定制化，技术单一。

② 光学、电声组件作为多功能、娱乐性高的电子产品，必须提供高质量的摄影、摄像以及音频、视频的体验。在苹果的供应商中，不乏在光学、电声领域享有高声誉的企业。

③ 电池可以分为电芯和电池模组。

④ 苹果的显示器件在不同的产品系列中有不同种类，有液晶面板、触摸屏、玻璃基板和盖板玻璃。

⑤ 外设产品包括电源转换器、键盘等。

这类行业产品的供应商以美国、日本、韩国和中国台湾为主。被动器件由于种类繁多，应用数量巨大，质量要求也各不相同，高端领域的器件（如晶振、电解电容和磁性元件等）主要是日本和美国的供应商，中国台湾供应商提供相对标准化、成熟的片式器件等产品。印刷电路板（PCB）技术要求较高，行业进入的技术壁垒也较高，供应商主要集中在技术工艺水平较为领先的日本、中国台湾厂商。连接器、结构件或功能件这三类产品也具有种类多、定制式的特点，也属于技术密集型的行业，主要由美国、日本和中国台湾企业提供，但中国大陆厂商已经加入到苹果的结构件、功能件供应体系。中小板上市企业安洁科技主要提供绝缘材料模切、PMMA 面板印刷等产品；昆山长运从事镁铝合金压铸等业务，但是它是一家外商独资企业。光学组件和电声组件也属于技术密集型行业，主要供应商来自美国、日本、新加坡和中国香港。电池也是技术密集和资本密集的行业，主要供货商来自中国香港、中国台湾和中国大陆股份制高科技企业天津力神。显示器件供应商主要来自日本和中国台湾，中国大陆企业蓝思科技提供盖板玻璃，但它也是一家外商独资企业。外设产品包括电源转换器、键盘等，主要由中国台湾厂商提供。包装及印刷主要由新加坡、中国台湾的企业提供。代工主要是中国台湾企业鸿海、英业达、伟创力等。由此可见，以苹果公司供应商所体现的生产链上，高端产品生产均放在发达国家（或地区）（如美国、日本、韩国、中国台湾以及欧洲发达国家），虽然在其供应商名单中出现了几家中国大陆的企业，但其中纯本土企业只有一家具有国资背景的天津力神，其他两家均是外商独资企业。涉及外设、包装式印刷、代工等技术要求相对较低的行业，提供产品的中国台湾和新加坡企业大都把生产线放在中国大陆。从苹果公司2013 年发布的供应商责任和名单中可以看出，2013 年苹果全球有 748 家供应商。其中，中国大陆地区的供应商有 331 家，高居全球第一。但这些企业绝大部分是具有外资背景的企业或者就是外资企业在中国大陆的生产基地。

表 5－13　　苹果公司各行业供应商分布

行业	主要供货企业所在国家（或地区）
集成电路或分立器	美国（AMD、英特尔、TI、英伟达、博通、Marvell、高通、Skyworks、Triquint、塞普拉斯、SMSC、安森美、美信、微芯、LSI、Inntersil、Avago、ADI、Diode、仙童、威世）、德国（英飞凌、凌特）、韩国（三星）、日本（罗姆、瑞萨）、意大利、法国（意法）、荷兰（恩智浦）、奥地利（奥地利微电子）、中国台湾（晶技）、加拿大（IR）

续表

行业	主要供货企业所在国家（或地区）
内存	美国（美光、闪迪）、日本（尔必达）、韩国（海力士）、中国台湾（旺宏）
硬盘或光驱	美国（希捷、西部数据）、日本（日立 – LG）
被动器件	美国（线艺等）、日本（精工爱普生、大真空、Rubycon、Sumdia、村田、太阳诱电、TDK）、中国台湾（乾坤、国巨）
印制电路板（PCB）	中国台湾（南亚、台郡等）、日本（Nippon Mektron 等）
连接器、结构件或功能件	美国（安费诺、Molex）、日本（日航电子、住友电气等）、中国大陆（安洁、昆山长运）、中国台湾（正葳、良维等）
光学组件	日本（Seiko Group）、新加坡（Heptagon Advanced Micro – Optics）
电声组件	美国（Fortune Grand）、日本（Foster）、中国香港（瑞声）
电池	中国大陆（力神）、中国香港（ATL）、中国台湾（顺达、新普）
显示器件	日本（旭硝子、东芝等）、中国大陆（蓝思科技等）、中国台湾（奇美、宸鸿等）
外设	中国台湾（康舒、台达、光宝、达方、致深）
包装及印刷	新加坡（嘉艺、大道）、中国台湾（正美、正隆）
代工	中国台湾（鸿海、英业达、伟创力等）

资料来源：2012 年苹果公司责任报告，华泰联合证券研究所《苹果产业链分析》。

上述分析可知，在苹果公司的生产链上，中国主要提供劳动力生产要素，参与的是低端的劳动密集型的生产环节，而发达国家则以技术等高级要素参与到高端的技术和资本密集型的生产环节。苹果公司作为一家典型的跨国公司，它的产品生产链全球分布情况较大程度上反映出中国在全球产品链分工中的真实地位。中国大陆的外资企业承担最后的代工、包装等工序，说明在中国完成了商品生产的最后程序并形成出口，从而说明中国出口的高技术产品本质上是外资企业的贡献，更准确的讲是跨国公司在全球展开产品生产链的结果。背后的原因是跨国公司及其供应商根据产品不同工序考察成本最小化，利用中国劳动成本低廉的客观事实，把劳动密集使用部分的工序放到中国。该结论可以进一步从苹果公司全球产业链的价值分布情况得到印证。

根据苹果公司的供应商社会责任报告，我们进一步可知苹果公司全球产业链价值在国家（或地区）间的分配比例（如图 5 – 21 所示）。数据显示，苹果公司的利润高达 73%。其中，苹果公司的利润占产品价值的 58.5%，占总利润的 80% 以上。而劳动成本只占总价值的 5.3%，占到总成本的 19.6%。其中，中国劳工占据了总成本的 6.7% 左右，占产品总价值的 1.8%。换言之，每 100 美元的苹果产品价值中中国只得 1.8 美元，且均是劳动的报酬。从苹果公司全球产业链价值分布情况可知，一方面说明中国参与苹果全球生产链的主要是劳动，另一方面说明中国劳工报酬的低廉。而苹果公司以及它的供应商以资本和技术参与国际产品生产链分工，获得了高额的报酬。

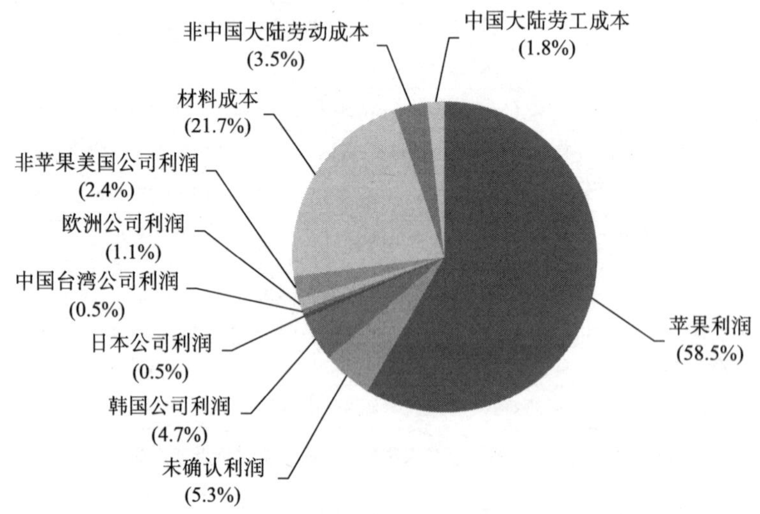

图 5－21　苹果产业分布价值链在国家（或地区）的分配

资料来源：华泰联合证券研究所《苹果产业链分析》。

四、中国外资型贸易模式分工结构特征及其影响

中国外资型贸易模式的分工结构特征表现出一定的典型性。中国外资型贸易模式以出口为导向，虽然加深了中国参与国际分工的程度，但不能简单以出口商品结构衡量中国在国际分工中的地位，也不能简单以垂直专业化程度衡量中国在国际分工中地位，这两个方面均与中国现阶段的要素禀赋结构存在着矛盾。应该看到，在外资型贸易模式下，外资跨国公司的进入是按照其产品生产链工序对投入要素的需求安排在中国的生产和出口的，更多地是使用中国价格相对廉价的劳动力、土地等要素，中国参与的国际分工是产品生产价值链中的低端环节。因此，外资型贸易模式对中国参与国际分工的影响主要是加深了程度，而并没有全面提升其在国际分工中的地位，这是由外

资型贸易模式本身的性质所决定的。

第五节　外资型贸易模式中的产业结构

外资型贸易模式产业结构特征表现为产业结构的虚假升级。外资型贸易模式表现为较高的产业结构形态。本节通过分析中国产业结构的变化以及外资企业在其中的影响，揭示和实证这一结构效应。外资型贸易模式带来了中国产业结构的虚假升级，但同时也带动了中国产业结构的升级。

一、中国产业结构的变化

（一）三次产业结构

改革开放以来，中国以国内生产总值构成反映的三次产业结构，大体表现为第一产业的比重不断下降，第三产业比重不断上升，而第二产业的比重则是先下降后上升，再到相对平稳（如图 5－22 所示）。而第二产业中的工业占 GDP 的比重变化基本与第二产业的比重变化保持一致。因此，以三次产业结构看，中国产业结构演进是以第一产业比重下降和第三产业比重上升为总体特征的结构优化。第一产业比重下降是工业化发展的必然结果，第三产业比重上升是现代经济发展的要求。具有中国特色的是第二产业比重总体基本维持在 40%～50%，这与一般国家工业化过程中的特征有所不同。

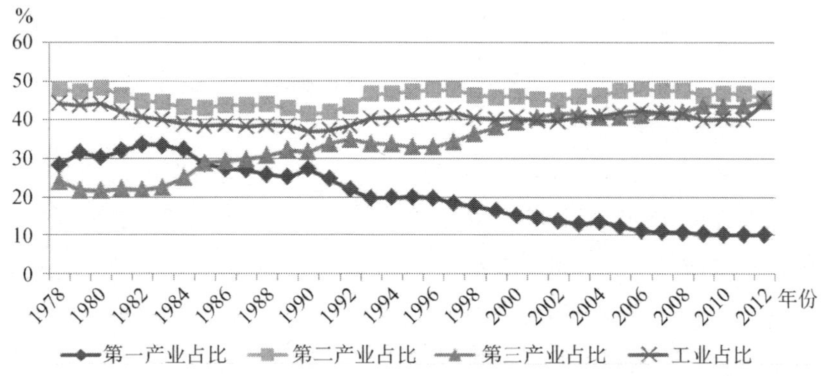

图 5－22　中国三次产业结构

数据来源：作者根据历年《中国统计年鉴》整理计算得出。

就本章所讨论的外资型贸易模式的影响看，改革开放以来中国的三次产业结构也大体可以1990年为界限分成两个阶段。这与图5－12所示的贸易方式结构变化形成对应。自20世纪90年代以来，中国开始形成外资型贸易模式，即加工贸易主导的贸易方式结构。改革开放初期，中国已有一定的工业基础，而且在计划经济体制中工业发展是国家的重要战略，从而使得当时的第二产业的比重较高，但农业仍是中国国民经济的重要支柱。因此，一直到20世纪80年代中期，中国的产业结构比重由大到小依次是第二产业、第一产业、第三产业。20世纪80年代中后期，中国开始实施商品经济的放开，使得第三产业中的一些传统行业开始蓬勃发展，进而表现为第三产业比重不断上升。而这一阶段由于计划经济体制的放松，以国营主导的第二产业比重有所下降。1990年至20世纪末期，由于外资型贸易模式的确立，出口导向使得第二产业不断扩大，第一产业比重快速下降，同时伴随着第三产业比重相对平稳。20世纪末期以来，随着外资型贸易模式的进一步发展，相应的服务需求不断增长，由此带动了第三产业比重的快速提升。

（二）工业内部结构

工业化阶段，产业结构升级变化除了看三次产业结构外还要看工业内部结构的变化。工业内部结构的优化表现为技术密集部门和知识密集型部门在工业结构中所占比重不断增大，劳动密集型部门所占比重不断减小。此外，还要看部门内产业链条的延长和加工程度的深化等。衡量产业结构高度化的指标通常有霍夫曼系数、工业加工程度指标、资本技术密集型产业产值比重和高技术产业产值比重等。本书参照王岳平（2004）关于中国工业行业按要素密集度分类方法分析中国工业内部结构，将中国工业行业分为技术密集型、资本密集型和劳动密集型三类部门，并根据2002年行业分类目录调整后行业进行对应归类（如表5－14所示）。

本书依据1999年以来国家数据库中各个行业规模以上工业企业销售产值对工业内部结构进行了计算。图5－23直观地反映了以三种类型要素密集型区分的工业内部结构。由图可知，中国工业内部已经形成了技术密集型和资本密集型产业为主的结构，这两者的比重之和大致在70%左右。但近年以要素密集型区分的中国工业内部结构变化不大。其中，技术密集型行业的比重先增后减，劳动密集型行业的比重则是先减后增，而资本密集型行业的比重呈现一定的波动。

表 5－14　　中国工业行业按要素密集度分类

技术密集型	资本密集型	劳动密集型
通迅设备、计算机及其他电子设备制造	石油加工、炼焦业及核燃料加工业	农副食品加工业
化学纤维制造业	石油和天然气开采业	食品制造业
烟草制品业	电力、热力的生产供应业	纺织业
化学原料及化学制品制造业	燃气生产和供应业	纺织服装、鞋、帽制造业
黑色金属冶炼及压延加工业	水的生产和供应业	皮革、毛皮、羽毛（绒）及其制品业
医药制造业	有色金属冶炼及压延加工业	家具制造业
通用设备制造业	饮料制造业	文教体育用品制造业
专用设备制造业	造纸及纸制品业	煤炭开采和洗选业
交通运输设备制造业		黑色金属矿采选业
电气机械及器材制造业		有色金属矿采选业
仪器仪表及文化、办公用机械制造业		非金属矿采选业
塑料制品业		其他采矿业
印刷业和记录媒介的复制		木材加工及木、竹、藤、棕、草制品业
		橡胶制品业
		非金属矿物制品业
		金属制品业
		工艺品及其他制造业
		废弃资源和废旧材料回收加工

资料来源：王岳平，《开放条件下的工业结构升级》，经济管理出版社，2004。

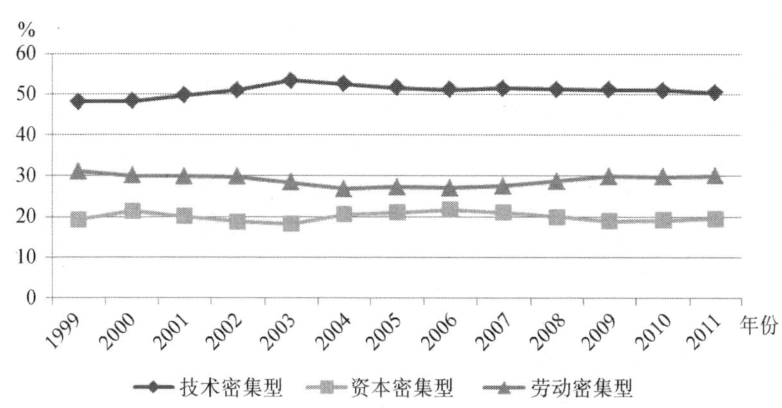

图 5－23　中国工业按要素密集型划分的内部结构

资料来源：历年《中国统计年鉴》。

高技术产业比重的变化也能反映一国产业结构的变化。图 5－24 显示，截至 2008 年，虽然中国高技术产业占 GDP 比重仍然不足 5%，但高技术产业增加值占 GDP 的比重呈不断提高。高技术产业增加值占制造业比重在 2003 年达到最高点的 14.8% 后出现了下降趋势，说明中国高技术产业仍未能形成持续稳定地提高。

上述分析说明，不论以要素密集型行业分类的工业内部结构，还是以高技术占比工业结构水平，中国工业内部结构已经实现了相当的高度化。然而，实际情况是否确实如此，则需要进一步考察各工业行业的企业类型构成。

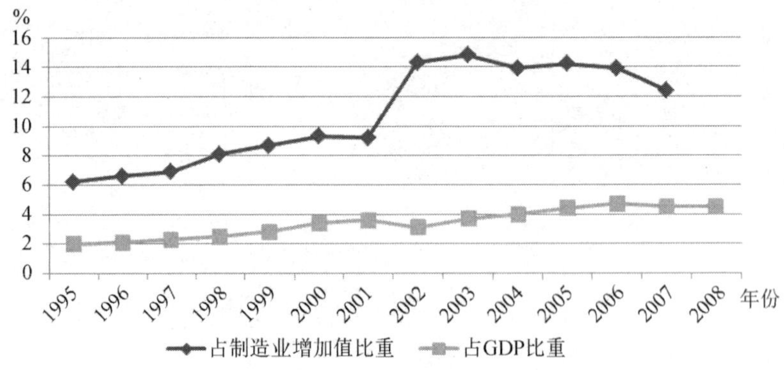

图 5－24　中国高技术产业增加值比重

资料来源：中华人民共和国科学技术部各年《中国高技术产业数据》。由于《中国高技术产业数据》没有发布 2008 年以后年份高技术产业增加值占制造业增加值及 GDP 的比重，且高技术产业增加值 2008 年后数据不可得，因此无法计算后续年份的这两个比重。

二、外资企业在各个行业的产出份额

在外资型贸易模式下，考察一国的产业结构情况需要考虑要素流入带来的影响。要素流入可以带来产业的国际转移，外资型贸易模式下所形成的产品生产工序的国际分工，将会使一国以出口为导向形成某一类产业，而这类产业可能仅是产品生产的某一道工序。下面根据上述以三种要素密集型分类的方法对各类型行业的外资企业产出比重情况进行分析。

本书运用国家数据库中各个行业外商及港澳台商投资工业企业工业销售产值占规模以上工业企业销售产值的比重计算外资企业在该行业中的产出份额。2000—2011 年，外资企业在技术密集型行业中的产出份额较高，均在

30%以上，最高达到40.84%（如表5－15所示）。外资企业在劳动密集型行业中的产出份额次之，在所计算的年份中大部分在20%～30%，最高为30.54%，最低为19.8%。外资企业在资本密集型行业中的产出份额最低，统计年份的数据均在15%左右，最高为16.68%，最低为13.56%。由此说明，外资企业在中国技术密集型行业中的贡献较大，外资企业对中国工业内部按要素密集型分类的结构中的地位和影响，它明显拉高了中国工业内部结构的水平，即提升了技术密集型行业的比重。如果简单把外资企业在各类要素密集型行业中产出扣除，得出的工业内部结构就会有较为明显的改变。大体上，技术密集型行业的比重将下降5%左右，而资本密集型和劳动密集型行业的比重均略有上升。然而，这里只考虑了外资企业对工业内部结构的直接影响。显然，考虑到外资企业的带动作用，特别是产业的生产配套等方面的影响，要素流入形成的外资型模式对中国工业内部结构的影响将更大。前者体现的是有产业而无技术，有结构而无产权，而后者则是对结构提升的真实存在，只是这种提升是否带来真实的技术能力提升仍需进一步探讨。

表5－15　外资企业在三种要素密集型行业分类中的产出份额　单位:%

年份	技术密集型	资本密集型	劳动密集型
2000	32.75	13.56	28.95
2001	33.62	15.72	28.89
2002	34.48	16.68	28.91
2003	37.55	16.38	28.89
2004	40.76	15.14	30.54
2005	40.28	14.55	28.86
2006	40.84	14.45	27.97
2007	40.27	15.51	27.34
2008	37.69	15.34	24.93
2009	35.82	14.82	22.62
2010	35.61	14.24	21.25
2011	34.4	13.57	19.8

数据来源：作者根据历年《中国统计年鉴》整理计算得出。

进一步将技术密集型和资本密集型行业进行细分，把技术密集型分为高度技术密集型、中度资本技术密集型和中度劳动技术密集型，资本密集型分为高度资本密集型和中度资本密集型。① 考察各细分要素密集型行业中的外资企业产出份额可以发现，高度技术密集型行业中外资企业的产出份额很高，统计年份的比重在71.98%～84.26%，并呈现先升后降之势。其次为中度劳动技术密集型行业，统计年份的比重在29.93%～37.68%，也呈现先升后降之势。再次为中度资本密集型行业，统计年份的比重在20.67%～25.61%，呈先升后降态势。中度资本技术密集型行业的比重在13.8%～19.28%，总体呈上升态势。比重最低的为高度资本密集型行业，比重在8.76%～13.2%，总体呈下降态势（如表5－16所示）。

表5－16　外资企业在细分要素密集型行业分类中的产出份额　单位:%

年份	技术密集型			资本密集型	
	高度技术密集型	中度资本技术密集型	中度劳动技术密集型	高度资本密集型	中度资本密集型
2000	71.98	14.75	29.93	9.2	22.57
2001	73.46	13.8	30.64	12.28	22.42
2002	73.29	14.02	31.2	13.2	23.2
2003	77.62	14.43	34.83	12.81	23
2004	83.52	17.56	37.68	10.4	25.61
2005	84.21	17.68	36.87	10.11	24.36
2006	82.57	19.28	37.64	9.1	24.58
2007	84.26	19.62	37.19	10.44	23.98
2008	81.42	19.1	35.37	10.11	23.91
2009	78.15	18.55	33.35	9.49	23.15
2010	77.57	18.89	33.16	9.19	21.85
2011	76.45	18.82	32.06	8.76	20.67

数据来源：作者根据历年《中国统计年鉴》整理计算得出。

① 分类方法参照王岳平（2004）采用资本—劳动力比率作为资本密集程度的指标，采用R&D费用或销售额，工程技术人员数、就业总人数和微电子设备、生产经营设备作为衡量技术密集程度的指标。高度技术密集型行业包括通信设备、计算机及其他电子设备制造；中度资本技术密集型行业包括化学纤维制造业、烟草制品业、化学原料及化学制品制造业、黑色金属冶炼及压延加工业；中度劳动技术密集型行业包括医药制造业、通用设备制造业、专用设备制造业、交通运输设备制造业、电气机械及器材制造业、仪器仪表及文化、办公用机械制造业、塑料制品业、印刷业和记录媒介的复制；高度资本密集型行业包括石油加工、炼焦业及核燃料加工业、石油和天然气开采业、电力、热力的生产供应业；中度资本密集型行业包括燃气生产和供应业、水的生产和供应业、有色金属冶炼及压延加工业、饮料制造业、造纸及纸制品业。

由此进一步说明，外资企业几乎占据了中国产业内部结构的高端。而在通信设备、计算机及其他电子设备制造这个细分行业中，大部分企业仍然处于国际产品链分工的低端，并且大部分是外资型贸易模式的结果，即处于有产出无技术，有出口无技术的状态。

进一步分析高技术产业的企业类型可知，中国高技术产业中外资企业（三资企业）占据了重要的位置。图5－25显示了中国高技术产业按企业类型划分的产值（或增加值）占比情况。数据显示，2002年以来，中国高技术产业产值中外资企业产值份额不断增加，而国有及国有控股企业的比重不断下降。这再次印证了上述判断，即中国高技术行业中的主要企业是外资企业，外资企业是中国工业结构高度化的主要贡献者。

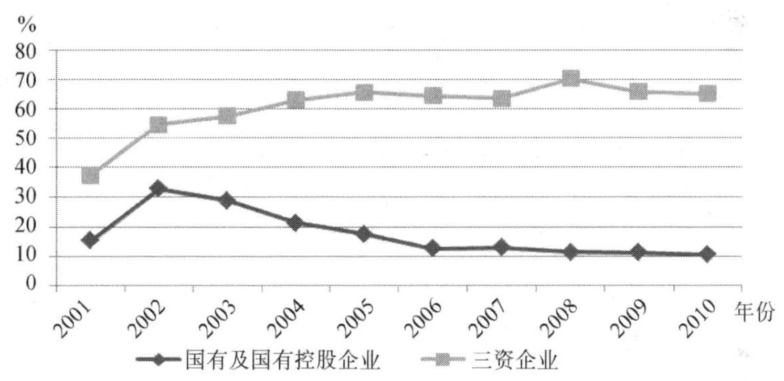

图5－25　中国高技术产业中的企业类型

资料来源：中华人民共和国科学技术部历年《中国高技术产业数据》。

三、中国外资型贸易模式产业结构特征及其影响

中国外资型贸易模式产业结构特征表现为较高的结构水平。从国内存在意义上看，外资型贸易模式的存在明显拉高了中国产业结构的水平，尤其是工业内部结构的优化。然而，这种结构的优化是通过大量引入外资企业而取得的，因此在一定意义上这种结构提升是不真实的，或者说存在一定程度上的虚假性。特别是数据分析中发现，中国的高技术产业和高技术密集型行业外资企业的产出份额占到了七成至八成，足以说明是外资企业主导了中国的高端产业。也就是说，外资企业主导着中国产业结构的优化，至少是工业内部结构中高端比例的提升。进一步分析机电产品出口和高技术出口的情况，得出这些行业均是外资型贸易模式主导的。因此可以说，外资型贸易模式对

中国产业结构的升级具有重要影响。

然而，我们必须看到，一方面，外资型贸易模式带来的结构优化存在一定程度的不真实性，即一旦这种模式不复存在将使统计意义上的结构出现退化。另一方面，这种结构优化存在着较大的缺陷，即中国并不是完全拥有这些高端产业，而是这些产业的低端环节。当然，我们也必须承认它带来了对产业结构优化的积极意义，通过产业链的带动效应，以产品和产业为中心延长了国内的产业链，形成了一批内资高端企业，通过示范效应带动相关高端产业的发展。

第六节　外资型贸易模式中的区域结构

外资型贸易模式区域结构特征表现为明显的区域偏向以及由此形成的区域差异。本书通过中国外资型贸易模式的主导者——外资企业——的产出、出口以及加工贸易等的区域结构进行分析，揭示和实证了这一结构效应的存在。历史地看，中国外资型贸易模式区域结构偏向于沿海地区，但随着区域交通情况的改变，将可能发生变化。

一、产出的区域结构

由于外资型贸易模式主要发生在工业领域，本书以外商及港澳台投资工业企业销售产值占规模以上工业企业工业销售产值的比重衡量外资企业产出比重。表 5－17 数据显示，外资企业的产出形成了明显的区域差异，以外资企业产出比重衡量的区域结构呈现出从东部到西部渐次下降的基本格局。具体而言，东部地区外资企业产出占总产出的 1/3 以上，且明显大于中部和西部地区。统计年份中中国东部地区外资企业产出比重最高为 2004 年的 40.46%。从变化趋势看，表现出比较明显的先升后降的过程。相比而言，中国中部和西部地区的该比重明显较小，各年份该比重均不及中国东部地区的 1/3，中国中部地区略高于 10%，而中国西部地区略低于 10%。但从动态变化看，中国中部和西部地区的该比重均呈现缓慢上升趋势。

表 5－17　　中国三大地区外资企业产出比重　　单位：%

年份	东部地区	中部地区	西部地区	全国
2000	35.62	9.24	7.55	27.41
2001	36.56	9.99	8.21	28.52
2002	37.18	10.96	8.77	29.38
2003	38.93	12.03	9.43	31.23
2004	40.46	13.3	9.45	32.73
2005	39.68	11.92	9.26	31.73
2006	39.56	12.44	9.38	31.61
2007	39.89	12.43	9.95	31.5
2008	37.72	12.5	9.94	29.55
2009	35.65	12.29	10.11	27.89
2010	35.17	12.37	9.85	27.23
2011	34.3	12.07	9.9	25.94
平均	37.56	11.8	9.32	29.56

数据来源：作者根据国家数据库整理计算得出。

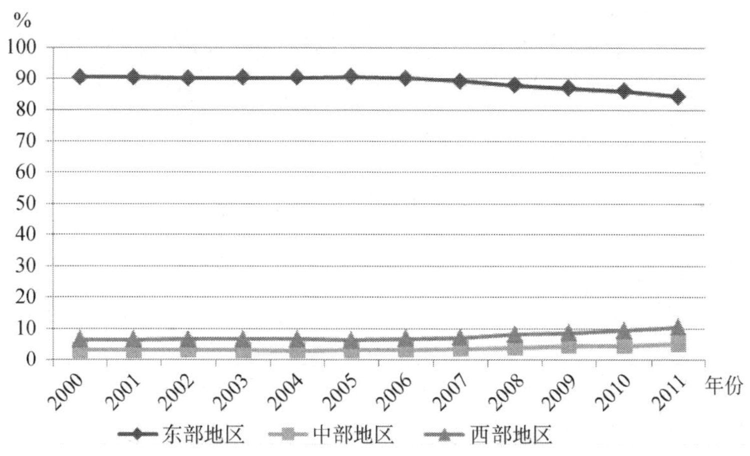

图 5－26　中国三大地区外资企业产出份额

资料来源：作者根据国家数据库整理计算得出。

以各个地区外资企业产出占全国外资企业产出的比重分析，可以看出，以工业销售产值计算的中国东部地区外资企业产出占到全国外资企业产出的近 90%（如图 5－26 所示）。由此反映出外资企业作为外资型贸易模式的主导者，对中国生产的区域安排的差异。中国东部沿海地区交通海运便利，贸易成本相对更低，使得外资企业更多地把生产安排在中国东部沿海地区。反过来，又从一个侧面反映了外资企业在中国的生产是以出口为目的的，即形成了外资型贸易模式。从各个地区外资企业产出比重的变化看，2008 年世界金融危机后，中国东部地区的外资企业产出比重逐渐下降，而中国中部和西部地区的该比重呈现上升趋势。这一方面反映了中国外资引入区域导向政策的改变，即开放进一步向更宽领域、更广地区推进，而且数据显示中国西部地区的该比重提高较中国中部地区更快，说明沿边开放带来的影响。另一方面反映了中国东部地区生产成本特别是劳动力成本提升与中国中西部地区交通改善降低贸易成本所引起的外资企业生产区域安排的变化。

以外资企业产出反映的区域结构，从两个方面反映了外资型贸易模式对中国的影响。一方面，外资企业在中国的工业产出中占有重要影响，中国有近 30% 的工业产出来自于外资企业（如表 5 - 17 所示）。另一方面，外资企业产出具有明显的区域偏向，进而影响了产出的区域结构。

二、出口的区域结构

1. 外资企业出口比重

本书以外商及港澳台投资工业企业出口交货值占规模以上工业企业工业出口交货值的比重衡量外资企业出口比重。表 5 - 18 数据显示，中国三大地区外资企业出口占总出口比重存在着明显的差异。

表 5 - 18　　中国三大地区外资企业出口比重　　单位:%

年份	东部地区	中部地区	西部地区	全国
2000	66.12	17.29	17.18	61.86
2001	67.48	17	16.35	63.48
2002	68.76	20.11	14.4	64.91
2003	70.16	21.72	17.2	66.66
2004	74.96	27.7	19.46	71.59
2005	73.35	24.34	20.77	69.76
2006	72.96	27.46	20.72	69.37
2007	74.02	29.8	22	70.56
2008	72.74	29.26	27.23	69.36
2009	72.68	37.23	29.22	70
2010	72.18	36.28	35.13	69.25
2011	71.5	40.76	51.26	68.65

续表

年份	东部地区	中部地区	西部地区	全国
平均	71.41	27.41	24.24	67.95

数据来源：作者根据国家数据库整理计算得出。

在统计年份中，中国外资企业出口比重占全部出口的比重平均为67.95%，说明在工业行业中中国的外贸模式明显具有外资型特点。中国东部地区外资企业出口占其全部工业企业出口的比重平均为71.41%，中国中部地区平均为27.41%，而中国西部地区仅为24.24%，形成了明显的区域落差。这与前面分析的产出的区域结构情况完全一致。比较两个比重还可以看出，外资企业的出口比重明显大于产出比重，各年份和各个地区外资企业的出口比重均达到或超过了其产出比重的两倍，说明外资企业的出口偏向更大。进一步佐证了中国外资型贸易模式的特点。

分地区看，中国东部地区外资企业的出口比重呈现先升后降的态势，但比重仍在70%以上。中国中部和西部地区外资企业的出口比重呈不断上升之势。2011年，中国中部和西部地区该比重分别超过了40%和50%，并且中国西部地区表现为后来居上，以大幅度的提升超过了中国中部地区。2008年金融危机后，中国中部和西部地区外资企业出口比重提升迅速，说明中国的外资型贸易模式已开始向中国中部和西部地区转移。而在华外资企业出口比重提升与外资企业产出比重保持平稳，说明中国新增的出口中大部分贡献来自于外资企业。

2. 加工贸易出口比重

加工贸易是外资型贸易模式下的主要贸易方式。进一步考察加工贸易的区域结构可以发现，外资型贸易模式形成的区域结构差异。由于国研网对外贸易数据库只提供了2002—2008年分省份按贸易方式区分的进出口数据，本书仅以可获得数据对加工贸易的区域结构进行分析。表5－19数据显示，中国加工贸易的区域结构有以下几个特点：（1）各地区出口中的加工贸易比重大于进出口中的加工贸易比重；（2）无论是进出口、出口还是进口，中国东部地区加工贸易的比重均大于中国中部和西部地区。中国东部地区的各类加工贸易比重均为中国中部和西部地区各类比重的3倍以上；（3）在统计期内，中国东部地区和西部地区加工贸易各类比重均有不同程度地下降，而中国中部地区则有所上升。

表 5-19　　中国三大地区加工贸易比重　　单位:%

区域	项目	2002 年	2003 年	2004 年	2005 年	2006 年	2007 年	2008 年
东部地区	进出口	52.02	50.93	50.82	51.7	50.26	48.54	44.4
	出口	58.95	58.94	58.94	58.13	55.95	54.13	51.04
	进口	44.42	42.44	42.25	44.27	43.28	41.4	36.02
中部地区	进出口	12.37	10.41	12.77	14	15.12	15.29	13.45
	出口	15.05	13.54	15.34	16.6	17.71	17.75	15.98
	进口	9.07	7.08	9.86	10.95	11.95	12.22	10.29
西部地区	进出口	16.19	14.02	13.14	12.63	12.45	10.88	10.49
	出口	21.4	18.24	17.17	14.84	14.25	12.23	10.51
	进口	10.03	9.2	8.85	10.09	10.23	9.25	10.46
全国	进出口	48.88	47.58	47.66	48.57	47.25	45.38	41.15
	出口	55.39	55.16	55.3	54.66	52.67	50.7	47.26
	进口	41.66	39.53	39.57	41.53	40.62	38.59	33.43

数据来源：作者根据国研网对外贸易数据库整理计算得出。

三、中国外资型贸易模式区域结构特征及影响

中国外资型贸易模式存在着明显的区域结构偏向，这与中国辽阔的国土面积所形成的运输成本差异有着密切关系。按三大区域即东部、中部、西部进行区域比较，外资型贸易模式明显偏向于东部沿海具有低成本优势的地带。通过对外资型贸易模式主导者——外资工业企业的产出、出口在中国三大区域的分布现状和历史发展的梳理分析，并结合考察加工贸易在三大地区的分布情况，基本反映了外资型贸易模式下区域结构特征。

外资型贸易模式区域结构偏向对中国经济的区域结构产生了以下影响：(1) 外资型贸易模式的主导者外资工业企业改变了中国工业产出的区域结构，扩大了中国东部地区的产出份额，改变了中国的工业区域布局形态；(2) 改变了出口的区域，中国东部地区在外资型贸易模式下通过加工贸易的迅速发展进一步提升了其在中国外贸中的份额，无论是出口还是进口中的份额。

外资型贸易模式对区域结构产生影响的原因是，跨国公司全球生产链布局的基本依据是包括生产费用成本和贸易成本最低的原则，生产费用成本低廉是中国形成外资型贸易模式的基本动力，而贸易成本最低要求使得外资选

择生产地更多地偏向于交通海运便利的中国东部沿海地区，从而形成了中国外资企业的基本布局形成，并明确地反映在产出和出口区域差异中。当然，在这个过程中，中国政府顺势而为的外资和出口政策的地区偏向也是其中的重要原因。随着生产费用成本和贸易成本在总生产成本的相对位置发生改变后，外资型贸易模式对区域结构的影响也将发生改变，随着中国区域开放政策的调整，中国中部和西部地区交通运输条件的改变，已经逐渐出现了中国中部和西部地区发展加快的势头。这一判断可以从近年来中国中部和西部地区外资企业出口占总出口比重的快速上升事实加以佐证。

第六章 要素流入的收入效应——外资型贸易模式的本国收入

本章以外资型贸易模式下的贸易收入（即外资企业为出口生产获得的增值）为基础，探讨要素流入的收入效应。流入要素主导的要素国际合作是外资型贸易模式获得贸易收入的基础。外资型贸易模式中的要素流入对本国国民收入和流入要素收入带来一系列影响，这就是要素流入的收入效应。要素流入的收入效应包括正和收入效应、零和收入效应和差异收入效应。在外资型贸易模式下，正和收入效应使得出口增加带来的本国国民收入和外国要素收入都增加。零和收入效应使得出口形成的本国国民收入和外国要素之间存在此消彼长的关系。差异收入效应则使得出口形成的本国要素收入低于外国要素收入。

第一节 要素流入的收入效应及其形成机制

外资型贸易模式以要素流入主导的要素国际合作为基础。要素跨国流动的基本机制决定了要素流入会对形成外资型贸易模式的外国要素收入和本国要素收入产生影响。由于在外资型贸易模式中，参与合作的要素存在着国别属性差异，东道国要素收入便构成了外资型贸易模式的东道国贸易收入，它与外国要素收入一起构成了外资型贸易模式的贸易收入。

一、要素流入的收入效应

生产要素跨国流动以跨国公司的跨国直接投资为载体。同时，跨国公司又是全球生产链和全球价值链的主导者。外资企业是跨国公司主导的全球价值链中的一环，自然成为全球贸易中的一部分。要素流入形成了以跨国公司主导、外资企业出口贸易为导向的外资型贸易模式。外资型贸易模式的要素流入产生以下两个方面的影响：一是形成外国流入生产要素与本国生产要素的国际合作，带来产出的扩大和收入的增加；二是带来东道国出口贸易的增加，不仅是贸易总额的增加，也带来贸易增加值的增加。

要素流入的收入效应，是指以要素流入为基础的外资型贸易模式形成的、对本国要素收入和外国要素收入的影响。要素流入的收入效应包括正和收入效应、零和收入效应和差异收入效应。正和收入效应是指要素流入的外资型贸易模式中本国国民收入和外国要素收入均增加。零和收入效应是指基于外资型贸易模式的静态贸易收入即出口增值是既定的，本国国民收入和外国要素收入存在着此消彼长的关系。差异收入效应是指外资型贸易模式中本国要素收入与外国要素收入之间存在着差异，表现为前者低后者高，并具有这种趋势性特征。

二、要素流入的收入效应形成机制

外资型贸易模式从生产的角度看是要素跨国流入形成的要素国际合作。因此，探讨要素流入的收入效应必须以生产要素的国际合作为起点。图 6－1 示意了要素流入的收入效应形成机制。

外资型贸易模式下的要素合作服务于跨国公司的全球生产链。生产要素跨国流动机制决定了高级易流动要素是生产要素跨国流动的主体。生产要素跨国流入的目的是与本国不易流动的低级要素形成要素合作，从而完成全球生产链中的某一生产环节。换言之，外资型贸易模式下的要素国际合作是流入的外国高级要素与本国相对低级要素的合作，这就是要素流入并形成外资型贸易模式的要素国际合作的基本机制，也是产生要素流入的收入效应的基础。

这种要素合作给东道国带来的影响从要素的角度看有以下三个方面：（1）使东道国投入生产的要素增加。不仅是流入要素带来的要素投入的增加，而且也带动了本国要素投入的增加。而在原来本国这些要素通常处于闲

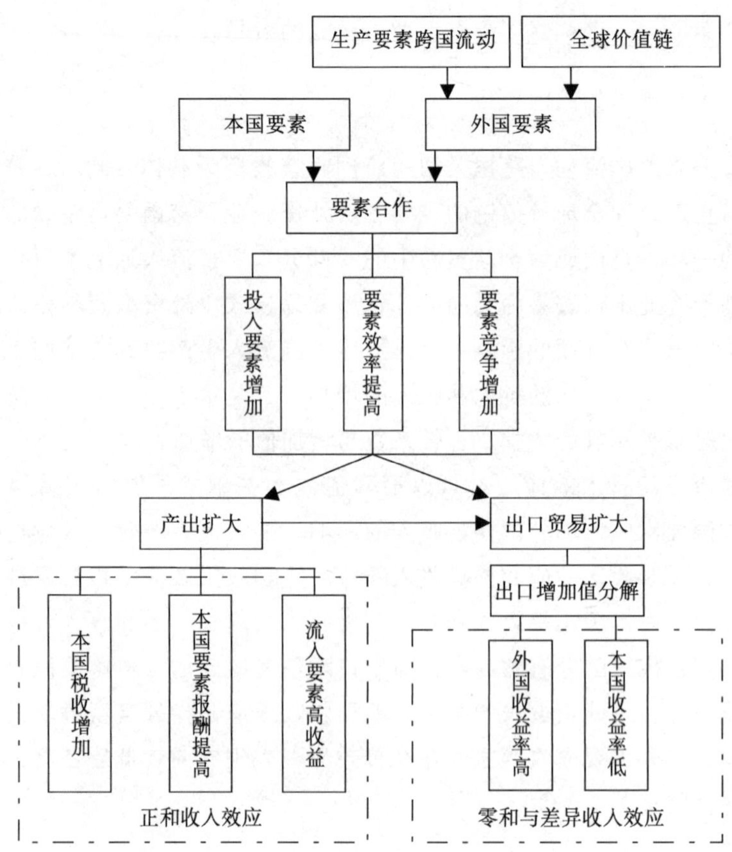

图 6-1　要素流入的收入效应形成机制

资料来源：作者自制。

置或不充分使用的状态。也正是这样的一种状态使得这些要素的使用成本低廉。这也是能够吸引外国相对高级生产要素流入本国的根本性条件和原因；（2）促进本国生产要素使用效率的提高。这种效率的提高可分为直接和间接两个方面，受到直接影响的是与外国要素进行合作的那些要素。外资进入对这些原本处于闲置或不充分使用状态的要素的雇佣促进了它们的使用效率。受到间接影响的是东道国其他生产要素。这种影响是外资企业在生产运行中带来的"溢出效应"，包括对管理、技术等的示范和带动。要素合作不仅促进本国内资企业特别是与外资企业具有生产关联性的企业（或称为生产配套企业）对投入要素使用效率的提高，同时也对劳动力在内外资企业间流动起到示范和带动作用，促进国内要素——主要是劳动力的素质和效率提高；（3）增强本国生产要素使用的竞争性。外资企业的进入无疑增加了要素的需求，并直接与内资企业形成要素需求竞争。庞大的外资注入将带来要素需求竞争的升级，并对内资企业造成压力。在初期存在大量闲置要素（主要是劳动力）的情况下，竞争首先体现在相对高质量的低价要素上，但当可利用的闲置要素开发完毕后，要素供求关系将发生转变，导致这些要素价格的上升，从而使得要素使用成本提升。这会带来两个方面影响。就要素报酬而言，要素相对稀缺性提高，导致其报酬增加，反映在劳动力上就是工资的上升，意味着本国工人收入水平的提高，从而在与国外要素合作中获得更高的收益；就内资企业而言，要素使用成本的上升将迫使其进一步提高要素使用效率。

在外资型贸易模式要素合作的上述机制和影响下，必定带来东道国产出的扩大，由于其出口导向性进而又直接带来出口的扩大。

三、要素流入的收入效应构成和命题

1. 要素流入的收入效应构成

外资型贸易模式的要素流入合作机制会带来三个方面的收入效应，分别是正和收入效应、零和收入效应和差异收入效应。

正和收入效应是指要素流入形成外资型贸易模式出口贸易增长对参与合作的各要素所有者带来了收入的增加。对于本国而言，在上述要素国际合作机制的影响下，外资型贸易模式出口带来本国国民收入的提高。本书把它分为两个部分，一部分是从直接参与出口生产的、可从增加值收入法核算中计算的要素收入，另一部分为无法从上述计算中得到的收入，包括政府提供的土地、基本设施和服务等方面得到的回报，可以用政府税收来衡量。对于外国而言，在外资型贸易模式出口贸易中的收入就是流入要素的收入。由要素流动理论揭示的要素流动的基本特征是追求高收益，因此外国流入要素必定获得相比在其母国更高的收益。

零和收入效应，是指要素流入形成外资型贸易模式出口贸易获得的贸易收入总量是既定的，贸易收入在参与贸易商品生产的各个要素之间形成的收入分割是一个此消彼长的格局。这里的贸易收入指形成贸易商品生产增值的收入，而非因贸易交换产生的收入。因此，基于静态的贸易收入，要素流入的收入效应在本国收入与外国收入之间形成一种零和关系。

差异收入效应，是指要素流入形成外资型贸易模式出口贸易获得的贸易收入中本国各类要素的收入和外国流入要素的收入之间存在差异。该理论的基础是要素价格和收益原理。要素流入的合作机制说明，形成外资型贸易模式的要素国际合作是相对高级的流入要素和相对低级的本国要素之间的合作。高级要素获得高收益，低级要素获得低收益，决定了本国在外资型贸易模式出口贸易中获得的国民收入相对低，而外国要素获得的收入相对高。

2. 要素流入的收入效应命题

为进一步探析上述要素流入的收入效应，本书提出要素流入的正和收入效应、零和收入效应和差异收入效应归纳为以下理论命题。

（1）正和收入效应。上述提出，要素流入的正和效应表现为要素流入和要素国际合作形成外资型贸易模式，在出口贸易增长的动态过程中，造成本国参与合作要素收益的增加与外国流入要素的收益增加。

对于本国而言，正和效应由以下命题构成：

命题Ⅰ：在以要素流入和要素国际合作为基础的外资型贸易模式出口贸易增加的过程中，本国的税收收入将增加。本书称之为税收效应。

外资型贸易模式下，外资企业出口贸易增长的基础是出口贸易生产的扩大。外资企业生产的扩大带来了与外资企业出口贸易相关的税收增长，增加了本国的国民收入。税收收入代表着包括本国提供的土地、基本设施和服务等要素的报酬。

命题Ⅱ：在以要素流入和要素国际合作为基础的外资型贸易模式出口贸易增加的过程中，本国的劳动要素报酬即劳动工资水平将提高。本书称之为就业报酬效应。

要素流入形成的要素合作，一方面吸纳了大量闲置或低效使用的要素，使本国参与合作要素（主要是劳动力）的使用效率提高，带来这些参与合作要素报酬的提升；另一方面，外资型贸易模式出口贸易增加，形成了对本国要素的强大需求。要素需求竞争性的增加，将提升这些要素的市场价格，即要素的报酬提高。

对流动要素所有者（外资母国）而言，正和效应体现在以下命题中：

命题Ⅲ：在以要素流入和要素国际合作为基础的外资型贸易模式出口贸易中，外国流入要素获得了比在母国更高的收益。本书称之为流入要素高收益效应。

要素跨国流动的根本动力是要素价格和收益的国别（或地区）差异。形成外资型贸易模式的要素流入必定获得高于其流出国的价格和收益。

（2）零和收入效应。上述部分提出，在静态下外资型贸易模式出口贸易形成的收入，即给定贸易收入情况下，参与形成出口贸易的各个生产要素的收入给定，从而形成所谓的零和收入效应。其命题如下：

命题Ⅳ：在以要素流入和要素国际合作为基础的外资型贸易模式出口贸易中，本国要素收入和外国要素收入之和给定，等于静态贸易收入，或等于出口贸易商品的生产增值。

此命题在给定的前提条件下是一种常识，本书将不再进行实证检验和分析。

（3）差异收入效应。上述提出，差异收入效应，表现为要素流入和要素国际合作形成外资型贸易模式。在出口贸易增长的动态过程中，本国参与合作要素收入与外国流入要素的收入存在着差异，有以下命题：

命题Ⅴ：在以要素流入和要素国际合作为基础的外资型贸易模式出口贸易增加的过程中，本国参与要素获得相对低的收益，本国在外资型贸易模式中获得的国民收入占贸易收入的比重会低于流入要素，这种低收益比重与外资型贸易模式相伴随。

命题Ⅵ：在以要素流入和要素国际合作为基础的外资型贸易模式出口贸易增加的过程中，外国流入要素获得相对高的收益，流入要素获得的收入占贸易收入的比重高于本国收入的比重，这种流入要素高收益比重与外资型贸易模式存在共生性。

在外资型贸易模式中，流入要素寻求本国的低级要素进行合作是其基本特征。由此形成的要素国际合作决定本国要素获得的收益必定低，外国流入要素主导着生产和贸易，必定获得高收益。这种依要素国别属性存在着的收入差异既是外资型贸易模式存在的必然结果，也是其存在的根本原因。

第二节　外资企业出口贸易增加值核算

增加值贸易是顺应生产全球化而形成的一种能更准确反映世界贸易真实情况的概念。增加值贸易的计算反映的贸易收益更贴近现实，但在外资型贸易模式存在的情况下仍不能准确反映一国的贸易收益。因此，需要进一步分析增加值贸易的构成。本节沿着这一思路，进一步提出出口贸易增加值的概念，并对中国外资企业出口增加值的情况进行分析，为实证本章第一节提出的命题提供数据支撑。

一、出口贸易增加值的概念、构成与计算

增加值（value added）的概念来自于国民经济统计，指一国常住单位生产过程创造的新增价值和固定资产的转移价值，反映企业生产过程中产出超过中间投入的价值。国内生产总值（GDP）就是一项增加值。增加值可以用生产法和收入法进行计算。按生产法计算，增加值等于总产出减去中间投入；按收入法计算，即用要素收入亦即企业生产成本核算，增加值等于劳动者报酬[①]、生产税净额[②]、固定资产折旧[③]和营业盈余[④]之和。

出口贸易增加值是指出口总值中所包含的增加值。本章第一节中所述的三种增加值贸易的测算方法虽然视角有所不同，但从价值增值的角度看均与此处所述的增加值一致。出口贸易增加值只反映出口产品生产过程中形成的价值增值，并不反映一国出口产品中全部价值构成的情况。但由于本书仅讨论外资型贸易模式下贸易收入的归属问题，因此并不需要讨论一国全部的增加值贸易（或贸易增加值）。

根据增加值统计的收入法，出口贸易增加值可以通过加总出口产品中所含的劳动者报酬、生产税净额、固定资产折旧与营业盈余得到。假设出口企业出口产品和内销产品的各类要素含量相同，那么出口贸易增加值用公式表示为：

出口贸易增加值 = 企业产出增加值 × 出口值 ÷ 产出值

二、在华外资企业出口贸易增加值构成情况

外资工业企业出口是指外资型贸易模式的现实表现。因此，要研究外资型贸易模式的收入效应，需要首先计算外资企业出口增加值及其构成情况。

本书根据收入法核算增加值，首先对外资工业企业的增加值进行了估

---

① 劳动者报酬是指劳动者从事生产活动进而从生产单位得到的各种工资报酬。

② 生产税净额是指企业向政府缴纳的生产税与政府向企业支付的生产补贴相抵后的差额，生产税是政府向企业征收的有关生产、销售、购买、使用物质产品和服务的税金如产品税、营业税、增值税等。

③ 固定资产折旧是指固定资产在使用过程中，通过逐渐损耗（包括有形损耗和无形损耗）而转移到产品成本的那部分价值，即为补偿生产中所耗用的固定资产而提取的价值。固定资产折旧由两部分组成，一部分是按规定比率提取的基本折旧；另一部分是为恢复固定资产在使用过程中已损耗部分的价值而产生的相关修理费用。

④ 营业盈余是指社会总产品扣除中间投入、固定资产折旧、劳动者报酬、生产税净额后的剩余部分。

算。外资企业按来源包括外资工业企业和港澳台工业企业，按注册类型包括外商独资企业、中外合资企业和中外合作企业。增加值构成的四部分数据的获得分别如下：固定资产折旧等于外资企业当年折旧值，具体计算时采用累计折旧前后年相减的办法得到，考虑到会计核算中存在折旧冲抵等问题，部分出现负值的年份综合考虑前后各年进行平滑处理；劳动者报酬等于外商投资单位年职工平均工资乘以外资工业企业全部从业人员年平均数加港澳台工业企业职工年平均工资乘以港澳台工业企业全部从业人员年平均数。由于2004年港澳台工业企业全部从业人员年平均数数据缺失，本书把2003年和2005年数据的简单平均作为替代，以平滑时间序列数据；生产税净额等于主营业务税金和附加额加应交增值税额；营业盈余等于外商及港澳台工业企业利润总额。上述数据除外资工业企业全部从业人员年平均数来自国研网《工业统计数据库》外，其他数据均来自国家数据库（即各年《中国统计年鉴》)。由于各地区外资企业（包括外资工业企业和港澳台工业企业）年职工平均工资各不相同，因此先计算中国各省（直辖市、自治区）的数据，再加总得到全国数据。计算结果如表6－1所示。

表6－1　　2003—2011年中国各省（直辖市、自治区）外资工业企业增加值

单位：亿元

	2003年	2004年	2005年	2006年	2007年	2008年	2009年	2010年	2011年
全国	7685.34	11688.52	13177.85	15238.39	20534.48	23863.62	26488.03	35728.53	39567.55
北京	299.83	434.53	503.89	560.63	689.54	765.94	867.18	1074.13	1253.15
天津	255.95	430.76	500.28	558.47	644.46	754.47	870.12	1377.77	1590.54
河北	152.75	335.14	356.57	461.37	559.62	624.82	687.98	831.61	1188.64
山西	38.16	45.89	55.43	82.35	145.84	182.81	160.78	194.61	252.44
内蒙古	23.8	45.93	119.82	156.55	220.61	188.28	222.04	308.27	372.94
辽宁	262.3	376.69	309.06	401.02	806.38	528.76	1070.4	1316.56	1262.7
吉林	162.72	144.7	128.24	218.51	285.67	318.59	481.96	842.04	797.18
黑龙江	32.74	72.14	115.75	90.62	155.52	158.26	159.75	221.23	202.55
上海	1304.56	1542.45	1495.61	1726.67	2160.07	1737.15	2351.76	3133.62	3394.32
江苏	856.53	1561.85	1733.79	2279.35	3351.77	5047.27	4176.3	6387.76	8559.08
浙江	464.35	912.85	884.29	1085.27	1437.58	1617.13	1707.21	2352.24	2568.4
安徽	87.35	90.07	128.55	153.13	165.88	245.34	348.24	513.72	633.82
福建	565.63	705	835.49	943.28	1136.35	1175.79	1462.33	1959.23	2224.58

续表

	2003 年	2004 年	2005 年	2006 年	2007 年	2008 年	2009 年	2010 年	2011 年
江西	32.72	65.27	77.23	92.92	132.38	301.91	316.41	440.85	555.09
山东	444.24	679.9	894.73	1177.81	1548.1	1590.93	2507	2312.18	2625.82
河南	69.47	110.45	84.89	168.49	271	284.24	300.83	451.26	584.92
湖北	103.09	196.46	226.33	224.57	427.86	549.25	639.52	934.62	934.73
湖南	51.55	76.99	66.61	92.35	141.01	196.43	212.59	319.91	357.8
广东	2194.32	3450.59	4222.84	4153.96	5375.74	6540.43	6606.3	8804.78	8162.59
广西	56.27	82.24	104.19	124.01	192.8	199.75	258.58	400.49	457.95
海南	8.46	14.89	17.49	42.11	67.89	70.27	159.39	178.61	181.79
重庆	66.67	89.18	92.65	125.52	189.06	204.97	264.54	342.89	373.48
四川	65.63	81.3	85.85	137.4	183.78	302.51	285.54	545.51	590.16
贵州	4.17	12.89	1.72	8.55	14.03	23.99	19.57	29.84	36.86
云南	22.22	42.06	40.8	56.63	73.45	57.53	70.52	105.49	99.42
西藏	0.04	0.03	0.93	2.04	2.55	1.45	1.7	1.85	2.28
陕西	43.05	59.18	53.83	74.05	102.13	124.26	199.58	228.84	216.68
甘肃	6.19	12.07	10.5	13.89	17.27	20.08	18.94	19.91	25.05
青海	1.56	8.08	12.51	4.97	4.15	25.47	28.41	40.49	10.18
宁夏	3.7	5.33	9.56	13.3	17.72	11.57	10.86	33.17	23.28
新疆	5.35	11.72	9.35	10.05	16.17	15.42	22.28	25.65	29.82

数据来源：作者根据历年《中国统计年鉴》、国研网《工业统计数据库》整理计算得出。

表 6－2　　2003—2011 年中国各省（直辖市、自治区）外资工业企业外销比

单位：%

	2003 年	2004 年	2005 年	2006 年	2007 年	2008 年	2009 年	2010 年	2011 年
全国	0.41	0.45	0.43	0.43	0.41	0.39	0.34	0.33	0.32
北京	0.22	0.26	0.32	0.35	0.38	0.36	0.29	0.26	0.22
天津	0.42	0.45	0.45	0.4	0.43	0.35	0.27	0.25	0.22
河北	0.14	0.26	0.32	0.35	0.38	0.36	0.29	0.26	0.22
山西	0.14	0.19	0.16	0.19	0.15	0.13	0.12	0.1	0.1
内蒙古	0.17	0.14	0.18	0.15	0.08	0.07	0.03	0.04	0.05
辽宁	0.38	0.37	0.36	0.32	0.3	0.29	0.23	0.23	0.19
吉林	0.04	0.04	0.04	0.05	0.04	0.05	0.04	0.03	0.03
黑龙江	0.08	0.06	0.06	0.08	0.08	0.06	0.05	0.05	0.04

续表

	2003 年	2004 年	2005 年	2006 年	2007 年	2008 年	2009 年	2010 年	2011 年
上海	0. 36	0. 42	0. 46	0. 44	0. 45	0. 46	0. 39	0. 39	0. 37
江苏	0. 38	0. 51	0. 46	0. 46	0. 46	0. 46	0. 41	0. 42	0. 41
浙江	0. 43	0. 42	0. 46	0. 47	0. 44	0. 41	0. 36	0. 35	0. 31
安徽	0. 1	0. 14	0. 14	0. 16	0. 17	0. 13	0. 11	0. 11	0. 12
福建	0. 46	0. 5	0. 47	0. 45	0. 43	0. 4	0. 36	0. 35	0. 34
江西	0. 1	0. 21	0. 21	0. 27	0. 28	0. 28	0. 29	0. 26	0. 26
山东	0. 38	0. 37	0. 32	0. 32	0. 3	0. 3	0. 25	0. 25	0. 23
河南	0. 12	0. 12	0. 14	0. 12	0. 09	0. 08	0. 07	0. 07	0. 19
湖北	0. 07	0. 08	0. 09	0. 11	0. 1	0. 08	0. 08	0. 1	0. 1
湖南	0. 12	0. 15	0. 14	0. 13	0. 12	0. 08	0. 05	0. 05	0. 06
广东	0. 58	0. 61	0. 55	0. 59	0. 56	0. 54	0. 47	0. 46	0. 45
广西	0. 08	0. 1	0. 09	0. 08	0. 1	0. 1	0. 07	0. 1	0. 12
海南	0. 14	0. 17	0. 13	0. 13	0. 11	0. 07	0. 13	0. 1	0. 07
重庆	0. 05	0. 05	0. 06	0. 07	0. 06	0. 06	0. 04	0. 07	0. 21
四川	0. 11	0. 12	0. 09	0. 13	0. 1	0. 17	0. 15	0. 23	0. 36
贵州	0. 2	0. 26	0. 19	0. 1	0. 1	0. 11	0. 09	0. 07	0. 07
云南	0. 06	0. 08	0. 09	0. 08	0. 14	0. 07	0. 04	0. 04	0. 03
西藏	0. 25	0	0	0	0	0	0	0	0
陕西	0. 04	0. 08	0. 08	0. 08	0. 11	0. 1	0. 08	0. 06	0. 07
甘肃	0. 1	0. 09	0. 11	0. 03	0. 01	0. 02	0. 04	0	0. 01
青海	0. 03	0. 03	0. 01	0. 01	0. 05	0. 02	0	0	0
宁夏	0. 26	0. 19	0. 14	0. 13	0. 12	0. 14	0. 13	0. 07	0. 08
新疆	0. 24	0. 25	0. 14	0. 07	0. 1	0. 11	0. 05	0. 04	0. 05

数据来源：作者根据历年《中国统计年鉴》整理计算得出。

以外资工业企业出口交货值除以外资工业企业销售产值得到外销比，近似得到外资工业企业的出口比例（如表 6 – 2 所示）。再以外资工业企业增加值乘以其外销比得到外资工业企业出口增加值（如表 6 – 3 所示）。

计算得到各省（直辖市、自治区）外资工业企业增加值的四个构成部分，然后分别乘以各省（直辖市、自治区）外资工业企业外销比得到各省（直辖市、自治区）外资工业企业出口增加值的四个构成部分的数值，加总得到各省（直辖市、自治区）外资工业企业出口增加值。对出口增加值和四

表 6-3　2003—2011 年中国各省（直辖市、自治区）外资工业企业出口增加值

单位：亿元

	2003 年	2004 年	2005 年	2006 年	2007 年	2008 年	2009 年	2010 年	2011 年
全国	3080.67	5195.2	5639.29	6484.93	8387.5	9499.49	8841.12	11802.4	12587.19
北京	65.4	111.42	162.85	195.5	259.48	274.53	249.19	279.37	280.38
天津	107.9	194.74	225.56	222.91	278.54	262.04	232.29	348.49	357.1
河北	21.17	85.94	115.24	160.89	210.59	223.95	197.7	216.29	265.95
山西	5.44	8.87	8.75	15.79	22.07	24.07	18.51	19.43	24.47
内蒙古	4.06	6.44	22.11	24.12	17.74	14.01	6.06	11.43	17.18
辽宁	99.33	141.01	110.17	129.83	238.37	152.84	248.28	303.34	241.36
吉林	5.83	6.33	5.73	10.13	12.22	15.28	17.98	24.88	24.49
黑龙江	2.68	4.58	7.27	7.64	13.22	9.84	7.41	10.65	7.68
上海	471.69	651.74	682.21	768.05	972.56	795.5	925.72	1225.31	1264.73
江苏	328.76	791.25	803.3	1054.78	1529	2307.01	1732.03	2682.69	3474.54
浙江	198.81	382.86	403.52	508.82	632.73	655.13	608.38	816.57	806.02
安徽	9.02	12.79	18.55	24.19	27.59	31.89	40.01	54.31	77.57
福建	259.44	354.77	391.09	420.51	485.19	470.3	522.5	686.82	749.67
江西	3.14	13.8	15.94	25.22	36.92	85.31	92.02	115.1	146.05
山东	169.47	249.31	282.71	371.78	471.72	471.91	635.07	570.28	607.44
河南	8.09	12.78	11.98	20.1	25.16	22.02	19.93	29.66	111.7
湖北	7.68	15.81	19.55	25.71	44.83	44.55	49.9	94.34	94.5
湖南	6.12	11.85	9.15	12.27	16.37	15.67	10.98	17.35	23.09
广东	1282.98	2097.06	2306.52	2430.09	3015.09	3512.95	3110.75	4063.15	3634.55
广西	4.72	7.87	9.51	10.28	18.37	19.05	18.87	39.82	52.98
海南	1.18	2.58	2.33	5.62	7.62	4.88	21.18	18.47	13.25
重庆	3.44	4.86	5.58	8.64	11.31	12.08	10.37	23.05	76.57
四川	7.36	9.79	7.42	17.98	18.43	51.14	42.29	126.99	211.24
贵州	0.84	3.36	0.33	0.82	1.38	2.55	1.73	1.97	2.64
云南	1.44	3.23	3.59	4.49	10.27	4.04	3	4.31	3.26
西藏	0.01	0	0	0	0	0	0	0	0
陕西	1.78	4.84	4.39	5.87	11	12.8	15.81	14.76	15.16
甘肃	0.6	1.1	1.16	0.37	0.16	0.34	0.73	0.05	0.21
青海	0.05	0.24	0.1	0.05	0.19	0.48	0	0	0
宁夏	0.96	1.02	1.35	1.76	2.09	1.62	1.45	2.48	1.9
新疆	1.29	2.94	1.33	0.74	1.68	1.73	1.02	1.05	1.51

数据来源：作者根据历年《中国统计年鉴》、国研网《工业统计数据库》整理计算得出。

个构成部分分别进行全国加总得到全国外资工业企业出口增加值及四个构成部分的数值。表6－4给出了2003—2011年全国外资工业企业出口增加值中固定资产折旧、劳动者报酬、生产税净额和营业盈余四个构成部分的数值和比重。

表6－4　2003—2011年中国外资工业企业出口增加值构成　单位：亿元,%

年份	增加值	固定资产折旧		劳动者报酬		生产税净额		营业盈余	
		数值	比重	数值	比重	数值	比重	数值	比重
2003	3080.67	547.63	17.78	907.19	29.45	527.34	17.12	1098.51	35.66
2004	5195.2	985.69	18.97	1771.43	34.1	734.82	14.14	1703.25	32.79
2005	5639.29	707.47	12.55	2345.27	41.59	835.5	14.82	1751.04	31.05
2006	6484.93	906.52	13.98	2075.35	32	1134.79	17.5	2368.26	36.52
2007	8387.5	1221.78	14.57	2497.69	29.78	1414.25	16.86	3253.78	38.79
2008	9499.49	1501.25	15.8	2996.52	31.54	1815.78	19.11	3185.94	33.54
2009	8841.12	1191.7	13.48	2694.91	30.48	1627.61	18.41	3326.9	37.63
2010	11802.4	1633.98	13.84	3276.06	27.76	2036.5	17.25	4855.86	41.14
2011	12587.19	1948.43	15.48	3589.51	28.52	2240.53	17.8	4808.73	38.2
平均	7946.42	1182.72	15.16	2461.55	31.69	1374.12	17	2928.03	36.15

数据来源：作者根据历年《中国统计年鉴》、国研网《工业统计数据库》整理计算得出。

表6－4数据显示，中国外资工业企业出口增加值呈快速递增趋势。2003—2011年，中国外资工业企业出口增加值年均增长率为19.24%。从四个构成部分的比重看，营业盈余所占比重最高，占到出口增加值的三成至四成，计算年份的平均比重为36.15%。劳动者报酬占到出口增加值的三成左右，计算年份的平均比重为31.9%。生产税净额占出口增加值的比重平均为17%，最低的是固定资产折旧，平均占出口增加值的比重为15.16%。

第三节　正和收入效应实证检验

本节对本章第一节提出的正和收入效应的三个命题进行实证检验，并进一步探讨影响这些效应的影响因素。

一、税收效应

从增加值的角度看，外资企业出口贸易增加值中的生产税净额是外资型贸易模式下为东道国带来的税收收入贡献。然而本章第二节只使用了一种测算方法。从税收收入的角度，我们可以从税收统计数据的角度探讨外资型贸易模式对本国收入的贡献。本节先从涉外税收的角度来分析外资工业企业的税收贡献，然后实证分析本章第一节提出的命题Ⅰ，即外资型贸易模式带来本国税收收入的增加。

（一）中国涉外税收总体情况

中国学术界对涉外税收的定义主要有狭义和广义两种。狭义的看法认为，涉外税收是为了维护国家权益，对外商投资企业与外国个人征收的税收，是国家税收的重要组成部分。它体现为一国政府与在其政治权利管辖范围内的外国纳税人之间的税收征纳关系。这里所指的涉外税收纳税人，可以按照纳税人的国籍和居民身份两种不同的标准来区分。广义的看法认为，涉外税收是国家税收中涉及跨国纳税人的税收，它体现的是一国政府与在其政治权利管辖范围内从事国际经济活动的纳税人之间的税收征纳关系。跨国纳税人，是指跨越国界从事经济、技术、文化等活动取得所得并负有纳税义务的自然人和法人，其中既包括对本国负有纳税义务的外国人，也包括去国外从事经营活动、提供劳务或拥有一般财产价值的负有纳税义务的本国人。

《中国税务年鉴》中所列涉外税收包括增值税、消费税、营业税、企业所得税、个人所得税、城市维护建设税、房产税、城镇土地使用税、车船税和其他。

表6－5　　2001—2011年中国涉外税收总额情况　　单位：亿元，%

年份	涉外税收总额	占总税收收入的比重	年份	涉外税收总额	占总税收收入的比重
2001	2882.74	18.84	2007	9972.6	21.86
2002	3487.1	19.77	2008	12120.3	22.35
2003	4268.61	21.32	2009	13616.01	22.88
2004	5355.3	22.16	2010	16389.71	22.39
2005	6391.34	22.21	2011	19638	21.89
2006	7976.93	22.92			

数据来源：历年《中国税务年鉴》。

1984年，中国的涉外税收收入为2.16亿元，仅占全部税收收入的0.2%。从1984年到分税制改革前的1993年，中国的涉外税收收入年均增幅超过70%，涉外税收占全部税收收入的比重也上升到5.5%。1991年4月，《中华人民共和国外商投资企业和外国企业所得税法》在第七届全国人民代表大会第四次会议通过标志着包括流转税、所得税和财产行为税在内的较为完备的涉外税收法律体系已基本建立。1994年分税制改革后，中国进入涉外税收高速发展时期。表6-5列出了2001—2011年中国涉外税收收入情况。2001年，中国涉外税收收入为2882.74亿元，占当年全部税收收入的比重为18.84%。2011年，中国涉外税收总额达到19638亿元，10年间以年均21.15%的速度快速递增。自2003年以来，中国涉外税收收入占总税收收入的比重均超过20%，且该比重已基本稳定在22%~23%。涉外税收真正成为中国税收收入的重要组成部分，成为国家财力不可缺少的一个重要因素。

然而，涉外税收总额一方面并非全部由外资企业提供，还包括非居民企业、外籍个人和进口货物税收等，另一方面，即使扣除这些非外资企业提供的涉外税收，也还不是外资企业的净税收贡献。中国涉外税收中有一项原则是优惠原则。所谓优惠原则，是指一国采取低税率，税收减免，提高起征点，再投资退税，投资减免以及加速折旧等措施，使外国纳税义务人的税负低于本国纳税义务人。2008年，中国实施了“两税合一”，即将《中华人民共和国企业所得税暂行条例》和《中华人民共和国外商投资企业和外国企业所得税法》两部法律法规统一成一部所得税法，在税率等方面对内外资企业一视同仁。目前外资企业在税收优惠方面主要有出口货物退税，其中大部是增值税退税。因此，外资企业的净税收贡献必须在涉外税收中减去非外资企业的涉外税收和以外资企业实施的出口货物退税。

表6-6　2001—2011年中国外资企业的税收贡献　单位：亿元,%

年份	外资企业税收收入	外资企业税收占涉外税收收入的比重	外资企业出口退税额	外资企业净税收额	外资企业净税收额占外资企业税收额的比重
2001	2211.89	76.73	-353.7	1858.19	84.01
2002	2708.41	77.67	-564.05	2144.35	79.17
2003	3193.82	74.82	-816.22	2377.6	74.44
2004	3925.95	73.31	-1494.7	2431.26	61.93

续表

年份	外资企业税收收入	外资企业税收占涉外税收收入的比重	外资企业出口退税额	外资企业净税收额	外资企业净税收额占外资企业税收额的比重
2005	4823.96	75.48	-1480.28	3343.68	69.31
2006	6278.19	78.7	-2020.14	4258.04	67.82
2007	8025.97	80.48	-2551.6	5474.37	68.21
2008	9960.58	82.18	-3006.59	6953.99	69.82
2009	11144.18	81.85	-3314.28	7829.9	70.26
2010	13018.48	79.43	-3437.43	9581.05	73.6
2011	15381.65	78.33	-4120.14	11261.51	73.21

注：（1）外资企业是中外合资企业、中外合作企业和外商独资企业的统称；（2）外资企业净税收额=外资企业税收收入-增值税退税额；（3）由于2001—2011年外国企业（非居民企业）所缴增值税占涉外增值税比例均低于0.05%，2007年以后更是低至0.01%左右，故税务统计中的涉外增值税退税近似看作外资企业获得的增值税退税；（4）数据由作者根据历年《中国税务年鉴》整理计算得出。

按照上述思路，本书对《中国税务年鉴》中的历年数据进行处理（如表6-6所示）。数据显示，2001—2011年，中国从外资企业获得的税收收入逐年快速增长。2001年，中国外资企业的税收收入为2211.89亿元，占中国税收收入的14.46%，2011年，中国外资企业税收收入为15381.65亿元，占中国税收收入总额的17.14%。虽然占全国税收收入总额的比重比较稳定，但2001—2011年外资企业税收年均增幅达到了19.39%，与中国涉外税收增幅保持一致。计算期内中国外资企业所缴税收占涉外税收比重在73.31%~82.18%，说明外资企业是中国涉外税收的主要贡献者。进一步计算净税收贡献可知，自2003年以来在华外资企业的净税收占其总税收的比重均不足3/4，最低值是在2004年，仅略高于60%。因此，从净税收看，若以75%折算，那么外资企业的税收贡献只占中国总税收收入的10%左右。

中国的出口退税包括出口货物退增值税、免抵调减增值税和出口消费品退消费税三个部分。自2001年以来，中国的出口货物退增值税和免抵调减增值税占中国的出口退税总额均在99.4%以上，且呈逐年增长趋势。2011年，该比重达到了99.87%。说明中国出口退税中绝大部分为增值税退税。而外资企业获得的出口退税为增值税退税。表6-7列出了中国2001—2011年出口退增值税及外资企业获得增值税退税情况。数据显示，外资企业获得的增值税退税（涉外增值税退税）占到了中国全部增值税退税总额的近一半。本书第五章曾经分析了外资企业出口占全国出口的比重（如表 5－2 所示）。比较表 6－7 和表 5－2 可知，除 2004 年外，外资企业出口退增值税比重均小于外资企业出口比重，比重差大致在 5%～17%，可知外资企业获得的增值税退税额与出口值的比重小于全国比重的平均值。造成这一结果的原因可能是外资企业增值税缴纳时的优惠政策，从而导致退税也相应较少。但 2008 年“两税合一”以来，这种情况已不存在。

表 6－7　2001—2011 年中国外资企业出口退增值税比重　单位：亿元，%

年份	出口货物退增值税额	免抵调减增值税额	出口退增值税总额	涉外增值税退税额	涉外增值税退税占比
2001	929.64	134.59	1064.23	353.7	33.24
2002	738.25	514.5	1252.74	564.05	45.03
2003	1419.05	609.07	2028.12	816.22	40.25
2004	1446.8	745.03	2191.83	1494.7	68.19
2005	2265.47	1100.88	3366.35	1480.28	43.97
2006	2861.96	1413.88	4275.83	2020.14	47.25
2007	3648.89	1614.82	5263.72	2551.6	48.48
2008	3983.46	1873.26	5856.72	3006.59	51.34
2009	4114.31	2362.9	6477.21	3314.28	51.17
2010	5521.16	1796.07	7317.23	3437.43	46.98
2011	7226.16	1966.48	9192.64	4120.14	44.82

注：由于 2001—2011 年外国企业（非居民企业）所缴增值税占涉外增值税比例均低于 0.05%，2007 年以后更是低至 0.01% 左右，故税务统计中的涉外增值税退税可以近似看作外资企业获得的增值税退税；数据来源于历年《中国税务年鉴》。

（二）外资工业企业税收情况

上述分析仍然是对全部外资企业的分析。前部分指出外资型贸易模式主要发生在外资工业企业中，需要进一步分析外资工业企业的税收情况（如表 6－8 所示）。数据显示，外资工业企业税收额呈逐年递增，2001—2011 年，年均递增 20.46%，外资工业企业税收占外资企业税收收入的比重在 64.5%～72.07%，占涉外税收总额的比重在 50.52%～54.82%。扣除外资工业企业获得的出口增值税退税额，2001—2011 年外资工业企业的净税收年均递增 17.17%，说明外资工业企业的净税收贡献增长速度低于其总税收增长速度。

外资工业企业净税收占其总税收的比重在46.63%～77.07%，但2005年以来基本稳定在55%左右。

表6-8　　2001—2011年中国外资工业企业的税收贡献

年份	外资工业企业涉外税收额（亿元）	外资工业企业税收占外资企业税收收入的比重（%）	外资工业企业税收占涉外税收收入的比重（%）	外资工业企业净税收额（亿元）	外资工业企业净税收占其总税收收入的比重（%）
2001	1542.69	69.75	53.51	1188.99	77.07
2002	1901.61	70.21	54.53	1337.56	70.34
2003	2301.76	72.07	53.92	1485.54	64.54
2004	2800.67	71.34	52.3	1305.98	46.63
2005	3403.31	70.55	53.25	1923.03	56.5
2006	4343.61	69.19	54.45	2323.46	53.49
2007	5436.31	67.73	54.51	2884.71	53.06
2008	6644.12	66.7	54.82	3637.53	54.75
2009	7434.94	66.72	54.6	4120.67	55.42
2010	8580.31	65.91	52.35	5142.89	59.94
2011	9920.67	64.5	50.52	5800.53	58.47

注：（1）外资工业企业是中外合资、中外合作和外商独资工业企业的统称；（2）外资工业企业净税收额=外资工业企业涉外税收－增值税退税；（3）外资工业企业指制造业，采矿业，电力、燃气和水的生产与供应业三个行业的外资企业；（4）数据来源于历年《中国税务年鉴》。

进一步分析发现，2001—2011年，中国外资工业企业上缴增值税占到了所有外资企业上缴增值税的90%左右，最高达91.83%，最低为83.55%。说明外资工业企业是中国外资企业增值税的主要贡献者。2001—2011年，中国规模以上外资工业企业出口交货值占到中国规模工业企业出口交货值的70%左右，最高达71.59%，最低为63.48%（如表6-9所示）。由于中国外资企业出口占总出口的一半左右，因此可以简单推断，外资工业企业出口占全部外资企业出口的比重不会大于70%，而除工业外的其他行业外资企业出口占其他行业出口的比重估计在30%以下。这一点从表6-8外资工业企业税收占外资企业税收比重可以得到印证。这样，从增值税上缴的比重看，外资工业企业的贡献率远大于其他类型外资企业。原因可能是，其他类型外资企业的税种主要不是增值税。按此推断，外资工业企业出口值占到全国出口总值的比重应该低于50%，与表6－9计算得到的涉外增值税退税占全部增值税退税比重基本一致。

表6－9　2001—2011年中国外资工业企业出口和增值税缴纳情况　单位：%

年份	外资工业企业出口占工业企业出口的比重	外资工业企业缴增值税占外资企业的比重	年份	外资工业企业出口占工业企业出口的比重	外资工业企业缴增值税占外资企业的比重
2001	63.48	85.8	2007	70.56	89.55
2002	64.91	88.28	2008	69.36	88.81
2003	66.66	91.83	2009	70	88.11
2004	71.59	91.19	2010	69.25	85.03
2005	69.76	90.94	2011	68.65	83.55
2006	69.37	89.52			

数据来源：作者根据历年《中国统计年鉴》、《中国税务年鉴》整理计算得出。

（三）外资工业企业出口与税收

本章提出的命题Ⅰ认为，在外资型贸易模式下，要素合作会带来本国税收收入增加。在此把命题转化为外资工业企业出口增加将带来本国来自于外资工业企业的净税收增加。

表6－10　2001—2011年中国外资工业企业出口与净税收贡献

年份	外资工业企业出口交货值（亿元）	外资工业企业净税收额（亿元）	净税收占出口交货值的比重（%）
2001	10312.71	1188.99	11.53
2002	13018.39	1337.56	10.27
2003	17958.89	1485.54	8.27
2004	28983.57	1305.98	4.51
2005	33304.34	1923.03	5.77
2006	42009.09	2323.46	5.53
2007	51787.48	2884.71	5.57
2008	57217.32	3637.53	6.36
2009	50438.85	4120.67	8.17
2010	62263.52	5142.89	8.26
2011	68385.58	5800.53	8.48

数据来源：作者根据历年《中国统计年鉴》、《中国税务年鉴》整理计算得出。

表 6-10 给出了 2001—2011 年中国外资工业企业以出口交货值衡量的出口和外资工业企业的净税收。2011 年，中国外资工业企业出口交货值为 68385.58 亿元，是 2001 年该值（10313.71 亿元）的 6.63 倍，年均增速达 20.82%。同期外资工业企业的净税收增长了 4.88 倍，年均增速为 17.17%，略低于出口值的平均增速。中国 2001—2011 年外资工业企业的净税收占出口交货值的比重呈现先降后升，最高为 11.53%，最低为 4.51%，近年来稳定的 8% 以上。

1. 相关性分析

图 6-2 直观地显示了 2001—2011 年中国外资工业企业出口交货值与外资工业企业净税收的基本变化情况，两者显示出相似的增长趋势，并呈现出较强的正相关性。进一步对运用 EViews6.0 进行相关系数计算可知两者的相关系数达到了 0.92。说明两者具有明显的正相关性。

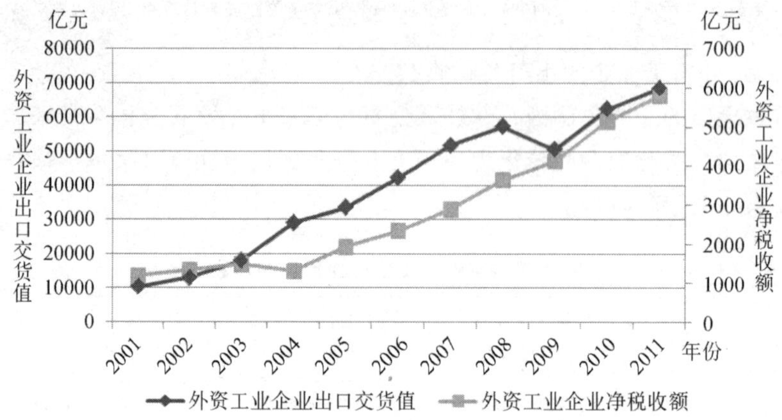

图 6-2　2001—2011 年中国外资工业企业出口与净税收比较分析折线图

数据来源：作者根据历年《中国统计年鉴》、《中国税务年鉴》整理计算得出。

2. 单位根检验

在进行单位根检验前，将外资工业企业出口交货值（export of foreign-funded industry enterprises，FINEX）和外资工业企业净税收（net taxes of foreign-funded industry enterprises，FINNT）进行自然对数处理，并分别用 ln*FINEX* 和 ln*FINNT* 表示。取自然对数的好处是可以使时间序列趋势线性化，以消除异方差现象，但不会改变原来变量间的线性关系。

运用 EViews6.0 对 ln*FINEX* 和 ln*FINNT* 时间序列数据进行单位根检验。由表 6-11 可知，两个变量的水平序列都是非平稳的，但它们的一阶差分序列都通过了5%和10%显著性水平上的ADF检验，即都是I（1）序列。因此，两个序列满足协整分析的前提条件。

表6-11　　变量单位根检验结果

变量	检验类型（c，t，n）	ADF统计值	各显著性水平上的临界值			检验结果
			1%	5%	10%	
ln*FINEX*	（c，0，0）	-2.4821	-4.2971	-3.2127	-2.7477	非平稳
Δln*FINEX*	（c，t，1）	-4.1736*	-5.8352	-4.2465	-3.5905	平稳
ln*FINNT*	（c，t，0）	-2.3270	-5.2954	-4.0082	-3.4608	非平稳
Δln*FINNT*	（c，0，0）	-3.5091**	-4.4206	-3.2598	-2.7711	平稳

注：（1）检验类型中的c、t、n分别表示在ADF检验中的常数项、时间趋势和滞后阶数。其中，滞后阶数根据AIC、SC准则确定；（2）*、**分别表示在10%和5%水平上显著；（3）Δ为差分算子。

3. 协整分析

由于此处仅考虑两个变量之间的协整关系，故不存在多重协整的情况。因此，采用EG两步检验法（Engle和Granger，1987）。首先，对两ln*FINEX*和ln*FINNT*做OLS线性回归估计，得到如下回归方程（括号内为t统计值）：

$$\ln FINNT_t = -0.4514 + 0.7914\ln FINEX_t + EC_t^1 \qquad (6-1)$$

$$(-0.3298) \qquad (6.0374)$$

$$\ln FINEX_t = 2.5215 + 1.0134\ln FINNT_t + EC_t^2 \qquad (6-2)$$

$$(1.9218) \qquad (6.0374)$$

进一步对两个残差序列EC_t^1和EC_t^2做单位根检验，结果如表6-12所示。检验结果显示，两个残差序列EC_t^1和EC_t^2在10%显著性水平下均为平稳序列，表明序列ln*FINEX*和ln*FINNT*具有协整关系。

表6-12　　序列EC_t^1和EC_t^2平稳性检验结果

变量	检验类型（c，t，n）	ADF统计值	各显著性水平上的临界值			检验结果
			1%	5%	10%	
EC_t^1	（0，0，0）	-1.7643*	-2.8167	-1.9823	-1.6011	平稳
EC_t^2	（0，0，0）	-1.9785*	-2.8167	-1.9823	-1.6011	平稳

注：（1）检验类型中的c、t、n分别表示在ADF检验中的常数项、时间趋势和滞后阶数。其中，滞后阶数根据AIC、SC准则确定；（2）*表示在10%水平上显著。

4. 格兰杰因果检验

协整检验结果表明中国的 ln*FINEX* 和 ln*FINNT* 之间存在长期稳定的均衡关系，但这种均衡关系是否构成因果关系，需要通过格兰杰因果关系检验。由于 ln*FINEX* 和 ln*FINNT* 之间具有协整关系，故可以采用水平序列直接进行格兰杰因果关系检验。表 6 - 13 格兰杰因果检验结果显示，在滞后 1 期和滞后 3 期时，ln*FINEX* 和 ln*FINNT* 的单向格兰杰原因，表明外资工业企业出口带来了外资企业净税收的增长。

表 6 - 13　　ln*FINEX* 和 ln*FINNT* 之间的格兰杰因果检验结果

滞后期	原假设	*F* 值	*P* 值	检验结果
1	ln*FINNT* does not Granger Cause ln*FINEX*	0. 0014	0. 9713	接受
	ln*FINEX* does not Granger Cause ln*FINNT*	4. 1376	0. 0814	拒绝
2	ln*FINNT* does not Granger Cause ln*FINEX*	0. 0315	0. 9693	接受
	ln*FINEX* does not Granger Cause ln*FINNT*	2. 6277	0. 1868	接受
3	ln*FINNT* does not Granger Cause ln*FINEX*	0. 4481	0. 7679	接受
	ln*FINEX* does not Granger Cause ln*FINNT*	74. 3444	0. 0850	拒绝

注：*P* 值是原假设成立的概率。若 *P* 值大于 10%，表示接受原假设，反之拒绝原假设。

（四）税收效应影响因素实证分析

外资工业企业税收来自于产出，外资工业企业的产出来自于外商直接投资形成的产能，而外资投资的引入又与开放度有关。外资工业企业的税收主要来自于增值税，而真正体现外资型贸易模式出口数量的是出口增加值，从而进一步将出口增加值和出口增值率纳入影响因素。基于外资型贸易模式，本书将从区域差异的角度，以面板数据考察外资工业企业的产出（production value of foreign - funded industry enterprises，FPV）、外资工业企业的出口增加值（export value - added of foreign - funded industry enterprises，EXVA）和外资工业企业出口增加值率（export value - added ratio of foreign - funded industry enterprises，REXVA）对外资工业企业净税收（net taxes of foreign - funded industry enterprises，FINNT）的影响，同时将工业外资数量（FDI）、各个省份的开放度（Openness）分别纳入回归方程，并观测其带来的影响。建立回归方程如下：

$$FINNT_{i,t} = \alpha_0 + \alpha_1 FPV_{i,t} + \alpha_2 EXVA_{i,t} + \alpha_3 REXVA_{i,t} + c_{i,t} + \mu_{i,t} \quad (6-3)$$

$$FINNT_{i,t} = \alpha_0 + \alpha_1 FPV_{i,t} + \alpha_2 EXVA_{i,t} + \alpha_3 REXVA_{i,t} + \alpha_4 FDI_{i,t} + \alpha_5 Openness_{i,t}$$

$$+ c_{i,t} + \mu_{i,t} \tag{6-4}$$

$$FINNT_{i,t} = \alpha_0 + \alpha_1 FPV_{i,t} + \alpha_2 EXVA_{i,t} + \alpha_3 REXVA_{i,t} + \alpha_4 FDI_{i,t} + c_{i,t} + \mu_{i,t} \tag{6-5}$$

$$FINNT_{i,t} = \alpha_0 + \alpha_1 FPV_{i,t} + \alpha_2 EXVA_{i,t} + \alpha_3 REXVA_{i,t} + \alpha_4 Openness_{i,t} + c_{i,t} + \mu_{i,t} \tag{6-6}$$

其中，i 代表各个省份，t 代表时间。

1. 数据说明

样本数据的类型为面板数据，时间跨度为 2003—2011 年，截面维度为 31 个省（直辖市、自治区）。数据来源如各指数说明。

（1）指标数据。

$FINNT_{i,t}$为外资工业企业净税收，等于外资工业企业涉外税收减去增值税退税。数据来源于《中国税务年鉴》。

$FPV_{i,t}$为外资工业企业总产出值，数据来源于国研网《工业统计数据库》。

$EXVA_{i,t}$为外资工业企业出口增加值，计算方法见本章第二节。

$REXVA_{i,t}$为外资工业企业出口增加值率，等于外资工业企业出口增加值除以出口值。数据来源于《中国统计年鉴》。

$FDI_{i,t}$为工业外商直接投资值，由于各个省份统计年鉴中公布数据的方式不尽相同，无法获得各省工业外资直接投资数据，在此以各省实际利用外商直接投资替代。数据来源于《中国外商投资报告》。

$Openness_{i,t}$为开放度，等于各个省份当年进出口总额除以当年生产总值。数据来源于《中国统计年鉴》。

（2）统计性分析。在进行回归分析时，先对原始数据进行对数化处理。对原始数据进行对数化处理的好处是：①便于考察解释变量和被解释变量之间的弹性关系；②可使数据更为平稳。相关变量的统计性描述如表 6－14 所示。

表 6－14　　税收效应相关变量统计性描述

	$\log FINNT_{i,t}$	$\log FPV_{i,t}$	$\log FDI_{i,t}$	$\log EXVA_{i,t}$	$\log REXVA_{i,t}$	$\log Openness_{i,t}$
最大值	3.18	4.69	6.51	3.93	1.78	2.22
最小值	－2	－1.39	2.67	－3	0.54	0.47
标准差	0.80	0.94	0.80	1.13	0.14	0.42
均值	1.59	2.93	5.12	1.43	1.3	1.3
观测样本数	276	279	276	268	268	279

2. 计量方法

采用的计量模型为面板数据回归模型，面板数据回归模型的基本结构为：

$$y_{i,t}=\alpha_{i,t}+\beta_{i,t}X_{i,t}+c_{i,t}+\mu_{i,t}$$

其中，i 代表截面；t 代表时间；$i=1,2,3,\cdots,N$；$t=1,2,3,\cdots,T$；$y_{i,t}$为被解释变量；$X_{i,t}$为解释变量；$\alpha_{i,t}$为随机变量（又称非观测效应）；$c_{i,t}$为截距项；$\beta_{i,t}$为截面回归系数；$\mu_{i,t}$为误差扰动项，$u_t\sim iid(0,\sigma^2)$。

面板回归模型中参数的不同设定决定了不同的面板模型类型：

当 $E\{\alpha_{i,t}\mid X_{i,t}\}\neq\alpha_{i,t}$时，此时的面板模型为固定效应面板模型；

当 $E\{\alpha_{i,t}\mid X_{i,t}\}=\alpha_{i,t}$时，此时的面板模型为随机效应面板模型。

两者区别的关键在于不随时间变化的非观测效应对应的随机因素是否与模型中控制的观测到的解释变量相关。不随时间变化的截面非观测效应的大小主要取决于截面自身的性质以及制度、经济环境等对截面所产生的非观测影响。本书在运用以上两种模型计算出实证结果的基础上将报告混合最小二乘估计量（Pooled OLS）作为敏感性分析。

3. 实证结果

对方程（6－3）、方程（6－4）、方程（6－5）和方程（6－6）的回归结果如表6－15所示。

方程（6－3）考虑了外资工业企业产出、外资工业企业出口增加值和外资工业企业出口增值率三个因素。回归结果显示，外资工业企业产出和外资工业企业出口增值率在不同实证模型假设前提，都通过了1%的显著性检验。但在考虑外资工业企业净税收与截面的非观测效应相关时，无法通过显著性检验，而其他两种实证模型则均通过了1%的显著性检验。从回归方程的系数看，三种不同实证模型假设前提，外资工业企业产出的系数区间为［1.039，1.115］，其经济学含义为外资工业企业产出每增加1%，将带来外资工业企业净税收增加1.039%～1.115%。外资工业企业出口增值率的系数区间为［0.374，0.488］，其经济学含义为外资工业企业出口增值率每提高1%，将带来外资工业企业净税收增加0.374%～0.488%。显著性检验的两个实证模型显示，外资工业企业出口增加值的系数为负值，说明外资工业企业出口增加值的增加会带来税收的减少。原因可能是外资工业企业增加值的增加会带来更多的出口退税，从而造成外资工业企业净税收的下降。

表 6-15　　外资工业企业税收效应影响因素实证结果

	外资工业企业净税收											
	方程（6-3）回归结果			方程（6-4）回归结果			方程（6-5）回归结果			方程（6-6）回归结果		
	Pooled OLS	FE	RE	Pooled OLS	FE	RE	Pooled OLS	FE	RE	Pooled OLS	FE	RE
外资工业企业产出	1.115*** (36.022)	1.010*** (33.388)	1.039*** (36.721)	1.047*** (28.427)	0.972*** (21.744)	0.992*** (24.777)	1.052*** (28.547)	0.978*** (22.165)	1.006*** (35.418)	1.094*** (34.571)	1.005*** (32.071)	1.020*** (34.865)
外资工业企业出口增加值	-0.170*** (-7.516)	-0.007 (-0.252)	-0.082*** (-3.681)	-0.145*** (-5.703)	-0.005 (-0.155)	-0.053** (-2.067)	-0.170*** (-7.709)	-0.012 (-0.394)	-0.086*** (-3.811)	-0.135*** (-5.228)	-0.002 (-0.008)	-0.049* (-1.914)
外资工业企业出口增值率	0.374*** (7.360)	0.466*** (8.132)	0.488*** (9.469)	0.333*** (6.474)	0.468*** (7.986)	0.454*** (8.533)	0.360*** (7.273)	0.477*** (8.304)	0.492*** (9.642)	0.333*** (6.343)	0.460*** (7.858)	0.449*** (8.358)
外商直接投资	—	—	—	0.062*** (2.610)	0.038 (1.302)	0.035 (1.332)	0.073*** (3.123)	0.038 (1.317)	0.039 (1.514)	—	—	—
开放度	—	—	—	-0.051* (-1.876)	-0.051 (-0.847)	-0.102*** (-2.635)	—	—	—	-0.070*** (-2.649)	-0.034 (-0.559)	-0.103*** (-2.621)
调整拟合度（$A-R^2$）	0.98	0.99	0.95	0.98	0.99	0.95	0.98	0.99	0.95	0.98	0.99	0.95
P 值（F 统计量）	0.00	0.00	0.00	0.00	0.00	0.00	0.00	0.00	0.00	0.00	0.00	0.00
观测样本数	267	267	267	264	264	264	264	264	264	267	267	267

注：Pooled OLS 为混合最小二乘模型，FE、RE 分别为固定效应和随机效应模型。括号内为 t 统计量。***、**、*分别表示 1%、5% 和 10% 置信水平。

方程（6－4）考虑了外资工业企业产出、外资工业企业出口增加值、外资工业企业出口增值率三个直接因素和外资利用、开放度两个间接因素。实证结果显示，不考虑截面的非观测效应，所有变量都通过显著性检验，且前四个因素的显著性水平达到1%，调整拟合优度为0.98。三个直接因素的变量系数符号与方程（6－3）的实证结果一致，外资工业企业产出和外资工业企业出口增值率两个变量的系数区间范围未发生大的变化。在考虑外资工业企业净税收与截面的非观测效应相关时，外资工业企业出口增加值不能通过显著性检验，两个间接影响因素也不能通过显著性检验。在考虑外资工业企业净税收与截面的非观测效应不相关时，仅外资利用这个因素不能通过显著性检验。由此说明，考虑到截面的非观测效应时，外资利用不影响外资工业企业净税收。原因可能是此处使用的外资数据并非外资工业企业实际利用的外资，而且从外资利用到形成本国的税收必须通过形成生产能力创造增加值。在考虑外资工业企业净税收与截面的非观测效应相关时，开放度不能通过显著性检验，可能的原因是不同省份的开放度并不是形成不同省份外资工业企业净税收差异的原因，但就全国而言它是一项影响因素。开放度的系数为负值，说明以对外贸易计算的开放度增加会使外资工业企业净税收减少。原因可能是开放度的增加在一定意义上代表了外资工业企业出口量的增加，从而导致出口增加值的增加，进而导致外资工业企业净税收的减少。

方程（6－5）和方程（6－6）分别考察三个直接影响因素和外资利用或开放度代表的一个间接因素。不同实证模型假设前提下的回归结果显示，几个影响因素的显著性情况与方程（6－4）的显著性情况基本一致。差别主要在于不同实证模型假设前提下，外资工业企业出口增加值、外资利用和开放度在考虑截面的非观测效应时，各自的显著性水平略有差异，但均通过了10%的显著性检验。

综合四个回归方程的结果可知，本书所考察的外资工业企业净税收的三个直接影响因素和两个间接因素中，外资工业企业的产出、外资工业企业的出口增值率无论从其实证检验的显著性水平还是变量系数看，都是影响外资工业企业净税收的主要因素。估计结果显示，外资工业企业的产出水平增加1%，外资工业企业的净税收将增加1%左右；外资工业企业的出口增值率增加1%，外资工业企业的净税收将增加0.4%。而外资工业企业出口增加值的增加，将使外资工业企业的净税收减少。一方面，外资工业企业增加值增加带来出口退税增加；另一方面，外资工业企业增加值增加更多的是来自外资带来的高级要素收益增加的结果，而其对本国税收的贡献并没有增加。外资利用的增加带来了外资工业企业产出的增加，对净税收形成正的贡献。而开放度增加仅带来了外资工业企业出口增加值的增加，但正如前述那样，出口增加值增加并不能带来本国从外资工业企业那里得到净税收的增加。

二、就业报酬效应

本章提出了外资型贸易模式下的就业报酬效应命题（命题Ⅱ）。该命题认为，在外资型贸易模式下，外国高级生产要素的流入引起的要素合作，将提高本国劳动工资报酬。由于要素合作引起的本国闲置劳动力的投入使用，主要是农业人口流入工业生产，使得这些劳动力从闲置状态或半闲置状态转变为就业状态，提高了劳动力的使用效率。由于中国长期存在着工农业劳动报酬的差别，这种转变无疑是增加了这些转移劳动力的就业报酬，这无须过多证明。因此，本部分主要实证分析外资工业企业出口增加值提高是否带来了外资工业企业中就业人员的工资报酬提高。考虑到劳动报酬与劳动就业人数的市场关系，以及外资流入寻求廉价劳动力的竞争关系，引入劳动就业人数和开放度作为解释变量。

因此，本书以外资工业企业平均工资为被解释变量，以外资工业企业出口贸易增加值、外资工业企业就业人数和开放度为解释变量，建立回归方程。考虑到外资工业企业出口与外资工业企业出口增加值是两种不同视角反映的出口，故另外建立外资工业企业平均工资为被解释变量，外资工业企业出口贸易增加值、外资工业企业就业人数和开放度为解释变量的回归方程作为对比。

$$FAW_{i,t} = \alpha_0 + \alpha_1 EXVA_{i,t} + \alpha_2 EMP_{i.t} + \alpha_3 Openness_{i,t} + c_{i,t} + \mu_{i,t} \quad (6-7)$$

$$FAW_{i,t} = \alpha_0 + \alpha_1 EX_{i,t} + \alpha_2 EMP_{i.t} + \alpha_3 Openness_{i,t} + c_{i,t} + \mu_{i,t} \quad (6-8)$$

其中，i 代表各个省份，t 代表时间。

（一）数据说明与计量方法

1. 指标数据

样本数据的类型为面板数据，时间跨度为 2003—2011 年，截面维度为 31 个省（直辖市、自治区）。数据来源如下各指数说明。

$FAW_{i,t}$为外资工业企业平均工资，是外商投资工业企业和港澳台投资工业企业平均工资的加权平均，各自的权重为其就业人数占总就业人数的比重。数据来源于《中国统计年鉴》。

$EXVA_{i,t}$为外资工业企业出口增加值。计算方法见本章第二节。

$EMP_{i,t}$为外资工业企业从业人数，是外商投资工业企业和港澳台投资工业企业全部从业人员年平均数之和。数据来源于国研网《工业统计数据库》。

$Openness_{i,t}$为开放度，等于各个省份当年进出口总额除以当年生产总值。数据来源于《中国统计年鉴》。

$EX_{i,t}$为外资工业企业出口值，是外资工业企业出口交货值。数据来源于《中国统计年鉴》。

2. 统计性分析

相关变量的统计性描述如表 6－16 所示。

表 6－16　　就业报酬效应相关变量的统计性描述

	$\log FAW_{i,t}$	$\log EMP_{i,t}$	$\log EXVA_{i,t}$	$\log EX_{i,t}$
最大值	5.01	3.18	3.93	4.33
最小值	3.9	－2	－3	－2
标准差	0.19	0.8	1.13	1.14
均值	4.34	1.59	1.43	2.11
观测样本数	270	276	268	269

在进行回归分析时，先对原始数据进行对数化处理。对原始数据进行对数化处理的好处是：（1）便于考察解释变量和被解释变量之间的弹性关系；（2）可使数据更为平稳。

3. 计量方法

此处仍旧采用面板数据回归模型，相关方法如本节税收效应影响因素实证分析中的说明。

（二）实证结果

对方程（6－7）、方程（6－8）的回归结果如表 6－17。

两个方程的回归结果显示在不同实证模型假设前提下考察的主解释变量——外资工业企业出口增加值和外资工业企业出口值均通过显著性检验，且均达到了1%的显著性水平。外资工业企业就业人数变量也通过了显著性检验，且也达到了1%的显著性水平，但其回归系数的符号在不同实证模型假设前提下存在差异。而开放度变量在混合最小二乘估计中无法通过显著性检验。在不同实证模型假设前提下两个方程的调整拟合度存在较大差异，考虑存在非观测效应时的模型拟合优度最高。

表 6-17　　外资型贸易模式下的就业报酬效应实证结果

	外资工业企业平均工资					
	方程（6-7）回归结果			方程（6-8）回归结果		
	Pooled OLS	FE	RE	Pooled OLS	FE	RE
外资工业企业出口增加值	0.285*** (7.932)	0.235*** (7.123)	0.316*** (10.524)			
外资工业企业出口				0.305*** (7.944)	0.211*** (5.607)	0.315*** (9.410)
外资工业企业就业人数	-0.314*** (-6.571)	0.406*** (5.384)	-0.147*** (-2.995)	-0.333*** (-6.670)	0.455*** (5.580)	-0.158*** (-3.033)
开放度	-0.016 (-0.441)	-0.468*** (-6.203)	-0.339*** (-7.116)	-0.046 (-1.177)	-0.486*** (-6.157)	-0.342*** (-7.077)
调整拟合度 ($A-R^2$)	0.27	0.73	0.36	0.27	0.71	0.32
P 值（F 统计量）	0.00	0.00	0.00	0.00	0.00	0.00
观测样本数	266	266	266	266	266	266

注：Pooled OLS 为混合最小二乘模型，FE、RE 分别为固定效应和随机效应模型。括号内为 t 统计量。*** 表示 1% 的置信水平。

以上实证结果说明外资工业企业出口扩大带来了外资工业企业就业人员的工资水平提高。外资工业企业出口增加值和外资工业企业出口值这两个主解释变量在三种实证模型假设前提下的回归系数区间分别为［0.235，0.316］和［0.211，0.315］，两者的回归系数区间比较接近。外资工业企业出口增加值（或外资工业企业出口值）增加 1%，会带来外资工业企业平均工资提高 0.235%～0.316%（或 0.211%～0.315%）。开放度对外资工业企业平均工资的影响是负的，说明开放度越高外资工业企业的平均工资越低，这反映了中国劳动力流向高开放度地区导致的就业竞争的影响，即劳动力处于买方市场状态，进而也说明中国大量廉价劳动力供给的事实。在不同实证模型假设前提下，外资工业企业就业人数对平均工资的影响是不确定的，考虑存在非截面观测效应时为正，而其他模型则为负。进一步进行 Hausman 检验，两个方程均拒绝了 Hausman 检验的原假设（如表 6-18 所示），因此应采信固定效应模型的结果。也就是说明，考虑各个省份存在差异的情况下，外资工业企业就业人数对外资工业企业平均工资产生正的影响，即出现了平均工资和就业人数同步变动的情况。这可以看作是外资型贸易模式特有的现象，要素流入带动了本国闲置劳动力的使用，外资企业在与东道国企业的竞争中保持一定的工资优势，吸引了劳动力，从而形成“量”和“价”同步提高的情况。但在不考虑各个省份存在差异的情况下，两者仍然呈现就业数量对工资的负作用。由于工资水平的形成不同于完全竞争市场中商品价格的形成，其背后的机制更为复杂，不在本书讨论的范畴，故不再展开。

表 6－18　　Hausman 检验结果

	方程（6－7）		方程（6－8）	
	统计值	*P* 值	统计值	*P* 值
Hausman 检验	132.86	0.0000	135.61	0.0000

三、流入要素高收入效应

本章提出了外资型贸易模式下的流入要素高报酬效应的命题（命题Ⅲ）。由于流入要素高报酬效应是指贸易发生在东道国的收益高于母国的收益，即是跨国的比较，故无法直接从外资型贸易模式出口贸易中的收入分解来进行实证。因此，本部分采用例证的方法，以美国在华投资企业的利润率情况进行说明。

中国美国商会每年度发布的《商务环境调查报告》表明，在华美国企业的利润率明显高于其在全球的平均利润率。表 6－19 给出了 2008—2012 年美国在华投资企业利润率与其全球利润率比较的情况。数据显示，美国在华投资企业的利润率水平总体高于其全球利润率，从而间接地说明了在华投资的美国企业（中国的外资企业）获得的利润率高于美国本土的投资利润率。由于没有进一步细分的要素收益数据，这里的利润率即代表着以外资为载体的流动要素的收益水平。

表 6－19　　2008—2012 年美国在华企业利润率与其全球利润率比较

	2008 年	2009 年	2010 年	2011 年	2012 年
大于等于其全球利润率的比例（%）	65	76	54	69	68
其中，大于的比例（%）	33	46	24	43	39
调查样本数（个）	239	240	273	321	270

数据来源：中国美国商会《2012 年中国商务环境调查》。

当然，美国在华投资企业并非都是外资型贸易模式下的外资企业，该调查报告中大约有20%～30%的在华美资企业属于外资型贸易模式的出口主体，其余的企业大部分以中国为主要市场。但从概率意义上，表6－19中的数据仍可看成是中国外资型贸易模式中流入要素收益的一个例证。这样，本书以例证的形式和间接的数据论证了流入要素的高收入效应。

第四节　差异收入效应实证检验

本节以本章第二节对出口贸易增加值分解为基础，进一步考虑涉外税收与出口退税对外资型贸易模式形成的贸易收益分配的影响，并对本章第一节提出的差异收入效应的两个命题（命题Ⅴ、命题Ⅵ）进行实证分析。

一、增加值贸易的国别差异

本章第二节按收入法测算了中国外资工业企业出口贸易增加值，并计算获得了构成出口贸易增加值的四个部分占出口贸易增加值的比重。在外资型贸易模式下，虽然出口贸易增加值才是出口贸易中获得的收入，但并不是出口国获得的净收入，因为外资型贸易模式下的要素合作既有外国流入要素又有本国要素，需要进一步按国别属性区分出口贸易增加值中各个部分的归属。

一般地，外资型贸易模式中的要素合作为外国高级要素与本国低级要素的合作，无论是以资本、技术、管理还是实物形态的机器设备，绝大部分均来自于外方，而中方提供的是劳动、土地、基本设施和政府服务等。因此，从增加值构成的四个部分看，固定资产折旧、营业盈余主要是外国流入要素的收入，而劳动者报酬和生产税净额则是东道国劳动力、土地、基本设施和政府服务等的收入。表6－20给出了上述方法下计算得到的在外资型贸易模式下中国收入和外国收入的情况。数据显示，中国收入占比总体上小于外国收入占比，就计算年份的平均值而言，前者大概低于后者3.5个百分点。

然而上述计算中仍忽略了一项重要的政策内容——出口退税制度，也就是说，计算增加值必须将所有应交的增值税纳入生产税净额，但实际上这部分税额在出口退税时还将退还给外资企业，以利润等其他方式转化为了外国流入要素的收入。表6－21给出了考虑出口退税情况下外资型贸易模式贸易

表 6-20　2003—2011 年外资型贸易模式下贸易收入的国别差异　单位：亿元，%

年份	增加值	中国收入		外国收入	
		数值	比重	数值	比重
2003	3080.67	1434.53	46.57	1646.14	53.43
2004	5195.2	2506.25	48.24	2688.94	51.76
2005	5639.29	3180.77	56.4	2458.51	43.6
2006	6484.93	3210.14	49.5	3274.78	50.5
2007	8387.5	3911.94	46.64	4475.56	53.36
2008	9499.49	4812.3	50.66	4687.19	49.34
2009	8841.12	4322.52	48.89	4518.6	51.11
2010	11802.4	5312.56	45.01	6489.84	54.99
2011	12587.19	5830.04	46.32	6757.16	53.68
平均	7946.42	3835.67	48.27	4110.75	51.73

数据来源：作者根据历年《中国统计年鉴》、国研网《工业统计数据库》整理计算得出。

收入的国别差异。经过出口退税调整后的数据显示，中国收入占比与外国收入占比的差距明显扩大，从未考虑退税时的低约 3.5 个百分点扩大到考虑退税时的低约 65.7 个百分点。由此说明了在外资型贸易模式下中国与外国在贸易收入分配上的差距。

表 6-21　2003—2011 年考虑出口退税时外资型贸易模式下贸易收入的国别差异　单位：亿元，%

年份	增加值	中国收入		外国收入	
		数值	比重	数值	比重
2003	3080.67	618.3083	20.07	2462.362	79.93
2004	5195.2	1011.555	19.47	4183.635	80.53
2005	5639.29	1700.493	30.15	3938.787	69.85
2006	6484.93	1189.995	18.35	5294.925	81.65
2007	8387.5	1360.343	16.22	7027.157	83.78
2008	9499.49	1805.712	19.01	7693.778	80.99
2009	8841.12	1008.241	11.4	7832.879	88.6
2010	11802.4	1875.133	15.89	9927.267	84.11
2011	12587.19	1709.9	13.58	10877.3	86.42
平均	7946.42	1364.409	17.17	6582.01	82.83

数据来源：作者根据历年《中国统计年鉴》、《中国税务年鉴》、国研网《工业统计数据库》计算整理得出。

二、本国收入影响因素实证分析

在外资型贸易模式下，从增加值的角度看，本国的实际收入包括劳动者报酬和扣除出口退税后的生产税净额。本国收入来自于生产要素跨国流入后的要素合作生产和出口。因此，外资企业的出口直接形成本国的贸易收入。外资流入是外资型贸易模式形成的基础，也是影响本国贸易收入的基础条件。

本书以本国在外资型贸易模式下的收入（即外资工业企业出口增加值中实际归东道国的部分）为被解释变量，以外资工业企业出口为解释变量，以外资利用作为控制变量，建立回归方程，并考虑以外资工业企业出口增加值作为外资工业企业出口的替代变量建立回归方程作为对比。

$$CG_{i,t} = \alpha_0 + \alpha_1 EX_{i,t} + \alpha_2 FDI_{i,t} + c_{i,t} + \mu_{i,t} \quad (6-9)$$

$$CG_{i,t} = \alpha_0 + \alpha_1 EXVA_{i,t} + \alpha_2 FDI_{i,t} + c_{i,t} + \mu_{i,t} \quad (6-10)$$

其中，i 代表各个省份，t 代表时间。

1. 数据说明与计量方法

（1）指标数据。样本数据的类型为面板数据，时间跨度为 2003—2011 年，截面维度为 31 个省（直辖市、自治区）。数据来源如各指数说明。

$CG_{i,t}$（China's Gain）为中国在外资型贸易模式下的实际收益，是出口增加值核算中的劳动者报酬加生产税净额减外资工业企业获得的出口退税。数据来源于《中国统计年鉴》、《中国税务年鉴》。

$EX_{i,t}$为外资工业企业出口值，是外资工业企业出口交货值。数据来源于《中国统计年鉴》。

$EXVA_{i,t}$为外资工业企业出口增加值。计算方法见本章第二节。

$FDI_{i,t}$为工业外商直接投资值，由于各个省份统计年鉴中公布数据的方式不尽相同，无法获得各个省份工业外资直接投资数据，在此以各个省份实际利用外商直接投资替代。数据来源于《中国外商投资报告》。

（2）统计性分析。在进行回归分析时，先对原始数据进行对数化处理。对原始数据进行对数化处理的好处是：①便于考察解释变量和被解释变量之间的弹性关系；②可使数据更为平稳。

相关变量的统计性描述如表 6 – 22 所示。

（3）计量方法。仍旧采用面板数据回归模型，相关方法如本章第三节税收效应影响因素实证分析中的说明。

表 6-22　　本国收入影响因素的统计性描述

	$\log CG_{i,t}$	$\log EX_{i,t}$	$\log EXVA_{i,t}$
最大值	3.55	4.33	3.93
最小值	-0.74	-2	-3
标准差	0.8	1.14	1.13
均值	1.83	2.11	1.43
观测样本数	274	269	268

2. 实证结果

对方程（6-9）、方程（6-10）的回归结果如表 6-23。

两个方程的回归结果显示，在不同实证模型假设前提下考察的解释变量——外资工业企业出口和它的替代变量（外资企业出口增加值）以及控制变量（外资利用）均通过显著性检验，且均达到了1%的显著性水平。在不同的实证模型假设前提下，外资工业企业出口的系数区间为［0.359，0.41］，而外资工业企业出口增加值的系数区间为［0.391，0.448］，说明外资工业企业出口或外资工业企业出口增加值增加1%，将带来中国来自外资型贸易模式的实际收入增加0.4%左右。

表 6-23　　外资型贸易模式下中国收入影响因素实证结果

	中国收入					
	方程（6-9）对应回归结果			方程（6-10）对应回归结果		
	Pooled OLS	FE	RE	Pooled OLS	FE	RE
外资工业企业出口	0.379*** (15.802)	0.410*** (10.438)	0.359*** (13.172)			
外资工业企业出口增加值				0.395*** (16.289)	0.448*** (12.696)	0.391*** (14.921)
外资利用	0.440*** (12.197)	0.569*** (16.072)	0.552*** (16.553)	0.421*** (11.611)	0.531*** (15.867)	0.521*** (16.364)
调整拟合度（$A-R^2$）	0.92	0.97	0.84	0.92	0.97	0.85
P 值（F 统计量）	0.00	0.00	0.00	0.00	0.00	0.00
观测样本数	264	264	266	264	264	264

注：Pooled OLS 为混合最小二乘模型，FE、RE 分别为固定效应和随机效应模型。括号内为 t 统计量。*** 表示1%的置信水平。

回归结果说明，中国在外资型贸易模式中的实际收入与外资工业企业出口和外资工业企业出口增加值正相关，同时也与外资利用数量正相关。说明在外资型贸易模式下，东道国在出口贸易中的收入与出口贸易相关，也与流入要素的数量相关。

三、外国收入影响因素分析

在外资型贸易模式下，从增加值的角度看，外国的实际收入包括固定资产折旧、营业盈余和获得的出口退税额。

从收入形成来源看，外国收入的形成与东道国收入是一样的。因此，研究外国收入影响因素分析时，以外国在外资型贸易模式下的收入（即外资工业企业出口增加值中实际归外国的部分）为被解释变量，以外资工业企业出口为解释变量，以外资利用作为控制变量，建立回归方程。为了进一步考察开放因素对外国收入的影响，进一步增加开放度作为控制变量，并同时考虑以外资工业企业出口增加值作为外资工业企业出口的替代变量，建立回归方程作为对比。

$$FG_{i,t} = \alpha_0 + \alpha_1 EX_{i,t} + \alpha_2 FDI_{i.t} + c_{i,t} + \mu_{i,t} \quad (6-11)$$

$$FG_{i,t} = \alpha_0 + \alpha_1 EXVA_{i,t} + \alpha_2 FDI_{i.t} + c_{i,t} + \mu_{i,t} \quad (6-12)$$

$$FG_{i,t} = \alpha_0 + \alpha_1 EX_{i,t} + \alpha_2 FDI_{i.t} + \alpha_3 Openness + c_{i,t} + \mu_{i,t} \quad (6-13)$$

$$FG_{i,t} = \alpha_0 + \alpha_1 EXVA_{i,t} + \alpha_2 FDI_{i.t} + \alpha_3 Openness + c_{i,t} + \mu_{i,t} \quad (6-14)$$

其中，i代表各个省份，t代表时间。

1. 据说明与计量方法

（1）指标数据。样本数据的类型为面板数据，时间跨度为2003—2011年，截面维度为31个省（直辖市、自治区）。数据来源如各指数说明。

$FG_{i,t}$为外国在外资型贸易模式下的实际收入，是出口增加值核算中的劳动者报酬加生产税净额减外资工业企业获得的出口退税。数据来源于《中国统计年鉴》、《中国税务年鉴》。

$EX_{i,t}$为外资工业企业出口值，是外资工业企业出口交货值。数据来源于《中国统计年鉴》。

$EXVA_{i,t}$为外资工业企业出口增加值，计算方法见本章第二节。

$FDI_{i,t}$为工业外商直接投资值，由于各个省份统计年鉴中公布数据的方式不尽相同，无法获得各个省份工业外资直接投资数据，在此以各个省份实际利用外商直接投资替代。数据来源于《中国外商投资报告》。

$Openness_{i,t}$为开放度，等于各个省份当年进出口总额除以当年生产总值。数据来源于《中国统计年鉴》。

（2）统计性分析。在进行回归分析时，先对原始数据进行对数化处理。对原始数据进行对数化处理的好处是：①便于考察解释变量和被解释变量之间的弹性关系；②可使数据更为平稳。

相关变量的统计性描述如表 6－24 所示：

表 6－24　　外国收入影响因素的统计性描述

	$\log FG_{i,t}$	$\log EX_{i,t}$	$\log EXVA_{i,t}$	$\log Openness_{i,t}$
最大值	3.82	4.33	3.93	2.22
最小值	-1.96	-2	-3	0.47
标准差	0.9	1.14	1.13	0.42
均值	2.01	2.11	1.43	1.3
观测样本数	277	269	268	279

（3）计量方法。仍旧采用面板数据回归模型，相关方法如本章第三节税收效应影响因素实证分析中的说明。

2. 实证结果

对方程（6－11）至方程（6－14）的回归结果如表 6－25 所示。

方程（6－11）和方程（6－12）的回归结果显示，在不同实证模型假设前提下考察的解释变量（外资工业企业出口）和它的替代变量（外资工业企业出口增加值）以及控制变量（外资利用）均通过显著性检验，且均达到了 1% 的显著性水平。在不同的实证模型假设前提下，外资工业企业出口的系数区间为［0.397，0.425］，而外资工业企业出口增加值的系数区间为［0.374，0.485］，说明外资工业企业出口（或外资工业企业出口增加值）增加 1%，均会带来外国来自外资型贸易模式的实际收入增加 0.4% 左右。这一结果与上述这两个解释变量与本国收入关系的计量分析基本一致。由于本国收入和外国收入都来自于外资工业企业出口增加值，一致的计量分析结果相互印证了外资工业企业出口对两个部分收入的正向影响。

在方程（6－13）和方程（6－14）中，引入开放度变量作为控制变量后的回归结果显示，在不同实证模型假设前提下考察的解释变量与其替代变量、控制变量均通过显著性检验，且除在方程（6－13）中新增的控制变量开放度之外均达到了 1% 的显著性水平。在不同的实证模型假设前提下，

表 6－25　外资型贸易模式下外国收入影响因素实证结果

	外国收入											
	方程（6－11）的回归结果			方程（6－12）的回归结果			方程（6－13）的回归结果			方程（6－14）的回归结果		
	Pooled OLS	FE	RE	Pooled OLS	FE	RE	Pooled OLS	FE	RE	Pooled OLS	FE	RE
外资工业企业出口	0.425*** (14.964)	0.397*** (7.716)	0.395*** (11.626)				0.468*** (12.287)	0.427*** (8.156)	0.447*** (10.894)			
外资工业企业出口增加值				0.374*** (9.524)	0.485*** (12.093)	0.468*** (12.397)				0.546*** (16.306)	0.575*** (13.473)	0.55*** (16.029)
外资利用	0.457*** (10.595)	0.589*** (12.865)	0.561*** (13.057)	0.486*** (18.668)	0.549*** (12.839)	0.483*** (16.226)	0.431*** (9.446)	0.565*** (12.177)	0.539*** (12.313)	0.339*** (8.318)	0.46*** (11.495)	0.44*** (11.605)
开放度							-0.104* (-1.694)	-0.338** (-2.451)	-0.204** (-2.235)	-0.146*** (-2.78)	-0.379*** (-3.239)	-0.29*** (-3.757)
调整拟合度 ($A-R^2$)	0.91	0.95	0.81	0.93	0.97	0.85	0.91	0.95	0.80	0.93	0.97	0.86
P 值（F 统计量）	0.00	0.00	0.00	0.00	0.00	0.00	0.00	0.00	0.00	0.00	0.00	0.00
观测样本数	266	266	266	265	265	265	266	266	266	265	265	265

注：Pooled OLS 为混合最小二乘模型，FE、RE 分别为固定效应和随机效应模型。括号内为 t 统计量。***、**、* 分别表示 1%、5% 和 10% 的置信水平。

外资工业企业出口的系数区间变为［0.427，0.468］，而外资工业企业出口增加值的系数区间变为［0.546，0.575］，与不加入开放度控制变量时有所提高，而对应模型下方程的拟合优度没有明显变化。由此说明，考虑不同开放度情况下，外资工业企业出口或外资工业企业出口增加值对外国收入的影响变大。同时发现，开放度的回归系数为负值，并且在不同实证模型假设前提下均通过了显著性，说明外国收入与开放度呈现负相关，原因可能是开放度的增加带来了外资间的竞争加剧，从而减少了外国的收入。

四、本国与外国收入率差异实证分析

比较上述两个部分关于本国收入与外国收入影响因素的实证分析结果，虽然两者均与外资工业企业出口或出口增加值呈正相关，但仔细分析可知，在本国收入与外国收入各自的回归方程中相同解释变量的系数存在一定的差异，无论是外资工业企业出口还是出口增加值的回归系数，总体上本国小于外国。说明外资工业企业出口或出口增加值增加对外国收入的效应更大。

为了进一步明确外资型贸易模式下，出口与出口增加值对本国与外国收入差异的影响，考虑以本国收入率、外国收入率为被解释变量，以外资工业企业出口率、外资工业企业增加值率为解释变量建立回归方程。

$$RCG_{i,t}=\alpha_0+\alpha_1 REX_{i,t}+\alpha_2 REXVA_{i.t}+c_{i,t}+\mu_{i,t} \tag{6-15}$$

$$RFG_{i,t}=\alpha_0+\alpha_1 REX_{i,t}+\alpha_2 REXVA_{i.t}+c_{i,t}+\mu_{i,t} \tag{6-16}$$

其中，i 代表各个省份，t 代表时间。

1. 据说明与计量方法

（1）指标数据。样本数据的类型为面板数据，时间跨度为 2003—2011 年，截面维度为 31 个省（直辖市、自治区）。数据来源如各指数说明。

$RCG_{i,t}$（china's gain ratio）为中国在外资型贸易模式下的实际收益除以外资工业企业出口增加值乘以 100。数据来源于《中国统计年鉴》、《中国税务年鉴》。

$RFG_{i,t}$（foreign's gain ratio）为外国在外资型贸易模式下的实际收益除以外资工业企业出口增加值乘以 100。数据来源于《中国统计年鉴》、《中国税务年鉴》。

$REX_{i,t}$（export ratio）为外资工业企业的出口值除以外资工业企业的销售值乘以 100。数据来源于《中国统计年鉴》。

$REXVA_{i,t}$为外资工业企业出口增加值率，等于外资工业企业出口增加值

除以出口值。数据来源于《中国统计年鉴》。

（2）统计性分析。在进行回归分析时，先对原始数据进行对数化处理。对原始数据进行对数化处理的好处是：①便于考察解释变量和被解释变量之间的弹性关系；②可使数据更为平稳。

相关变量的统计性描述如表 6－26 所示。

表 6－26　本国与外国收入差异影响因素的统计性描述

	$\log RCG_{i,t}$	$\log RFG_{i,t}$	$\log REX_{i,t}$	$\log REXVA_{i,t}$
最大值	1.93	2.34	1.78	1.78
最小值	1.25	1.17	－0.73	0.53
标准差	0.11	0.09	0.41	0.13
均值	1.57	1.79	1.12	1.31
观测样本数	274	275	269	268

（3）计量方法。仍旧采用面板数据回归模型，相关方法如本章第三节税收效应影响因素实证分析中的说明。

2. 实证结果

对方程（6－15）、方程（6－16）的回归结果如表 6－27 所示。

表 6－27　外资型贸易模式下中国和外国收入差异影响因素实证结果

	中国收入率			外国收入率		
	Pooled OLS	FE	RE	Pooled OLS	FE	RE
外资工业企业出口率	－0.068*** (－4.667)	－0.017*** (－0.664)	－0.031*** (－1.628)	0.043*** (3.518)	0.067*** (3.655)	0.047*** (3.014)
外资工业企业出口增加值率	－0.368*** (－8.643)	－0.341*** (－6.901)	－0.347*** (－7.589)	0.248*** (7.025)	0.34*** (8.458)	0.301*** (8.091)
调整拟合度（$A-R^2$）	0.23	0.59	0.17	0.16	0.58	0.18
P 值（F 统计量）	0.00	0.00	0.00	0.00	0.00	0.00
观测样本数	267	267	267	268	268	268

注：Pooled OLS 为混合最小二乘模型，FE、RE 分别为固定效应和随机效应模型。括号内为 t 统计量。*** 表示 1% 的置信水平。

回归结果显示，在不同实证模型假设前提下考察的被解释变量中，中国收入率、外国收入率以及解释变量外资工业企业出口率、外资工业企业出口增加值率均通过显著性检验，且均达到了1%的显著性水平。比较两个回归方程的系数符号可知，外资工业企业出口率、外资工业企业出口增加值率对中国收入率的回归方程中此系数为负，而在外国收入率方程中此系数为正。说明在外资型贸易模式下，中国收入比率与外国收入比率的变化存在着截然不同的情况。在外资型贸易模式下的贸易收入中，中国收入的比率随着外资工业企业出口率、外资工业企业出口增加值率的提高而降低，而外国收入比率则随着这两项比率的提高而提高。这进一步证实了在外资型贸易模式下的要素合作中，以国别属性区分的参与要素收益的差异，也进一步说明了要素流入能够获取高回报，而本国参与的低级要素只能得到较低的回报。出口比率越高意味着更接近纯粹的加工贸易。上述结果还证实了加工贸易仅对本国带来低收益。出口增加值率高意味着即使以增加值贸易衡量一国的贸易收入，也并非准确估算了一国贸易收入份额的提高。本书的证实说明，在外资型贸易模式下，本国来自于贸易的收入份额存在下降的情况。

第七章 中国外资型贸易模式中的国民收益

本章在本书前述各章讨论的基础上，得出外资型贸易模式中国民收益的构成——直接国民收益和间接国民收益，通过计量分析外资流入对中国的产出、出口和就业等方向的影响，进一步说明外资型贸易模式带来的间接国民收益是积极。本章还围绕外资型贸易模式的国民收益总结了全书的研究结论，并提出相应的启示。

第一节 外资型贸易模式的国民收益构成

国际贸易理论家从来不把直接来自于贸易的收益当作是贸易带来的国民收益，只有传统的贸易理论对贸易利益的讨论试图从另一角度说明贸易带来的国民收益。然而，基于新古典经济学的国际贸易理论，只能在理论上探讨要素充分就业和一般均衡下的贸易利益分析。国际贸易的国民收益应该包括直接国民收益和间接国民收益两个部分。

一、直接国民收益

所谓直接国民收益，是指来自于贸易出口，因贸易商品生产和交换获得的收益。这部分的收益在传统贸易理论中往往被归纳在国际市场价格机制或贸易条件中加以讨论。在一般均衡体系下，被归结为贸易利益。因为它的理论前提是要素不能跨国流动，所有贸易商品生产和交换带来的影响均是对本国的影响。因此，如果把收入看成是消费的基础，从而忽略消费带来的效用问题的讨论，那么它既是本国的贸易收益，也是本国的贸易利益。也就是说，在传统贸易理论的视野里，贸易带来的国民收益不存在直接和间接之分。

然而，以生产要素跨国流动为基础的外资型贸易模式下，这种区分则是十分必要的。因为贸易商品生产获得的收益不仅是本国的，而且有相当一部分属于外国流入要素。而贸易交换中的收益由于国际市场竞争的日趋激烈以及外资型贸易模式由跨国公司主导的特殊性，实际上往往不能成为本国的收益。因此，在外资型贸易模式下，正确评估本国获得的直接贸易收益只能通过计算本国在出口贸易的生产过程中获得的国民收益。这在前面的第六章中已进行了详细的讨论，故本章不再重复论述。

二、间接国民收益

如果理论讨论在一般均衡形成的完全分工下国际贸易带来的国民收益完全可以用贸易利益来概括说明，那么在现实的不完全分工下的国际贸易中，除了贸易本身带来的国民收益，还要看开展贸易所形成的带动作用，由此带来的国民收益的改变，便是贸易的间接国民收益。讨论贸易的间接国民收益，即使在要素不跨国流动下也是相当复杂，因而不可能以完全精确的方法来进行评估和揭示。

外资型贸易模式的形成基于要素的跨国流入。这种要素流入本身会对本国的产出、出口和就业等多个方面带来影响。同时，外资型贸易模式出口贸易也会形成一定的带动作用，包括对本国各类经济结构的影响（这在本书第六章进行了必要的分析），这些影响和带动作用都会对本国的国民收益产生影响，均构成外资型贸易模式出口贸易带来的间接国民收益。

第二节　外资型贸易模式的间接国民收益

本章第一节对外资型贸易模式的间接国民收益进行了分析和界定，并认为间接国民收益无法做到精确的衡量和评估。本节仅讨论从要素流入形成的外资型贸易模式对本国产出、出口和就业带来的影响，就外资流入形成外资型贸易模式出口带来的几个效应提出命题，揭示外资型贸易模式的间接国民收益并进行实证。

一、外资流入对产出的影响

命题Ⅰ：外资型贸易模式下由要素流入带来的要素合作增加了本国生产中要素的投入，也带来了要素使用效率的提高，并形成一定的示范和带动作用，带动相关投资和产出的增加，这些影响均会促进本国产出的扩大。而产出的扩大意味本国国民收益的增加。这可以称为外资的产出扩大效应。

外资型贸易模式的要素流入主要是以外商直接投资为载体，因此该命题又可以转化为外资与国内生产总值（GDP）增长的关系，进而也就是外资与经济增长的关系。

关于外资对中国经济增长的研究文献可谓汗牛充栋，研究视角各不相同，但大部分研究结论是外资对中国经济增长具有促进作用。作为对该命题的简单实证回答，本书只讨论中国实际利用外商直接投资与 GDP 之间、工业实际利用外商直接投资与工业增加值之间的关系。

1983—2011 年，中国国内生产总值、工业增加值和实际利用外商直接投资额、工业实际利用外商直接投资额如表 7－1 所示。

表 7－1　1983—2011 年中国实际利用外商直接投资与经济增长情况　单位：亿元

年份	GDP	工业增加值	总直接外资金额	工业直接外资金额
1983	5962.65	2375.6	18.18	—
1984	7208.05	2789	33.04	—
1985	9016.04	3448.7	57.44	—
1986	10275.18	3967	77.48	—
1987	12058.62	4585.8	86.13	—
1988	15042.82	5777.2	118.88	—
1989	16992.32	6484	127.71	—
1990	18667.82	6858	166.79	—
1991	21781.5	8087.1	232.42	—
1992	26923.48	4585.8	607.05	—
1993	35333.92	5777.2	1585.41	—

续表

年份	GDP	工业增加值	总直接外资金额	工业直接外资金额
1994	48197.86	6484	2910.28	—
1995	60793.73	6858	3133.38	—
1996	71176.59	8087.1	3469.18	—
1997	78973.03	10284.5	3751.71	2580.79
1998	84402.28	14187.97	3763.93	2422.73
1999	89677.05	19480.71	3337.73	2223.82
2000	99214.55	24950.61	3370.55	2373.38
2001	109655.17	29447.61	3880.09	2813.46
2002	120332.69	32921.39	4365.54	3207.84
2003	135822.76	34018.43	4428.61	3192.23
2004	159878.34	35861.48	5018.22	3699.02
2005	184937.37	40033.59	4941.64	3620.91
2006	216314.43	43580.62	5023.91	3333.69
2007	265810.31	47431.31	5685.36	3226.13
2008	314045.43	54945.53	6416.93	3622.82
2009	340902.81	65210.03	6150.15	3373.43
2010	401512.8	77230.78	7157.73	3547.2
2011	473104.05	91310.94	7492.92	2580.79

注：总直接外资金额是指实际利用外商直接投资金额，表中数据以统计年鉴中该数据与各年份平均汇率折算成本币值得到。由于1997年前统计年鉴中没有提供分行业实际利用外商直接投资的数据，故1996年及以前的工业直接外资数据缺失。数据来源于历年《中国统计年鉴》。

（一）外资利用与经济增长

1. 相关性分析。

图7－1直观地显示了1983—2011年中国利用FDI与GDP的基本变化情况，可见两者经历了相似的增长趋势，并呈现出较强的正相关性。进一步运用EViews6.0进行相关系数计算，可知FDI和GDP的相关系数达到了0.9043。

2. 单位根检验

在进行单位根检验前，将GDP和上述换算成人民币计价的FDI按1983年的不变价格换算成实际值。然后分别对实际GDP和实际FDI进行自然对数处理，分别用ln*GDP*和ln*FDI*表示。取自然对数的好处是可以使时间序列趋势线性化，以消除异方差现象，但不会改变原来变量间的线性关系。

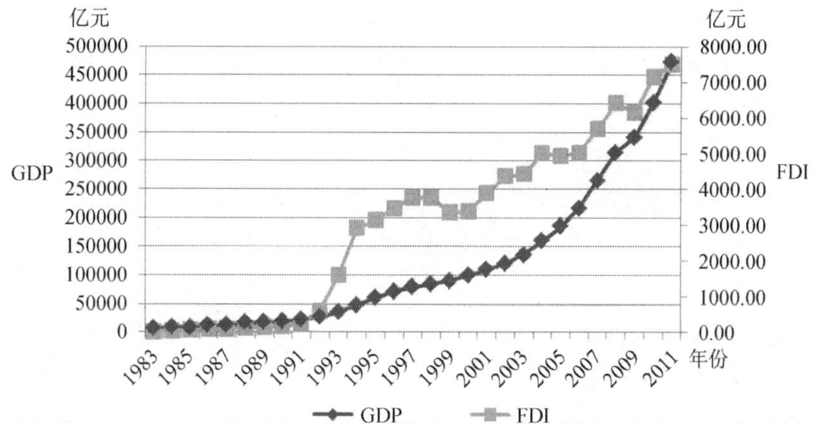

图 7-1　FDI 与 GDP 比较分析折线图

资料来源：作者根据历年《中国统计年鉴》整理计算得出。

运用 EViews6.0 对 ln*GDP* 和 ln*FDI* 时间序列数据进行单位根检验。由表 7-2 可知，两个变量的水平序列都是非平稳的，但它们的一阶差分序列都通过了 1% 和 5% 显著性水平上的 ADF 检验，即都是 I（1）序列。因此，两个序列满足协整分析的前提条件。

表 7-2　　　变量 ln*GDP* 和 ln*FDI* 单位根检验结果

变量	检验类型 (c, t, n)	ADF 统计值	各显著性水平上的临界值			检验结果
			1%	5%	10%	
ln*GDP*	$(c, t, 4)$	-3.1434	-4.3943	-3.6122	-3.2431	非平稳
Δln*GDP*	$(c, 0, 1)$	-4.1469***	-3.7115	-2.9810	-2.6299	平稳
ln*FDI*	$(c, 0, 5)$	-2.5715	-3.7529	-2.9981	-2.6388	非平稳
Δln*FDI*	$(0, 0, 1)$	-2.4324**	-2.6534	-1.9539	-1.6096	平稳

注：（1）检验类型中的 c、t、n 分别表示在 ADF 检验中的有常数项、时间趋势和滞后阶数。其中，滞后阶数根据 AIC、SC 准则确定；（2）**、*** 分别表示在 5% 和 1% 水平上显著；（3）Δ 为差分算子。

3. 协整分析

如果变量都是同阶单整的，而且这些变量的某种线性组合也是平稳的，则称变量之间存在协整关系。协整分析研究的是变量之间存在的长期稳定均衡关系，经济研究中可以用来分析两个经济变量之间的关系。由于此处仅考虑两个变量之间的协整关系，故不存在多重协整的情况。因此，采用 EG

（Engle 和 Granger，1987）两步检验法。首先对 ln*GDP* 和 ln*FDI* 做 OLS 线性回归估计，得到如下回归方程（括号内为 *t* 统计值）：

$$\ln GDP_t = 7.0315 + 0.4955 \ln FDI_t + EC_t^3 \quad (7-1)$$
$$(21.9542) \quad (9.7137)$$

$$\ln FDI_t = -9.6717 + 1.5690 \ln GDP_t + EC_t^4 \quad (7-2)$$
$$(-5.9319) \quad (9.7137)$$

进一步对两个残差序列 EC_t^3 和 EC_t^4 做单位根检验（如表 7－3 所示）。检验结果显示，两个残差序列 EC_t^3 和 EC_t^4 均为平稳序列，表明序列 ln*GDP* 和 ln*FDI* 具有协整关系。

表 7－3　　序列 EC_t^3 和 EC_t^4 平稳性检验结果

变量	检验类型（*c*，*t*，*n*）	ADF 统计值	各显著性水平下的临界值			检验结果
			1%	5%	10%	
EC_t^3	（*c*，*t*，0）	－3.4641 *	－4.5326	－3.6736	－3.2774	平稳
EC_t^4	（*c*，*t*，1）	－4.9703 ***	－4.5716	－3.6908	－3.2869	平稳

注：（1）检验类型中的 *c*、*t*、*n* 分别表示在 ADF 检验中的有常数项、时间趋势和滞后阶数。其中，滞后阶数根据 AIC、SC 准则确定；（2）*、*** 分别表示在 10% 和 1% 水平上显著。

4. 格兰杰因果检验

表 7－4　　ln*GDP* 和 ln*FDI* 之间的格兰杰因果检验结果

滞后期	原假设	*F* 值	*P* 值	检验结果
1	ln*GDP* does not Granger Cause ln*FDI*	0.1318	0.7197	接受
	ln*FDI* does not Granger Cause ln*GDP*	0.5448	0.4669	接受
2	ln*GDP* does not Granger Cause ln*FDI*	0.8639	0.4353	接受
	ln*FDI* does not Granger Cause ln*GDP*	0.5982	0.5585	接受
3	ln*GDP* does not Granger Cause ln*FDI*	2.2286	0.1180	接受
	ln*FDI* does not Granger Cause ln*GDP*	3.9046	0.0250	拒绝

注：*P* 值是原假设成立的概率。若 *P* 值大于 5% 就接受原假设，反之拒绝原假设。

协整检验结果表明中国的 *GDP* 与 *FDI* 之间存在长期稳定的均衡关系，但这种均衡关系是否构成因果关系，需要通过格兰杰因果关系检验。由于 ln*GDP* 和 ln*FDI* 之间具有协整关系，故可以采用水平序列直接进行格兰杰因果关系检验。表 7－4 格兰杰因果检验结果显示，在滞后 3 期时，ln*FDI* 是 ln*GDP* 的单向格兰杰原因，表明中国利用外商直接投资带来了经济增长。

（二）外资利用与工业产出

由于中国统计年鉴中可获得的实际利用外资分行业数据只能追溯到1997年，因此进行协整分析的数据时间跨度不足，此处不再对两者进行协整分析，而只简单作两者的相关性分析。

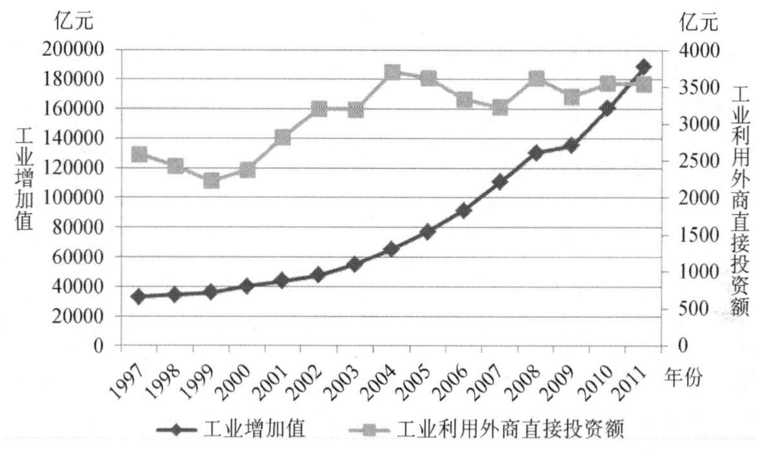

图7－2　工业利用外商直接投资与工业增加值比较分析

资料来源：作者根据历年《中国统计年鉴》整理计算得出。

图7－2显示了工业利用外商直接投资与工业增加值基本变化情况，两者呈现出较强的正相关性。进一步对运用EViews6.0进行相关系数计算可知两者的相关系数达到了0.9143，说明工业产出变化和利用外商直接投资有着很强的关联性。

二、外资流入对出口的影响

命题Ⅱ：外资型贸易模式下要素流入带来的要素合作，增加了本国的出口贸易。这种出口贸易的增加既来自外资型贸易模式出口导向的基本性质，也来自于外资型贸易模式出口贸易的带动作用。出口增长必然带来产出增长，形成间接的国民收益。因此，可称之为外资流入的出口增长效应。

为了便于说明问题，本书选择实际利用外资与加工贸易出口之间的关系进行实证检验。1983—2011年中国实际利用外商直接投资与加工贸易出口额如表7－5所示。

表 7-5　　　　1983—2011 年中国实际利用外商直接投资与加工贸易出口额情况　　　　单位：亿元

年份	加工贸易出口额	直接外资金额	年份	加工贸易出口额	直接外资金额
1983	39.53976	18.1792	1998	8647.851	3763.927
1984	68.15783	33.0434	1999	9179.145	3337.728
1985	97.37766	57.4399	2000	11395.38	3370.551
1986	177.5084	77.48083	2001	12203.11	3880.092
1987	302.9045	86.12939	2002	14892.56	4365.538
1988	477.6571	118.8839	2003	20017.84	4428.609
1989	707.9894	127.7122	2004	27145.42	5018.224
1990	1215.889	166.7902	2005	34115.73	4941.643
1991	1726.346	232.4153	2006	40684.4	5023.908
1992	2184.168	607.0472	2007	46959.26	5685.359
1993	2548.878	1585.414	2008	46887.34	6416.925
1994	4910.935	2910.276	2009	40088.54	6150.154
1995	6156.19	3133.379	2010	50113.19	7157.731
1996	7011.115	3469.183	2011	53957.85	7492.918
1997	8256.807	3751.715			

注：（1）直接外资金额是指实际利用外商直接投资额数据，表中数据以统计年鉴中该数据与各年份平均汇率折算成本币值得到；（2）数据来源于历年《中国统计年鉴》。

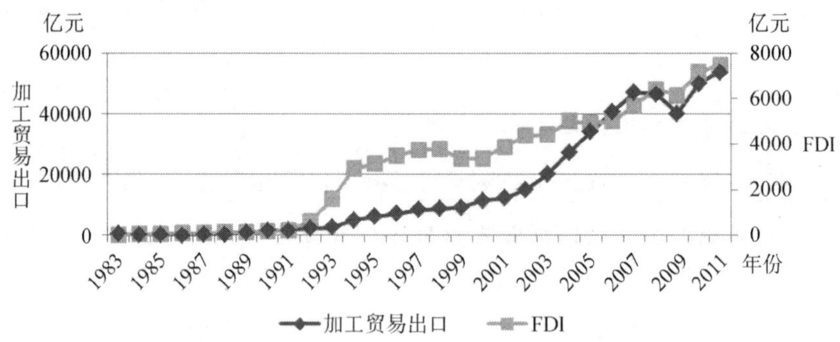

图 7-3　FDI 与加工贸易出口比较分析折线图

资料来源：作者根据历年《中国统计年鉴》整理计算得出。

1. 相关性分析

图 7-3 直观地显示了中国 1983—2011 年利用 FDI 与加工贸易出口（以下用 PX 表示）的基本变化情况，可见两者经历了相似的增长趋势，并呈现

出较强的正相关性。进一步运用 EViews6.0 进行相关系数计算可知，FDI 和 PX 的相关系数达到了 0.9025。

2. 单位根检验

在进行单位根检验前，将出口加工贸易值（PX）和换算成以人民币计价的 FDI 按 1983 年的不变价格折算成实际值。运用 EViews6.0 对 *PX* 和 *FDI* 时间序列数据进行单位根检验。由表 7-6 可知，两变量的水平序列都是非平稳的，但它们的一阶差分序列都通过了 1% 显性水平下的 ADF 检验，即都是 I（1）序列。因此两个序列满足协整分析的前提条件。

表 7-6　　变量 *PX* 和 *FDI* 单位根检验结果

变量	检验类型 (c, t, n)	ADF 统计值	各显著性水平上的临界值			检验结果
			1%	5%	10%	
PX	(c, t, 1)	-2.1037	-4.3393	-3.5875	-3.2292	非平稳
Δ*PX*	(0, 0, 0)	-2.9630***	-2.6534	-1.9539	-1.6096	平稳
ln*FDI*	(c, t, 0)	-1.9459	-4.3240	-3.5806	-3.2253	非平稳
Δln*FDI*	(0, 0, 0)	-3.0215***	-2.6534	-1.9539	-1.6096	平稳

注：（1）检验类型中的 c、t、n 分别表示在 ADF 检验中的有常数项、时间趋势和滞后阶数。其中，滞后阶数根据 AIC、SC 准则确定；（2）*** 表示在 1% 水平上显著；（3）Δ 为差分算子。

3. 协整分析

由于此处仍仅考虑两个变量之间的协整关系，故不存在多重协整的情况，因此继续采用 EG 两步检验法（Engle 和 Granger，1987）。对 *PX* 和 *FDI* 做 OLS 线性回归估计，得到如下回归方程（括号内为 t 统计值）：

$$PX_t = -682.3544 + 5.5942FDI_t + EC_t^5 \quad (7-3)$$

(-0.8718) (7.1098)

$$FDI_t = 367.4772 + 0.1165PX_t + EC_t^6 \quad (7-4)$$

(4.0789) (7.1098)

进一步对两个残差序列 EC_t^5 和 EC_t^6 做单位根检验（如表 7-7 所示）。检验结果显示，两个残差序列 EC_t^5 和 EC_t^6 均为平稳序列，表明序列 *PX* 和 *FDI* 具有协整关系。

4. 格兰杰因果检验

协整检验结果表明，中国的加工贸易出口与实际利用外商直接投资之间存在长期稳定的均衡关系，但这种均衡关系是否构成因果关系，还需要通过

表 7-7　　序列 EC_t^5 和 EC_t^6 平稳性检验结果

变量	检验类型（c，t，n）	ADF 统计值	各显著性水平上的临界值			检验结果
			1%	5%	10%	
EC_t^5	（0，0，1）	-1.7379*	-2.6534	-1.9539	-1.6096	平稳
EC_t^6	（0，0，1）	-2.1587**	-2.6534	-1.9539	-1.6096	平稳

注：（1）检验类型中的 *c*、*t*、*n* 分别表示在 ADF 检验中的有常数项、时间趋势和滞后阶数。其中，滞后阶数根据 AIC、SC 准则确定；（2）*、** 分别表示在 10% 和 5% 水平上显著。

格兰杰因果关系检验。由于 *PX* 和 *FDI* 之间具有协整关系，故可以采用水平序列直接进行格兰杰因果关系检验。表 7-8 显示了格兰杰因果检验结果，在滞后 1 期时，*PX* 不是 *FDI* 的格兰杰原因，而 *FDI* 是 *PX* 的格兰杰原因的概率在 90% 以上。而滞后期超过 1 期后，两者互为格兰杰原因的检验，得到的概率值均大于 10%，亦即相互均不是对方的格兰杰原因，故未在表 7-8 列出。说明在滞后 1 期时，*FDI* 是 *PX* 的单向格兰杰原因。表明中国利用外商直接投资增加带来了加工贸易出口的增长。从格兰杰因果检验成立的滞后期说明外商直接投资带来加工贸易出口影响期数较短，也进一步体现了中国吸引外商投资发展加工贸易出口的特点。

表 7-8　　*PX* 和 *FDI* 之间的格兰杰因果检验结果

滞后期	原假设	*F* 值	*P* 值	检验结果
1	PX does not Granger Cause FDI	0.0885	0.7686	接受
	FDI does not Granger Cause PX	2.9305	0.0993	拒绝

注：*P* 值是原假设成立的概率。若 *P* 值大于 10% 就接受原假设，反之拒绝原假设。

三、外资流入对就业的影响

命题Ⅲ：外资型贸易模式下要素流入带来要素国际合作，促进了东道国闲置要素的使用，增加了东道国的劳动就业。就业增加带来了本国居民的收入增加，形成了间接的国民收益。这可以称之为就业扩大效应。

一般情况下，工业就业人数的增加来自于工业生产投资的增加，特别是在外资型贸易模式下，外国高级要素流入本身就是为了寻求廉价劳动力、土地等要素。而投资的增加又带来产出的增加，从而意味着就业的增加。外资型贸易模式以出口为导向，因此出口的增加带来产出增加从而使就业增加。从全球价值链的视角看，出口贸易增加值更为精确地反映了要素跨国合作的结果。假设东道国参与合作要素的成本不变，那么随着出口贸易增加值的增加，将带来就业数量的增加。

基于上述分析，本书以外资工业企业就业人数为被解释变量，以外资数量、外资工业企业产出值和外资工业企业出口贸易增加值为解释变量，建立回归方程。考虑到外资工业企业出口与外资工业企业出口增加值是两种不同视角反映的出口，故另外建立外资工业企业就业人数为被解释变量，以外资数量、外资工业企业产出和外资工业企业出口为解释变量的回归方程作为对比。

$$EMP_{i,t} = \alpha_0 + a_1 FDI_{i,t} + \alpha_2 FPV_{i.t} + \alpha_3 EXVA_{i,t} + c_{i,t} + \mu_{i,t} \tag{7-5}$$

$$EMP_{i,t} = \alpha_0 + \alpha_1 FDI_{i,t} + \alpha_2 FPV_{i.t} + \alpha_3 EX_{i,t} + c_{i,t} + \mu_{i,t} \tag{7-6}$$

其中，i 代表各个省份，t 代表时间。

（一）数据说明与计量方法

1. 指标数据

样本数据的类型为面板数据，时间跨度为 2003—2011 年，截面维度为 31 个省（直辖市、自治区）。数据来源如各指数说明。

$EMP_{i,t}$为外资工业企业从业人数，是外商投资工业企业和港澳台投资工业企业全部从业人员年平均数之和。数据来源于国研网《工业统计数据库》。

$FDI_{i,t}$为工业外商直接投资值。由于各个省份统计年鉴中公布数据的方式不尽相同，无法获得各个省份工业外资直接投资数据，在此以各个省份实际利用外商直接投资替代。数据来源于《中国外商投资报告》。

$FPV_{i,t}$为外资工业企业总产出值。数据来源于国研网《工业统计数据库》。

$EXVA_{i,t}$为外资工业企业出口增加值。计算方法见第六章第二节。

$EX_{i,t}$为外资工业企业出口值，是外资工业企业出口交货值。数据来源于《中国统计年鉴》。

2. 统计性分析

在进行回归分析时，先对原始数据进行对数化处理。对原始数据进行对数化处理的好处是：（1）便于考察解释变量和被解释变量之间的弹性关系；（2）可使数据更为平稳。

相关变量的统计性描述如表 7 – 9 所示。

表 7-9　　外资流入对就业影响相关变量的统计性描述

	$\log EMP_{i,t}$	$\log FDI_{i,t}$	$\log FPV_{i,t}$	$\log EXVA_{i,t}$	$\log EX_{i,t}$
最大值	3.18	6.51	4.69	3.93	4.33
最小值	-2	2.67	-1.39	-3	-2
标准差	0.8	0.8	0.94	1.13	1.14
均值	1.59	5.12	2.93	1.43	2.11
观测样本数	276	276	279	268	269

3. 计量方法

仍旧采用面板数据回归模型，相关方法在第六章税收效应影响因素实证分析中已说明。

（二）实证结果

方程（7-5）和方程（7-6）的回归结果如表 7-9 所示。

方程（7-5）的实证结果表明，在不同的实证模型假设前提下，外资数量、外资工业企业产出和外资工业企业出口增加值这三个变量均达到了很高的显著性水平。除外资数量在混合最小二乘估计中显著性水平为 10% 外，其余变量以及在考虑截面的非观测效应估计时均达到了 1% 的显著性水平，说明在统计学分析意义上这三个因素对就业数量均存在影响，证明了外资型贸易模式下关于就业数量的假设命题。

相比三种计量模型的调整拟合度，假设解释变量与截面非观测效应有关时的调整拟合度最高，达到 0.99，而假设解释变量与截面非观测效应无关时拟合度最低，为 0.74。从解释变量的拟合系数看，在不同的实证模型假设前提下，外资数量的系数区间为［0.026，0.078］，外资工业企业产出的系数区间为［0.167，0.271］，外资工业企业出口增加值的系数区间为［0.152，0.420］。说明在命题假设正确的前提下，外资工业企业出口增加值对就业数量的影响最大。进而反映了外资型贸易模式下要素合作引起的就业数量效应的根本，即出口贸易增加值的增加是要素合作的结果。

方程（7-6）作为与方程（7-5）的对比，对应不同的实证模型假设前提下，相关解释变量的显著性与方程（7-5）的实证结果基本一致，区别在于外资数量的拟合系数在混合最小二乘估计中显著性水平有所上升，达到了 5% 的水平。而外资工业企业产出的拟合系数在考虑不存在截面非观测效应的估计中显著性水平有所下降，从 1% 下降为 5%。从各个解释变量的拟合系数看，外资数量的拟合系数有所提高，而外资工业企业产出的系数则有

表 7－10　外资型贸易模式下的就业数量效应实证结果

	外资工业企业就业					
	方程（7－5）回归结果			方程（7－6）回归结果		
	Pooled OLS	FE	RE	Pooled OLS	FE	RE
外资数量	0.078 * (1.921)	0.075 *** (2.767)	0.026 *** (2.363)	0.093 ** (2.382)	0.085 *** (3.223)	0.075 *** (2.921)
外资工业企业产出	0.271 *** (4.53)	0.167 *** (4.565)	0.173 *** (4.867)	0.238 *** (4.184)	0.141 *** (4.053)	0.143 ** (4.231)
外资工业企业出口增加值	0.42 *** (11.144)	0.152 *** (5.931)	0.273 *** (11.686)			
外资工业企业出口				0.435 *** (12.327)	0.189 *** (7.483)	0.308 *** (13.564)
调整拟合度（$A-R^2$）	0.94	0.99	0.74	0.94	0.99	0.76
P 值（F 统计量）	0.00	0.00	0.00	0.00	0.00	0.00
观测样本数	265	265	265	266	266	266

注：Pooled OLS 为混合最小二乘模型，FE、RE 分别为固定效应和随机效应模型。括号内为 t 统计量。*** 、** 、* 分别表示 1%、5% 和 10% 的置信水平。

所下降，以外资工业企业出口代替外资工业企业出口增加值的拟合系数也略有上升。在三个解释变量中，外资工业企业出口的拟合系数最大，说明外资工业企业的出口与外资工业企业出口增加值一样，是影响就业数量的最大因素。对比方程回归结果中三个解释变量拟合系数，细微调整的原因在于，以外资型贸易模式下影响外资企业就业的数量最终取决于外资的流入数量，即要素组合过程中对东道国低级要素的需求。外资企业产出水平更多依赖于投资和出口的数量。而外资工业企业出口的拟合系数相比外资工业企业出口增加值系数更大，进一步说明了外资型贸易模式下的出口导向特征。

第三节　主要结论与启示

一、主要结论

（一）全球化经济的本质特征是生产要素的跨国流动

生产要素跨国流动对当今国际贸易的发展产生了深远的影响，不但改变了贸易模式形成的基础，也改变了贸易收益形成的基础，由此产生了一种新的贸易模式——外资型贸易模式。毋庸置疑，外资型贸易模式是全球化经济时代的产物，它以生产要素跨国流入和要素国际合作为基础，由跨国公司设立外资企业，推动和形成全球商品生产链。传统贸易理论已不能很好解释这种贸易模式，进而评估其产生的贸易收益。

（二）研究外资型贸易模式必须从生产要素跨国流动的基本原理出发

生产要素跨国流动的基本动力是国际间的要素价格和收益差异，而生产要素存在一定的质量等级差异和流动性差异。生产要素跨国流动的基本表现是易流动的高级要素为寻求高收益而跨国流动，并与流入国的其他要素形成要素的国际合作。由于这些流动要素的所有者往往是跨国公司，而跨国公司又是全球商品生产链形成的推动者，它以外资企业的形式在流入国形成基于其全球商品生产链的生产分工和进出口贸易，由此形成了本书定义的外资型贸易模式。

（三）外资型贸易模式具有明显的结构特征，这种结构特征便是要素流入的结构效应

产生要素流入结构效应的根本原因，是跨国公司主导的全球商品生产链分工和外资型贸易模式企业内贸易的实质。使得形成外资型贸易模式的要素流入具有明显的出口、产业、分工和区域的偏向性。跨国公司最终产品的高端性导致了从商品出口结构看的外资型贸易模式出口结构的高级化和所在产业的高级化。跨国公司全球商品生产链布局的总体要求和本国要素结构水平决定了外资型贸易模式在国际分工结构中的低端性，对贸易运输成本的考虑导致了外资型贸易模式具有明显的偏向低运输成本地区的区域结构特征。外资型贸易模式的出口商品结构特征产生了与本国比较优势和要素禀赋结构的矛盾，也形成了对本国经济结构的影响，使得本国存在一定程度产业结构虚假升级的情况。

（四）贸易利益已无法全面概括外资型贸易模式带来的影响，而且贸易利益在传统贸易理论中往往是为解释贸易产生的原因而出现的概念

贸易收益由于其形成的基础发生了改变需要重新界定。基于此，本书提出以外资型贸易模式下的国民收益这一概念作为研究的主题，探讨以要素跨国流入为基础的外资型贸易模式对本国带来的影响。本书认为外资型贸易模式的国民收益包括直接国民收益和间接国民收益两个方面。直接国民收益是在出口贸易商品中形成的国民收入，间接国民收益是以外资为载体的要素流

入带来本国产出、出口、就业等的扩大，以及对本国经济结构改善、要素使用效率提高等方面的积极影响。这些均间接地提升了本国的国民收入，形成了外资型贸易模式的间接国民收益。

（五）形成外资型贸易模式的要素流入存在收入效应，决定着外资型贸易模式的国民收入

要素流入的收入效应包括正和效应、零和效应和差异效应。正和收入效应的存在使得本国在外资型贸易模式形成的出口贸易扩大中获得了国民收入的增长。由于本国在外资型贸易模式出口生产中参与合作要素一般是低级要素，处于从属地位。零和收入效应和差异收入效应的存在使得本国参与要素在外资型贸易模式形成的出口贸易中获得的收入相比外国流入要素的收入低。本书研究中国外资型贸易模式的国民收入实证了上述效应的存在。

（六）外资型贸易模式的间接国民收益来自多个方面，是一个相对不容易测算的量

本书通过对要素流入（外资流入）对产出、出口和就业带来影响的计量分析，显示了外资型贸易模式的正国民收益影响。当然完整的间接国民收益还需要考虑到外资型贸易模式的负外部性影响，但从市场经济的观点看，只要要素资源的配置是合理的，这些外部性的成本是实现国民收益增长必要的代价。

（七）本书对中国外资型贸易模式的国民收益的基本研究结论是，中国在外资型贸易模式中获得的直接国民收益相对于流入要素的收益是相对低的，但外资型贸易模式带来的产出和出口的扩大带来了的国民收入绝对数量的增加，而且对间接的国民收益计量结果总体上是积极。

（八）中国大量吸纳了以外资为载体的要素流入

中国开启改革开放之门以来，适逢以生产要素跨国流动为本质特征的全球化经济形成和深化之时，中国顺势而为吸纳了以外资为载体的要素流入。这种以外资为载体的要素流入形成了以要素国际合作为基础的外资型贸易模式。要素国际合作的方式是本国土地、资源、廉价劳动力等低级要素与发达国家跨国公司拥有的资本、技术、管理、品牌、销售渠道等高级要素的合作。市场经济条件下高级稀缺要素获得高收益和低级充裕要素获得低收益的基本特征，决定了在这种合作方式形成的外资型贸易模式中，本国与外国在贸易收益获得上的差别。而由此使中国逐渐形成的以要素合作型国际专业化为特征的开放型经济，将导致这种贸易收益差异的持续。

（九）要素流入带来多重效应

以外资为载体的要素流入影响着中国的产业结构、出口结构和经济的区域结构，并形成以要素为基础的国际分工结构的固化趋势。使得中国境内发展起来的产业、形成的出口并不一定建立在本国生产要素结构水平的基础上，出现“有出口无产业、有产业无技术、有技术无产权”现象；出口结构不再能够反映中国贸易竞争力的真实情况；造成区域经济结构的不平衡加剧等。使得从上述这些方面表征的中国国际竞争力和国家经济实力水平得不到真实反映。

二、若干启示

本书的研究表明，外资型贸易模式对一国的国民收益有利也有弊。有利的方面在于，外资型贸易模式促进了一国存在意义上的经济结构、就业水平的改善，以及总体国民收益的改善；不利的方面在于，外资型贸易模式由于一国参与要素的低端性决定它获得的收益事实上是偏低的。但总体上利大于弊。因此，在经济全球化的当今时代，一国发展外资型贸易模式是有利于本国经济发展和国民收益改善的，应该积极加以利用，但应该正视不利因素，逐渐通过提升参与外资型贸易模式的要素质量不断改善获益水平。具体到中国，有以下启示：

（一）促进要素质量和要素结构水平提升

要素价格和收益原理决定在市场经济条件下，不同等级、质量的生产要素收益不同。这同样适用于外资型贸易模式下贸易商品生产的过程中。本国参与要素国际合作的质量越高，获得的收益也就越高，从而获得的国民收入就越多。因此，要提升外资型贸易模式下的中国收益水平，促进要素质量提升是重要的途径。提升要素质量的方法有：（1）国内的要素升级培育；（2）向国外购买或购入外资企业股权等拥有高级要素所有权，从而提升外资型贸易模式中的直接国民收入。

提升中国要素质量的关键在于提升科技创新能力和人力资本水平。科技创新能力居于现代国家核心竞争力构建的核心地位。正如党的十九大报告所言，“创新是引领发展的第一动力，是建设现代化经济体系的战略支撑。”因此，国家加大对基础研究、应用基础研究等方面的政策支持力度和资金投入，深化科技体制改革，加强国家创新体系建设，形成全社会创新的氛围，以科技创新推动各类物质要素和科技要素质量的全面提升。另一项需要着力提升质量的要素就是人力资本。中国的劳动力数量居于全球首位，中国发展外资型贸易中的一项主要参与要素便是劳动力，尤其是低端劳动力。提升人力资本应该在注重科技人才培养的同时，大力发展职业教育尤其是高等职业教育和在岗职工职业培训，不断提升全社会人力资本水平。

（二）打造本土跨国公司构建全球商品生产链

外资型贸易模式利益获得格局的一个重要启示是，外资型贸易模式既可以是内向的，也可以是外向的。外资型贸易模式中的要素收益差别揭示了国民收益提高的一种来源。中国要想在全球化经济中获得更大的开放收益，通过培育本国跨国公司，形成本国主导的外资型贸易模式，是一条必然的途径。可以有两种模式；一种是运用自身的优势要素打造全球商品生产链，这需要以要素质量的提升为基础；另一种是通过兼并收购的方式，快速获得高级要素的所有权，实现对成熟跨国公司全球商品生产链的掌控和主导。

从目前中国对外直接投资数量看，投资流量已经仅次于美国位居全球第二位，投资存量也已位居全球第六位。在数量提升的过程中应战略性规划投资质量的提升，尤其是通过投资构建起中国跨国企业居于主导地位的全球商品生产链。这可以与“一带一路”倡议相结合，通过与沿线国家构建互利共赢的经贸关系，加大对沿线国家的生产性投资，利用各自要素优势逐渐形成区域性跨国商品生产链，拓展外向的外资型贸易。

（三）完善市场机制提升开放型经济水平

本书的探讨暗含着市场机制充分发挥作用的前提。事实上，中国的市场经济体制仍然有待完善，在中国外资型贸易模式形成发展的过程中，要素市场化水平不高，这也是中国在外资型贸易模式中本国要素收益水平低的一个不可忽略的因素。此外，各类对外资的优惠性政策措施和由此造成的各类政策性市场扭曲，在一定程度上限制了本国在外资型贸易模式获得国民收益的水平。从外资型贸易模式的间接国民收益角度看，市场化水平特别是要素市场化水平的提升能更好地促进外资发挥积极影响。

目前中国已经进入新时代，开放型经济发展也应该进入新时代。开放型经济新时代的一个重要特点是充分完善和利用市场机制，实现内外经济连通与协调。只有充分完善市场机制才能更好的融入全球经济；只有充分利用市场机制才能促进更加开放的全球经济。由此，应该不断消除防碍市场机制发展作用的政策和措施，尤其是为了吸引外资而采用的政策性扭曲，改变各地竞相以优惠政策、超国民待遇吸引外资发展外贸的局面，逐渐建立与世界接轨的政策制度和实施办法。转换政府对开放经济管理的思路，变被动为主动，从简单引资走向竞资选资、培资育资，进而促进内向外资型贸易模式发展逐渐走向内外向外资型贸易模式协同发展，实现外资型贸易模式对国民收益的更大贡献。

参考文献

[1] 阿弗里德·马歇尔．经济学原理 [M]．廉运杰，译．北京：华夏出版社，2005.

[2] 阿维纳什·迪克西特，维克多·诺曼．国际贸易理论：对偶和一般均衡方法 [M]．李辉文，韩燕，译．北京：中国人民大学出版社，2011.

[3] 埃尔赫南·赫尔普曼，保罗·R. 克鲁格曼．市场结构和对外贸易：报酬递增、不完全竞争和国际经济 [M]．尹翔硕，尹翔康，译．上海：上海人民出版社，2009.

[4] 伯特尔·俄林．区际贸易与国际贸易 [M]．逯宇铎，等译．北京：华夏出版社，2008.

[5] 曹晓蕾．全球生产网络体系下贸易利益理论研究述评 [J]．世界经济与政治论坛，2010 (4)：87－98.

[6] 陈建华，马晓逵．中国对外贸易结构与产业结构关系的实证研究 [J]．北京工商大学学报 (社会科学版)，2009，24 (2)：1－5.

[7] 陈晓红，胡小娟．跨国公司 FDI 与我国中间产品贸易实证分析 [J]．国际经贸探索，2007，23 (7)：62－66.

[8] 崔玮．加工贸易与中国经济增长——产品内分工视角的研究 [M]．北京：经济科学出版社，2010.

[9] 大卫·李嘉图．政治经济学及赋税原理 [M]．郭大力，王亚南，译．南京：译林出版社，2011.

[10] 龚艳萍，周维．我国出口贸易结构与外国直接投资的相关分析 [J]．国际贸易问题，2005 (9)：5－9.

[11] 洪银兴．从比较优势到竞争优势——兼论国际贸易的比较利益理论的缺陷 [J]．经济研究，1997 (6)：20－26.

[12] 黄满盈．中国贸易条件实证分析 (1981—2004) [D]．北京：对外经济与贸易大学，2006.

[13] 加里·S. 贝克尔．人类行为的经济分析 [M]．王业宇，陈琪，

译．上海：上海三联书店、上海人民出版社，1995.

［14］金芳．产品内国际分工及其三维分析［J］．世界经济研究，2006（6）：4－9.

［15］金哲松．中国贸易结构与生产结构偏离的原因分析［J］．中央财经大学学报，2003（3）：38－41，49.

［16］康芒斯．制度经济学［M］．于树生，译．北京：商务印书馆，1962：170－173.

［17］李翀．从中美经常项目差额看国际贸易利益分配格局［J］．北京师范大学学报，2005（5）：74－80.

［18］林玲，余娟娟．全球要素分工与中国出口贸易利益研究［J］．国际经贸探索，2012，28（6）：36－45.

［19］林毅夫，李永军．比较优势、竞争优势与发展中国家的经济发展［J］．管理世界，2003（7）：21－28，66.

［20］刘红．国际分工理论与日本贸易模式的选择［J］．日本研究，2003（2）：1－7.

［21］刘志彪，刘晓昶．垂直专业化：经济全球化中的贸易和生产模式［J］．经济理论与经济管理，2001（10）：5－10.

［22］卢锋．产品内分工［J］．经济学季刊，2004，4（1）：55－82.

［23］迈克尔·波特．国家竞争优势［M］．李明轩，邱如美，译．北京：华夏出版社，2002.

［24］庞巴维克．资本实证论［M］．陈端，译．北京：商务印书馆，2011.

［25］彭磊．贸易结构优化三阶段论及我国所处阶段的实证检验［J］．国际经贸探索，2004，20（1）：4－9.

［26］戚自科．论外商直接投资的加工贸易倾向［J］．现代财经，1999（1）：43－49.

［27］齐俊妍．金融发展与贸易结构——基于H－O模型的扩展分析［J］．国际贸易问题，2005（7）：15－19.

［28］保罗·A. 萨缪尔森，威廉·D. 诺德豪斯．经济学（第十四版）［M］．胡代光，等译．北京：首都经济贸易大学出版社，1996.

［29］萨伊．政治经济学概论：财富的生产、分配和消费［M］．陈福生，陈振骅，译．北京：商务印书馆，1963.

[30] 苏似锦. 试论外贸经济效益的特点与评价原则 [J]. 国际贸易问题, 1984 (4): 22-25.

[31] 隋福民, 饶鹏. 开放条件下贸易利益内涵的界定及其相关理论评述 [J]. 国际贸易问题, 2007 (1): 121-126.

[32] 孙玉琴, 孙倩, 王辉. 我国加工贸易的历史考察 [J]. 国际贸易问题, 2013 (4): 167-176.

[33] 托马斯·A. 普格尔, 彼得·H. 林德特. 国际经济学 (第十一版) [M]. 李克宁, 等译. 北京: 经济科学出版社, 2001.

[34] 王新奎. 国际贸易与国际投资中的利益分配 [M]. 上海: 上海三联书店, 1989.

[35] 威廉·阿瑟刘易斯. 热带贸易问题: 1883-1965 [M]. 阿尔姆奎斯特和威克塞尔图书出版公司, 1969.

[36] 威廉·配第. 赋税论 [M]. 邱霞, 原磊, 译. 北京: 华夏出版社, 2006.

[37] 魏浩, 毛日昇, 张二震. 中国制成品出口比较优势及贸易结构分析 [J]. 世界经济, 2005 (2): 21-33.

[38] 吴敬链. 中国增长模式选择 [M]. 上海: 上海远东出版社, 2006.

[39] 西蒙·库茨涅茨. 现代经济增长: 事实与思考 [M]. 王宏昌, 译. 北京: 中国社会科学出版社, 1986.

[40] 小岛清. 对外贸易论 [M]. 周宝廉, 译. 天津: 南开大学出版社, 1987.

[41] 亚当·斯密. 国富论 [M]. 唐日松, 等译. 北京: 华夏出版社, 2005.

[42] 杨小凯, 张永生. 新兴古典经济学与超边际分析 [M]. 北京: 社会科学文献出版社, 2003.

[43] 杨小凯. 经济学——新兴古典与新古典框架 [M]. 张定胜, 张永生, 李利明, 译. 北京: 社会科学文献出版社, 2003.

[44] 伊曼纽尔. 不平等交换: 对帝国主义贸易的研究 [M]. 文贯中, 等译. 中国对外经济贸易出版社, 1988.

[45] 余剑, 谷克鉴. 开放条件下的要素供给优势转化与产业贸易结构变革 [J]. 国际贸易问题, 2005 (11): 5-11.

[46] 张大勇. 加工贸易对中国工业化的影响研究 [D]. 武汉：华中科技大学，2005.

[47] 张二震. 国际分工新特点与我国参与国际分工的新思路 [J]. 经济理论与经济管理，2002 (12)：64－67.

[48] 张二震. 要素分工与中国开放战略的选择 [J]. 南开学报（哲学社会科学版），2005 (6)：9－15.

[49] 张纪. 产品内国际分工动因、机制与效应研究 [M]. 北京：经济管理出版社，2009.

[50] 张明，胡兵. 加工贸易增值率的实证研究 [J]. 国际贸易问题，2010 (4)：25－31.

[51] 张培刚. 农业与工业化 [M]. 武汉：华中工学院出版社，1984.

[52] 张烨. 我国贸易条件变动的理论与实证研究 [D]. 西安：西安交通大学，2002.

[53] 张幼文，金芳. 世界经济学 [M]. 上海：立信会计出版社，2012.

[54] 张幼文. 从廉价劳动力优势到稀缺要素优势——论“新开放观”的理论基础 [J]. 南开学报（哲学社会科学版），2005 (6)：1－8，61.

[55] 张幼文. 价值增值论 [M]. 上海：上海人民出版社，1994.

[56] 张幼文. 贸易量与消费扭曲 [J]. 上海经济研究，1992 (1)：14－18.

[57] 张幼文. 全球化经济的要素分布与收入分配 [J]. 世界经济与政治，2002 (10)：40－45.

[58] 张幼文. 外贸效益的国民经济基础 [J]. 世界经济研究，1991 (8)：61－66.

[59] 张幼文. 要素流动与全球经济失衡的历史影响 [J]. 国际经济评论，2006 (3－4)：43－45.

[60] 张幼文. 知识经济的生产要素及其国际分布 [J]. 中国工业经济，2002 (8)：51－58.

[61] 张幼文. 中国经济开放效益的再思考 [J]. 上海经济研究，1989 (4)：47－51.

[62] 张幼文等. 要素流动——全球化经济学原理 [M]. 北京：人民出版社，2013.

[63] 章江益，张二震．贸易投资一体化条件下贸易利益分配问题新探——兼论我国外资企业进出口贸易利益［J］．世界经济研究，2003（9）：48－51.

[64] 赵晋平．中国对外贸易结构分析及其调整对策［J］．管理世界，1998（4）：88－98，106.

[65] 赵伟，马征．垂直专业化贸易：理论模型与基于中国数据的实证［J］.技术经济，2006：110－114.

[66] 赵玉敏，郭培兴和王婷．总体趋于恶化——中国贸易条件变化趋势分析［J］．国际贸易，2002（7）：18－25.

[67] 郑展鹏．中国对外贸易结构及出口竞争优势的实证研究［J］．国际贸易问题，2010（7）：42－47.

[68] 朱立南．对外贸易经济效益扭曲及其纠正［J］．财贸经济，1992（1）：58－61.

[69] 朱廷珺．中国加工贸易发展效应研究［M］．北京：人民出版社，2006.

[70] Andrew B. Bernard, Jonathan Eaton, J. Bradford Jensen, et al. Plants and Productivity in International Trade [J]. American Economic Review, 2003, 93 (4): 1268－1290.

[71] Andrew B. Bernard, J. Bradford Jensen. Exporters, Jobs, and Wages in US Manufacturing: 1976－1987, Brookings Papers on Economic Activity: Microeconomics, 1995: 67－112.

[72] Andrew B. Bernard, Joachim Wagner. Exports and Success in German Manufacturing [J]. Weltwirtschaftliches Archive, 1997, 133: 134－157.

[73] Andrew B. Bernard, Stephen J. Redding, Peter K. Schott. Comparative Advantage and Heterogeneous Firms [J]. Review of Economic Studies, 2007, 74: 31－66.

[74] Avinash Dixit, Victor Norman. Theory of International Trade—A Dual, General Equilibrium Approach [M]. New York: Cambridge University Press, 1980.

[75] Barry Naughton. China's Emergence and Prospects as a Trading Nation [J]. Brooking Papers on Economic Activity, 1996, 27 (2): 273－344.

[76] Bee Yan Aw, Sukkyun Chung, Mark J. Roberts. Productivity and Turn-

over in the Export Market: Micro Evidence from Taiwan and South Korea [J]. World Bank Economic Review, 2000, 14 (1): 65 -90.

[77] Bela Balassa. Tariff Reductions and Trade in Manufacturers among the Industrial Countries [J]. American Economic Review, 1966, 56 (3): 466 -473.

[78] Benjamin Klein, Robert G. Crawford, Armen A. Alchian. Vertical Integration, Appropriable Rents, and the Competitive Contracting Process [J]. Journal of Law and Economics, 1978, 21 (2): 297 -326.

[79] Bruce Kogut. Designing Global Strategies: Comparative and Competitive Value - Added Chains [J]. Sloan Management Review, 1985, 26: 15 -28.

[80] David Hummels, Dana Rapoport, Kei - Mu Yi. Vertical Specialization and the Changing Nature of World Trade [J]. Economic Policy Review, 1998, (6): 79 -98.

[81] David Hummels, Jun Ishii, Kei - Mu Yi. The Nature and Growth of Vertical Specialization in World Trade [J]. Journal of International Economics, 2001, 54 (1): 75 -96.

[82] E. Coen. Decreasing Costs and the Gains from Trade [J]. Economica, 1951, 18 (71): 285 -291.

[83] Edward E. Leamer. Effort, Wages and the International Division of Labor [J]. Journal of Political Economy, 1999, 107 (6): 1127 -1162.

[84] Edward H. Chamberlin. The Theory of Monopolistic Competition [M]. Cambridge, Mass.: Harvard University Press, 1933.

[85] Elhanan Helpman. A Simple Theory of International Trade with Multinational Corporations [J]. Journal of Political Economy, 1984, 92 (3): 451 -471.

[86] Elhanan Helpman. Increasing Returns, Imperfect Markets, and Trade Theory [J]. Handbook of International Economics, 1984, 1: 325 -365.

[87] Elhanan Helpman. International Trade in the Presence of Product Differentiation, Economics of Scale and Monopolistic Competition: A Chamberlin - Heckscher - Ohlin Approach [J]. Journal of International Economics, 1981, 11 (3): 305 -340.

[88] Gary Gereffi, John Humphrey, Timothy Sturgeon. The Governance of Global Value Chains [J]. Review of International Political Economy, 2005, 12 (1): 78 -104.

[89] Gary Gereffi, Miquel Korzeniewicz. Commodity Chains and Global Capitalism [M]. New York: Praeger Publisher, 1993.

[90] Gary Gereffi. The Organization of Buyer - driven Global Commodity Chains: How US Retailers Shape Overseas Production Networks [A]. In G. Gereffi and M. Korzeniewicz. Commodity Chains and Global Capitalism [M]. Westport, CT: Praeger, 1994.

[91] Gianmarco I. P. Ottaviano, Takatoshi Tabuchi, Jacques - Francois Thisse. Agglomeration and Trade Revisited [J]. International Economic Review, 2002, 43 (2): 409 - 436.

[92] Graham Frank D.. Some Aspects of Protection Further Considered [J]. Quarterly Journal of Economics, 1923, 37 (2): 199 - 227.

[93] Helpman E., Krugman P. Market Structure and Foreign Trade: Increasing Returns, Imperfect Competition and the International Economy [M]. Cambridge: MIT Press, 1985.

[94] Helpman Elhanan, Marc J. Melitz, Stephen R. Yeaple. Export Versus FDI with Heterogeneous Firms [J]. American Economic Review, 2004, 94 (1): 300 - 316.

[95] Herbert G. Grubel, Peter John Lloyd. Intra - Industry Trade: The Theory and Measurement of International Trade in Differentiated Products [M]. London: Macmillan, 1975.

[96] Hopenhayn H. Entry, Exit, and Firm Dynamics in Long Run Equilibrium [J]. Econometrica, 1992, 60 (5): 1127 - 1150.

[97] Horst Herberg, Murray C. Kemp. Some Implications of Variable Returns to Scale [J]. Canadian Journal of Economics, 1969, 2 (3): 403 - 415.

[98] J. David Richardson, Karin Rindal. Why Exports Really Matter [M]. Institute for International Economics and the Manufacturing Institute, 1995.

[99] Jagdish Bhagwati. Immiserizing Growth: A Geometrical Note [J]. Review of Economic Studies, 1958, 25 (3): 201 - 205.

[100] Jagdish Bhagwati. The Gains from Trade Once Again [J]. Oxford Economic Papers, New Series, 1968, 20 (2): 137 - 148.

[101] James Brander, Paul R. Krugman. A "Reciprocal Dumping" Model of International Trade [J]. Journal of International Economics, 1983, 15 (3 - 4):

313 -321.

[102] James R. Markusen, James R. Melvin. Trade, Factor Prices, and the Gains from Trade with Increasing Returns to Scale [J]. Canadian Journal of Economics, 1981, 14 (3): 450 -469.

[103] James R. Markusen. Factor Movements and Commodity Trade as Complements [J]. Journal of International Economics, 1983, 14 (3 -4): 341 -356.

[104] James R. Markusen. Multinationals, Multi - plant Economies, and the Gains from Trade [J]. Journal of International Economics, 1984, 16 (3 - 4): 205 -226.

[105] James R. Markusen. Trade and the Gains from Trade with Imperfect Competition [J]. Journal of International Economics, 1981, 11 (4): 531 -551.

[106] James R. Melvin. Intermediate Goods, The Production Possibility Curve, and Gains from Trade [J]. The Quarterly Journal of Economics, 1969, 83 (1): 141 -151.

[107] James R. Melvin. Production and Trade with Two Factors and Three Goods [J]. American Economic Review, 1968, 58 (5): 1249 -1268.

[108] John H. Dunning. Trade, Location of Economic Activity and the MNE: A Search for and Eclectic Approach [M]. London: McMillan, 1977.

[109] Jonathan Eaton, Samuel Kortum, Francis Kramarz. Dissecting Trade: Firms, Industries, and Export Destinations [J]. The American Economic Review, 2004, 94 (2): 150 -154.

[110] Kalyan K. Sanyal, Ronald W. Jones. The Theory of Trade in Middle Products [J]. American Economic Review, 1982, 72 (1): 16 -31.

[111] Kelvin Lancaster. Competition and Product Variety [J]. Journal of Business, 1980, 53 (3): S79 -S103.

[112] Kelvin Lancaster. Intra - Industry Trade under Perfect Monopolistic Competition [J]. Journal of International Economics, 1980, 10 (2): 151 -175.

[113] Kiyoshi Kojima. The Pattern of International Trade Among Advanced Countries [J]. Hitotsubashi Journal of Economics, 1964, 5 (1): 16 -36.

[114] Lawrence F. Katz, Kevin M. Murphy. Changes in Relative Wages, 1963 -1987: Supply and Demand Factors [J]. Quarterly Journal of Economics, 1992, 107 (1): 35 -78.

[115] Marc J. Melitz, Gianmarco I. P. Ottaviano. Market Size, Trade, and Productivity [J]. Review of Economic Studies, 2008, 75: 295 -316.

[116] Marc J. Melitz. The Impact of Trade on Intra - Industry Reallocations and Aggregate Industry Productivity [J]. Econometrica, 2003, 71 (6): 1695 -1725.

[117] Michael E. Porter, A. Michael Spence. Vertical Integration and Differentiated Inputs [J]. Harvard Institute of Economic Research. Discussion Paper No. 576, 1977.

[118] Murray C. Kemp, Takashi Negishi. Variable Returns to Scale, Commodity Taxes, Factor Market Distortions and Their Implications for Trade Gains [J]. The Swedish Journal of Economics, 1970, 72 (1): 1 -11.

[119] Murray C. Kemp, Henry Y. Wan Jr. The Gains from Free Trade [J]. International Economic Review, 1972, 13 (3): 509 -522.

[120] Murray C. Kemp. The Gain from International Trade [J]. The Economic Journal, 1962, 72 (288): 803 -819.

[121] Nicholas Bloom, Christos Genakos, Raffaella Sadun, et al. Management Practices Across Firms And Countries [J]. NBER Working Paper 17850, February 2012.

[122] Nina Pavcnik. Trade Liberalization, Exit, and Productivity Improvements: Evidence from Chilean Plants [J]. Review of Economic Studies, 2002, 69 (1): 245 -276.

[123] Oliver D. Hart, John Moore. Property Rights and the Nature of the Firm [J]. Journal of Political Economy, 1990, 98 (6): 1119 -1158.

[124] Oliver E. Williamson. The Vertical Integration of Production: Market Failure Considerations [J]. American Economic Review, 1971, 61 (2): 112 -123.

[125] Paul A. Samuelson. The Gains from International Trade Once Again [J]. The Economic Journal, 1962, 72 (288): 820 -829.

[126] Paul A. Samuelson. The Gains from International Trade [J]. Canadian Journal of Economics and Political Science, 1939, 5 (2): 195 -205.

[127] Paul M. Romer. Increasing Returns and Long - Run Growth [J]. Journal of Political Economy, 1986, 94 (5): 1002 -1037.

[128] Paul R. Krugman. Growing World Trade: Causes and Consequences [J]. Brookings Papers on Economic Activity, 1995, 26 (1): 327 -377.

[129] Paul R. Krugman. Increasing Returns, Monopolistic Competition, and International Trade [J]. Journal of International Economics, 1979 (9): 467 -479.

[130] Paul R. Krugman. Intra - Industry Specialization and the Gains from Trade [J]. Journal of Political Economy, 1981, 89 (5): 959 -973.

[131] Paul R. Krugman. Scale Economics, Product Differentiation, and the Pattern of Trade [J]. American Economic Review, 1980, 70 (5): 950 -959.

[132] Pol Antras, Elhanan Helpman. Global Sourcing [J]. Journal of Political Economy, 2004, 112 (3): 552 -580.

[133] Pol Antras. Firms, Contracts, and Trade Structure [J]. The Quarterly Journal of Economics, 2003, 118 (4): 1375 -1418.

[134] Pol Antras. International Economics I: Intra industrial Heterogeneity in Trade Models [EB/OL]. Harvard & MIT Lectures, 2007.

[135] Raymond Vernon. International Investment and International Trade in the Product Cycle [J]. The Quarterly Journal of Economics, 1966, 80 (2): 190 -207.

[136] Remco H. Oostendorp. The Occupational Wages around the World (OWW) Database: Update for 1983 - 2008 [J]. Background Paper for the World Development Report 2013, May 2012.

[137] Robert A. Mundell. International Trade and Factor Mobility [J]. American Economic Review, 1957, 47 (3): 321 -335.

[138] Robert E. Lucas. On the Mechaincs of Economic Development [J]. Journal of Monetary Economics, 1988, 22 (1): 3 -42.

[139] Robert Koopman, William Powers, Zhi Wang, et al. Give Credit Where Credit Is Due: Tracing Value Added in Global Production Chains [J]. NBER Working Paper 16426, 2010.

[140] Robert Stehrer. Trade in Value Added and the Value Added in Trade [J]. WIOD Working Paper, 2012.

[141] Ronald W. Jones, Henryk Kierzkowski. A Framework for Fragmentation [J]. Tinbergen Institute Discussion Paper TI 2000 -056/2.

[142] Ronald W. Jones, Henryk Kierzkowski. The Role of Services in Production and International Trade: A Theoretical Framework [A]. In: Jones and Anne Krueger eds. Political Economy of International Trade [M]. 1990: 31 -48.

[143] Sanford J. Grossman, Oliver D. Hart. The Costs and Benefits of Ownership: A Theory of Vertical Integration [J]. Journal of Political Economy, 1986, 94 (4): 691 - 719.

[144] Sofronis K. Clerides, Saul Lach, James R. Tybout. Is Learning by Exporting Important? Micro - Dynamic Evidence from Colombia, Mexico, and Morocco [J]. The Quarterly Journal of Economics, 1998, 113 (3): 903 - 947.

[145] Sven W. Arndt. Globalization and the Open Economy [J]. North American Journal of Economics and Finance, 1997, 8 (1): 71 - 79.

[146] Sven W. Arndt. Globalization of Production and the Value - Added Chain [J]. North American Journal of Economics and Finance, 2001, 12 (3): 217 - 218.

[147] Sven W. Arndt. Super - Specialization and the Gains from Trade [J]. Contmporary Economics Policy, 1998, 16 (4): 480 - 485.

[148] Timothy J. Sturgeon. How Do We Define Value Chains and Production Networks? [J]. IDS Bulletin, 2001, 32 (2): 9 - 18.

[149] P. J. Verdoorn. The Intra - Block Trade of Benelux [A]. In: E. A. G. Robinson ed. Economic Consequences of the Size of Nations [M]. London: Macmillan, 1960: 291 - 329.

[150] Wassily Leontief. Domestic Production and Foreign Trade: The American Capital Position Reexamined [J]. Proceedings of the American Philosophical Society, 1953, 97 (4): 332 - 349.

[151] Wilfred J. Ethier. National and International Returns to Scale in the Modern Theory of Internaitonal Trade [J]. American Economic Review, 1982, 72 (3): 389 - 405.

[152] Wilfred Ethier. Internationality Decreasing Costs and World Trade [J]. Journal of International Economics, 1979, 9 (1): 1 - 24.

[153] Wilfred Ethier. The Theorems of International Trade in Time - phased Economies [J]. Journal of International Economics, 1979, 9 (2): 225 - 238.

[154] Willian J. Baumol, John C. Panzar, Robert D. Willig. Contestable Markets and the Theory of Industry Structure [M]. New York: Harcourt Brace Jovanovich, 1982.

后　　记

中国改革开放以来适逢新一轮经济全球化快速推进，中国经济乘着经济全球化的大潮掀开了波澜壮阔的历史画卷。中国既是经济全球化的受益者，也是经济全球化的重要推动者。尤其是2001年中国加入世界贸易组织后，这一现象尤为明显。新一轮经济全球化的一个显著特征是跨国直接投资推动的全球生产链的深度发展。这种深度发展，使得世界各国经济在生产领域形成直接的网络式的联系，从而进入了全球化经济阶段。全球化经济的本质特征是生产要素的跨国流动，正是要素跨国流动重构了世界生产与贸易的格局。在此期间，在中国表现为大量的外资流入以及由此带来迅速的出口增长。这就是本书探讨的主题——外资型贸易模式。本书试图系统构建外资型贸易模式及其国民收益的分析框架。然而限于本人的学术能力，只是提出了分析框架，并对中国的情况进行了实证。作为抛砖引玉，以求教大方之家。

本书是在我的博士学位论文的基础上修改而成的。本书从立意、构思到撰写都得到了上海社会科学院世界经济研究所张幼文研究员的指导并欣然为本书作序。张幼文研究员是我的博士研究生导师，先生渊博的学识、深邃的思想是我学术生涯的指路明灯，先生对学术的孜孜以求，为学报国的赤子之心，时时激励着我在学术道路上不断探索。

感谢宁波大学商学院精品学术著作资助资金的资助。本书出版得到了中国财政经济出版社的大力支持，特别感谢编辑部周桂元主任的大力帮助，感谢刘畅老师专业细致的审阅校正。

陈钧浩

2018年9月